To sem storil
"Njegova pot"

Osebno pričevanje, ki ga je napisal

Elizabeth Das

Slovenian

© Avtorske pravice Elizabeth Das 2024

Vse pravice za avdio knjige, e-knjige in knjižne platnice 'To sem storil "Njegova pot"' so pridržane. Brez pisnega dovoljenja je strogo prepovedano kakršno koli razmnoževanje te knjige, razen kratkih citatov v kritičnih člankih in recenzijah. Ker se internet nenehno razvija, so se spletni naslovi ali povezave, omenjene v tej knjigi, od njene izdaje morda spremenili in so zdaj morda neveljavni. Vsi posamezniki, prikazani na slikah iz zaloge Think-stock, so modeli, te slike pa se uporabljajo samo za ilustracijo. Nekatere stock slikovne podlage so © Think stock.

Odlomek iz Elizabeth DAS. "To sem storil "Njegova pot"."

ISBN V knjižni obliki 978-1-961625-71-6
ISBN Elektronska ali digitalna knjiga 978-1-961625-72-3

Kontrolna številka Kongresne knjižnice:
"Ta knjiga je v krščanskem in verskem svetu ocenjena z "A"."
Contact:nimmidas@gmail.com; nimmidas1952@gmail.com
YouTube kanal "Daily Spiritual Diet Elizabeth Das
https://waytoheavenministry.org
1. youtube.com/@dailyspiritualdietelizabet7777/videos
2. youtube.com/@newtestamentkjv9666/videos
https://waytoheavenministry.org

Poleg drugih formatov so knjige "To sem storil "Njegova pot"" na voljo tudi v obliki avdioknjige, knjižne izdaje in e-knjige. Knjige so na voljo v več kot 30 različnih jezikih.

Letno branje, "Dnevna duhovna prehrana" Elizabeth Das, je na voljo v številnih jezikih. Dostopno je v obliki e-knjige in v knjižni obliki.

FOREWARD

"Kajti moje misli niso vaše misli in vaša pota niso moja pota, je rekel GOSPOD. Kakor so nebesa višja od zemlje, tako so moja pota višja od vaših in moje misli višje od vaših." (Izaija 55,8-9)

V tej knjigi so zbrani spomini in kratka pričevanja gospe Elizabeth Das, ki se je posvetila službi evangelizacije in poučevanja Gospodove besede. V iskanju "njegove poti" z odločnostjo in močjo molitve vas bo gospa Das popeljala na osebno potovanje skozi svoje izkušnje, ki so spremenile njeno življenje. Rojena in vzgojena v Indiji, je gospa Das redno častila družinsko oltarno cerkev. Z vero ni bila zadovoljna, saj ji je srce govorilo, da mora biti v Bogu nekaj več. Pogosto je obiskovala cerkve in se pridružila verskim organizacijam, vendar nikoli ni bila popolnoma zadovoljna.

Nekega dne se je odpravila iskat resnico v daljno deželo daleč od svojega doma, v Indijo. Njeno potovanje se začne v Ahmadabadu v Indiji, kjer je imela globoko željo najti edinega pravega Boga. Zaradi takratnih svoboščin v Ameriki in stran od verskih kultur in tradicij svoje domovine je gospa Das odpotovala v Ameriko z namenom, da bi našla resnico o tem Živem Bogu. Ne da Boga ne bi mogli najti nikjer drugje kot v Ameriki, saj je Bog vseprisoten in vsemogočen. Vendar je Gospod gospo Das odpeljal prav tja, saj bo v tej knjigi razložena pot do njenega odrešenja in njene globoke ljubezni do ljubimca njene duše.

"Prosite in vam bo dano; iščite in boste našli; trkajte in se vam bo odprlo. Vsak, ki prosi, dobi, kdor išče, najde, in kdor trka, se mu odpre." (Evangelij po Mateju 7:7-8)

Gospo Das osebno poznam že skoraj 30 let, ko je prvič vstopila v majhno cerkev, ki sem jo obiskoval v južni Kaliforniji. Ljubezen do njene domovine in ljudi v Indiji je za gospo Das, ki si globoko želi pridobiti duše vseh kultur in okolij za Gospoda, nujna služba.

"Sadež pravičnih je drevo življenja, in kdor pridobiva duše, je moder. (Pregovori 11:30)

Gospa Das dejavno širi Božjo besedo iz svoje domače pisarne v mestu Wylie v Teksasu. Obiščite njeno spletno stran waytoheavenministry.org, kjer lahko dobite svetopisemske študije, prevedene iz angleščine v gudžaratski jezik. Prav tako lahko najdete lokacije cerkva v Indiji. Pastorji teh cerkva imajo enako ljubezen do resnice kot gospa Das. Povezuje se z apostolskimi verskimi služabniki v Združenih državah Amerike in v tujini, da bi pridobila gostujoče govornike za letne konference, ki potekajo v Indiji. Služba in delo gospe Das v Indiji sta dobro znana. Med drugim je v Indiji ustanovila pastoralno apostolsko svetopisemsko šolo, sirotišnico in dnevne centre. Iz Amerike je gospa Das pomagala pri ustanavljanju cerkva v Indiji, kjer so mnogi spoznali Gospoda Jezusa Kristusa. Je ženska velike vere, trdna in vztrajna v molitvi. Te dosežke je dosegla, ko je bila v vsem popolnoma odvisna od Boga in ko je živela kot invalidka. Njena skromna finančna podpora priča o njeni močni volji in odločnosti, ki je večja od njenih sredstev. Gospa Das z gotovostjo pravi: "Bog me vedno preskrbi in poskrbi zame." Da, nekako to počne in obilno presega njene potrebe!

Gospa Das je zaposlena z Gospodovim delom od zore do mraka in je vedno pripravljena moliti z menoj ali s kom drugim, ki potrebuje pomoč. Bog je vedno odgovor. Ona stoji med to vrzeljo, takoj v globoki molitvi, z avtoriteto in priprošnjo. Bog res skrbi za gospo Das, ker ima ljubezen do evangelizacije. Prisluhne njegovemu glasu in ne gre proti "njegovim načinom". Poslušnost je večja od žrtve, poslušnost s strastjo, da bi ugajala Bogu.

To je čas, določen za pisanje te knjige. Bog je "veliki strateg". Njegove poti so popolne in natančne. Stvari in situacije se ne zgodijo pred določenim časom. Molite za usmeritev, da bi po Svetem Duhu slišali Božji um in čutili Božje srce. Ta knjiga se bo še naprej pisala v srcu življenj moških in žensk, na katere je vplivala po Njegovih poteh.

Rose Reyes,

ZAHVALA

Globoko se zahvaljujem svoji družini in prijateljem, še posebej mami Esther Das. Je najlepši zgled krščanske dame, ki mi je pomagala pri nadaljnjem opravljanju moje službe in me vedno podpira v vseh smereh.

Zahvaljujem se svoji prijateljici Rose, ker me je podpirala in mi pomagala sestaviti dele te knjige.

Zahvaljujem se tudi svoji molitveni partnerici, sestri Venedi Ing, ker mi je ves čas na voljo, predvsem pa se ji zahvaljujem za njene goreče molitve.

Zahvaljujem se Bogu za vse, ki so mi bili v veliko pomoč pri prevajanju in urejanju. Zahvaljujem se Bogu za mnoge druge, ki so mi namenili svoj čas, da bi mi pomagali sestaviti to knjigo.

Kazalo vsebine

Št. poglavja   **Št. strani**

POGLAVJE 1 2
ZAČETEK: V ISKANJU DUHA RESNICE. 2
POGLAVJE 2 19
MOGOČNI ZDRAVNIK 19
POGLAVJE 3 31
BOŽJA MOČNA OROŽJA "MOLITEV IN POST" 31
POGLAVJE 4 34
BOG JE VELIKI STRATEG 34
POGLAVJE 5 43
GOVORJENJE O SVOJI VERI 43
POGLAVJE 6 45
ZDRAVILNA MOČ BOGA IN NJEGOVEGA SLUŽABNIKA 45
POGLAVJE 7 50
NE DAJATI POTI HUDIČU ALI HUDIČEVIM STVAREM 50
POGLAVJE 8 54
SANJE IN VIZIJA - "OPOZORILO" 54
POGLAVJE 9 57
NOČNO MOLITVENO SREČANJE 57
POGLAVJE 10. 60
PREROŠKO SPOROČILO 60
POGLAVJE 11 64
POTEZA VERE 64
POGLAVJE 12 72
DEMONSKA OSVOBODITEV IN BOŽJA ZDRAVILNA MOČ .. 72
POGLAVJE 13 74
IZPOVED IN ČISTA VEST 74

POGLAVJE.14 76
NA ROBU SMRTI 76
POGLAVJE 15 80
MIR V BOŽJI NAVZOČNOSTI 80
POGLAVJE.16 82
ŽRTVOVALNI ŽIVLJENJSKI SLOG V ŽIVLJENJU 82
POGLAVJE 17 99
POTOVALNO MINISTRSTVO: POKLICAN ZA POUČEVANJE IN ŠIRJENJE EVANGELIJA 99
POGLAVJE 18 111
SLUŽBA V MUMBAJU, INDIJA "ČLOVEK VELIKE VERE" 111
POGLAVJE 19 117
MINISTRSTVO V GUDŽARATU! 117
POGLAVJE 20 125
PASTIR NAŠE DUŠE: ZVOK TROBENTE 125
POGLAVJE 21 129
SLUŽBA NA DELOVNEM MESTU 129
POGLAVJE 22 134
UČENJE NJEGOVIH POTI S POSLUŠANJEM NJEGOVEGA GLASU 134
POGLAVJE 23 139
PREMIKANJE V MEDIJIH 139
POGLAVJE 24 142
ŠTUDIJA, KI RAZISKUJE 142
POGLAVJE 25 149
OSEBNA PRIČEVANJA, KI SPREMINJAJO ŽIVLJENJE 149
PRIČEVANJA LJUDI 151
ODDELEK II 175
A. 177
JEZIKI, KI JIH JE UPORABLJAL BOG 177
B. 180
KAKO JE BOG OHRANIL SVOJO BESEDO? 180

C. 187
SVETOPISEMSKI PREVODI NAŠEGA ČASA: 187
D. 203
KJV PROTI SODOBNEMU SVETEMU PISMU: SPREMEMBE, KI SO BILE DODANE ALI ODSTRANJENE. 203

To sem storil "Njegova pot"

GOSPODOVE POTI

- *Njegova pot je popolna, Gospodova beseda je preizkušena, on je branik za vse, ki zaupajo vanj. (Psalmi 18:30)*

- *On pa pozna pot, po kateri hodim; ko me bo preizkusil, bom izšel kot zlato. Moja noga se je držala njegovih korakov, njegove poti sem se držal in se nisem umaknil. Prav tako se nisem umaknil od zapovedi njegovih ustnic; besede njegovih ust sem cenil bolj kot svojo potrebno hrano. (Job 23:10-12)*

- *Čakaj na Gospoda in se drži njegove poti, pa te bo povzdignil, da boš podedoval deželo; ko bodo brezbožni iztrebljeni, jo boš videl. (Psalmi 37:34)*

- *Gospod je pravičen na vseh svojih poteh in svet v vseh svojih delih. (Psalmi 145:17)*

- *Gospod te bo postavil za sveto ljudstvo, kakor ti je prisegel, če boš izpolnjeval zapovedi Gospoda, svojega Boga, in hodil po njegovih poteh. (5 Mz 28:9)*

- *In veliko ljudi bo šlo in reklo: "Pridite in pojdimo na Gospodovo goro, v hišo Jakobovega Boga, in on bo učil nas bo svojih poti in hodili bomo po njegovih stezah, kajti iz Siona bo izšel zakon in iz Jeruzalema Gospodova beseda. (Izaija 2:3)*

- *Krotkega bo vodil v sodbo in krotkega bo učil svoje poti. (Psalmi 25:9)*

Sklicevanje na knjige: Sveto pismo, verzija kralja Jakoba

Poglavje 1

Začetek: V iskanju duha resnice.

I junija 1980 sem prišel v Združene države Amerike z močno željo, da bi našel resnico o Bogu, Stvarniku vseh stvari. Ni bilo tako, da v Indiji ne bi mogel najti Boga, saj je Bog povsod in napolnjuje vesolje s svojo navzočnostjo in slavo, vendar mi to ni bilo dovolj. Želel sem ga osebno spoznati, če je to mogoče.

"In zaslišal sem glas velike množice, kot glas mnogih voda in kot glas mogočnega grmenja, ki je govoril: "Aleluja, kajti kraljuje vsemogočni Gospod Bog." (Razodetje 19:6)

Ko me je Bog pripeljal v Združene države Amerike, sem bil na izjemnem potovanju. Mislil sem, da sem se odločil, da grem tja, vendar je čas pokazal, da sem se motil. Spoznal sem, da je imel Bog pri tej odločitvi več opraviti, kot sem se zavedal. To je bil "njegov način" spreminjanja mojih misli in življenja.

Amerika je država, ki ponuja svobodo veroizpovedi, združuje večkulturne ljudi, zagotavlja svoboščine in zaščito tistim, ki želijo uveljavljati verske pravice brez strahu pred preganjanjem. V tej državi sem začel delati skoke čez nemirne vode, ko me je Bog začel usmerjati.

Zdelo se je, kot da mi je postavljal stopničke, da bi me vodil. Ti "kamni "so bili temelj za dolgo in burno potovanje, ki je vodilo do razodetja, od koder ne bo več poti nazaj. Nagrada bi bila vredna življenja po Njegovih poteh na vsakem koraku in preizkušnji moje vere.

> *"Stremim k cilju za nagrado visokega Božjega poklica v Kristusu Jezusu. Zato bodimo tako misleči, kolikor smo popolni, in če ste v čem drugače misleči, vam bo Bog razkril tudi to. Kakorkoli, kar smo že dosegli, hodimo po istem pravilu, mislimo na isto stvar."*
> *(Filipljanom 3:14-16)*

Ko sem prišel v Kalifornijo, v tem času nisem videl veliko vzhodnih Indijancev. Prilagodil sem se življenju v Ameriki in se osredotočil na to, zaradi česar sem prišel. Iskal sem živega Boga iz Svetega pisma, Boga apostolov Janeza, Petra in Pavla ter drugih, ki so nosili križ in sledili Jezusu.

Upal sem si poiskati Boga Nove zaveze, ki je po Svetem pismu, besedi živega Boga, storil veliko čudovitih čudežev, znamenj in čudežev. Ali sem lahko tako predrzen, da bi sploh pomislil, da me resnično pozna? V Bogu je moralo biti nekaj več. Začel sem obiskovati številne cerkve različnih veroizpovedi na območju Los Angelesa, metropole v južni Kaliforniji. Kasneje sem se preselil v mesto vzhodno od Los Angelesa, imenovano West Covina, in začel obiskovati cerkve tudi na tem območju. Prišel sem iz zelo verne države, v kateri je verjetno več bogov, kot jih pozna človek, kot v kateri koli drugi državi na svetu. Vedno sem verjel v enega Boga, Stvarnika. Moje srce si je prizadevalo, da bi ga osebno spoznalo. Mislil sem, da gotovo obstaja in da me bo lahko našel zaradi moje strastne želje, da bi ga osebno spoznal. Neutrudno sem iskal in dosledno bral Sveto pismo, vendar mi je vedno nekaj manjkalo. Avgusta 1981 sem se zaposlil na ameriški pošti, kjer sem sodelavcem začel postavljati vprašanja o Bogu. Začel sem tudi poslušati krščanski radio, kjer sem slišal različne pridigarje, ki so razpravljali o svetopisemskih temah, vendar se nikoli niso strinjali niti med seboj. Pomislil sem, da to zagotovo ne more biti Bog zmede?

Moral je obstajati resničen odgovor na to versko zagato. Vedel sem, da moram poiskati Sveto pismo in še naprej moliti. Tudi številni krščanski sodelavci so se mi oglasili in delili svoja pričevanja. Presenečen sem bil, da so toliko vedeli o Gospodu. Takrat še nisem vedel, da je Bog že določil čas, ko bom prejel razodetje njegove čudovite resnice.

Moj brat je bil obseden z demoni in je potreboval čudež. Prisiljen sem bil poiskati kristjane, ki verjamejo v čudeže in osvoboditev od teh demonskih sil. Demonski duhovi so brez milosti mučili um mojega brata. Moja družina je bila zanj tako zelo zaskrbljena, da nismo imeli druge možnosti, kot da ga odpeljemo k psihiatru. Vedel sem, da je bilo hudičevo zadovoljstvo mučiti in uničevati mojega brata. To je bil duhovni boj, o katerem govori Sveto pismo. V obupu smo brata odpeljali k psihiatru. Ko ga je ocenila, naju je vprašala, ali verujeva v Jezusa. Odgovorila sva, da da, nato je začela pisati naslove dveh cerkva s telefonskima številkama in mi jih izročila. Ko sem prišel domov, sem oba papirja s podatki položil na omaro z namenom, da pokličem oba pastorja. Molil sem, da bi me Bog pripeljal do prave cerkve in pastorja. Slišal sem nekaj zelo negativnih stvari o cerkvah v Ameriki, zato sem bil zaradi tega zelo previden. Gospod uporablja preroke, učitelje in pridigarje, da tiste, ki ga ljubijo, vodi k vsej resnici. Gospod je postal moja svetilka in luč, ki je razsvetlila mojo temo. Bog bo zagotovo tudi mojega brata popeljal iz njegove teme. Resnično sem verjela, da me bo Bog našel v tem, kar se je zdelo kot neskončno morje teme; saj je bil to zelo temačen in težak čas za mojo družino.

"Tvoja beseda je svetilka mojim nogam in luč na moji poti."
(Psalmi 119:105)

"Molitev in post."

Oba naslova sem položila na omaro. Poklical sem oba pastorja in z njima komuniciral. Hkrati sem molil za Gospodovo vodstvo za pastorja, s katerim bi lahko nadaljeval pogovor. V tem času sem ugotovil, da je ena številka z omarice izginila. Skrbno sem jo iskal, vendar je nisem mogel najti. Zdaj mi je bila na voljo samo ena številka.

Poklical sem to številko in se pogovarjal s pastorjem cerkve, ki se je nahajala v Kaliforniji, le 10 minut od mojega doma. Svojega brata sem odpeljal v to cerkev, misleč, da bo moj brat danes svoboden, vendar se to ni zgodilo. Moj brat tisti dan ni bil popolnoma osvobojen. Zato nama je pastor ponudil študij Svetega pisma. Sprejela sva njegovo ponudbo in prav tako začela obiskovati njegovo cerkev brez namena, da bi postala člana, ampak le obiskovalca. Nisem vedel, da bo to prelomnica v mojem življenju. V tem času sem bil proti binkoštnemu načinu in njihovemu prepričanju o govorjenju v jezikih.

Svetniki Cerkve so bili zelo iskreni v svojih prepričanjih. Svobodno so častili in ubogali pastorja, ko je pozval k postu, saj so se duhovne sile, ki so obvladovale mojega brata, lahko razkrojile le, kot pravi Božja beseda" „z molitvijo in postom". Nekoč Jezusovi učenci niso mogli pregnati demona. Jezus jim je rekel, da je to zaradi njihove nevere, in dejal, da jim ne bo nič nemogoče.

"Vendar ta vrsta ne gre ven drugače kot z molitvijo in postom."
(Evangelij po Mateju 17:21)

Večkrat smo se vsi postili po nekaj dni in videl sem, da se je moj brat veliko bolje počutil. S pastorjem sva še naprej študirala Sveto pismo na mojem domu in razumela vse, kar naju je učil; ko pa je začel razlagati o krstu z vodo, me je njegova razlaga motila. Nikoli še nisem slišal za krst v imenu "Jezusa", čeprav nam je jasno pokazal Sveto pismo. Tam je bilo to zapisano, vendar tega nisem videl. Morda je bilo moje razumevanje zaslepljeno.

Ko je pastor odšel, sem se obrnil k bratu in mu rekel: "Si opazil, da imajo vsi pridigarji, ki uporabljajo isto Sveto pismo, različne ideje? Resnično ne verjamem več, kaj ti pridigarji govorijo." Brat se je obrnil k meni in rekel: "Prav ima!" Zelo sem se razjezil na brata in ga vprašal: "Torej boš verjel nauku tega pastorja? Tega ne verjamem." Ponovno me je pogledal in rekel: "Govori resnico." Ponovno sem mu odgovoril: "Verjameš vsem pridigarjem, meni pa ne!" Moj brat je spet vztrajal: "Ima prav." Tokrat sem videl, da je bil bratov obraz zelo resen. Kasneje sem vzel v roke Sveto pismo in začel preučevati Apostolska dela, kjer je bila zgodovina zgodnje Cerkve. Študiral sem in študiral, a še vedno nisem mogel razumeti, zakaj, Bog je imel SVOJO pot. Ali verjamete, da Bog z vsakim človekom ravna drugače? Tu sem iskal Boga po vseh virih in medijih. V tem času sem slišal Boga, ki mi je govoril na srce: "Morate se krstiti." Slišal sem njegov ukaz in te besede neznano komu skril v svoje srce.

Prišel je dan, ko je pastor pristopil k meni in mi postavil vprašanje: "Torej, ali si pripravljen na krst?" Presenečeno sem ga pogledal, saj mi tega vprašanja še nikoli nihče ni zastavil. Povedal mi je, da mu je Gospod Jezus govoril o mojem krstu, zato sem rekel: "Da". Bil sem presenečen, da je Bog o tem govoril pastorju. Cerkev sem zapustil z mislijo" :Upam, da Bog temu človeku ne pove vsega, saj naše misli niso vedno pravične ali celo primerne."

Krst za odpuščanje grehov.

Prišel je dan mojega krsta. Župnika sem prosil, naj me krsti v imenu Očeta, Sina in Svetega Duha. Pastor mi je ponavljal" :Da, to je Jezusovo ime." Bil sem zaskrbljen in vznemirjen; mislil sem, da me bo ta človek poslal v pekel, če me ne bo krstil v imenu Očeta, Sina in Svetega Duha. Zato sem mu še enkrat ponovil, naj poskrbi, da bo krstil v imenu Očeta, Sina in Svetega Duha, vendar je pastor prav tako ponavljal. "Da, njegovo ime je Jezus." Začel sem razmišljati, da ta pastor res ne razume, kaj sem mislil. Ker mi je Bog govoril o krstu, ga nisem mogel ne poslušati. Takrat tega nisem razumel, vendar sem ubogal Boga, ne da bi imel popolno razodetje njegovega imena, niti nisem v celoti razumel, da odrešenje ni v nobenem drugem imenu razen v Jezusovem imenu.

"Prav tako ni odrešitve v nobenem drugem imenu, kajti nobenega drugega imena pod nebom ni dano med ljudmi, po katerem bi se mogli rešiti." (Apostolska dela 4:12)

> "*Vi ste moje priče, pravi Gospod, in moj **služabnik**, ki sem si ga izbral, da bi spoznali in verjeli ter razumeli, da <u>sem jaz</u>: pred menoj ni bilo Boga in tudi po meni ga ne bo. Jaz sem Gospod in razen mene **ni rešitelja**."(Izaija 43,10-11)*

Pred, po in za vedno je bil, je in bo samo en Bog in Odrešenik. Tu bo človek v vlogi <u>služabnika</u>, Jehova Bog pravi, da **sem jaz**.

> *"ki je bil v Božji podobi in ni mislil, da je roparsko biti enak z Bog: a sam sebe ni naredil za ničvrednega, vzel si je podobo služabnika in postal podoben ljudem: in se je ponižal ter postal pokoren do smrti, in sicer do smrti na križu." (Filipljanom 2,6-8)*

Jezus je bil Bog v človeškem telesu.

> *"In brez spora je velika skrivnost pobožnosti: **Bog se je razodel v mesu**," (1 Timoteju 3:16)*

Zakaj je ta Bog, ki je duh, prišel v telesu? Kot veste, duh nima mesa in krvi. Če bi moral prelivati kri, bi potreboval človeško telo.

Sveto pismo pravi:

> *"Pazite torej nase in na vso čredo, nad katero vas je Sveti Duh postavil za nadzornike, da bi pasli **<u>Božjo Cerkev, ki jo je pridobil s svojokrvjo</u>**". (Apostolska dela 20:28)*

Večina cerkva ne uči o edinosti Boga in moči Jezusovega imena. Bog, Duh v mesu kot človek Jezus Kristus, je svojim učencem dal veliko naročilo:

> *"Pojdite torej in učite vse narode ter jih krstite **v imenu** (ednina) Očeta in Sina in Svetega Duha." (Evangelij po Mateju 28:19)*

Učenci so očitno vedeli, kaj je Jezus mislil, saj so šli krstit v njegovem imenu, kot je zapisano v Svetem pismu. Presenetilo me je, da so vsakič, ko so krstili, izgovorili "v **Jezusovem** imenu". Sveto pismo to potrjuje v Apostolskih delih.

Tistega dne sem bil krščen v vodi s popolnim potopom v Jezusovem imenu, iz vode sem prišel tako lahek, kot da bi lahko hodil po vodi. Težka gora greha je bila odstranjena. Nisem vedel, da sem to težo nosil na sebi. Kako čudovita izkušnja! Prvič v življenju sem spoznal, da sem se imenoval "kristjan z majhnimi grehi", ker nikoli nisem čutil, da sem velik grešnik. Ne glede na to, kaj sem verjel, je bil greh še vedno greh. Delal sem in mislil greh. Nisem več verjel samo v Božji obstoj, ampak sem doživljal veselje in pravo krščanstvo z udeležbo pri tem, kar je govorila Božja beseda.

Spet sem se vrnil k Svetemu pismu in začel iskati isti spis. Uganite kaj? Odprl mi je razumevanje in prvič sem jasno videl, da je krst samo v Jezusovem imenu.

"Nato jim je odprl razum, da so razumeli pisma" (Lk 24:45).

Začel sem tako jasno videti Sveto pismo in pomislil, kako premeten je satan, da bi preprosto uničil načrt Najvišjega Boga, ki je prišel v mesu, da bi prelil kri. Kri je skrita pod **Jezusovim** imenom. Takoj sem ugotovil, da je satanov napad na Ime.

*"Obrnite se in se vsak izmed vas krstite **v imenu Jezusa Kristusa** v odpuščanje grehov in prejeli boste dar Svetega Duha."*
(Apostolska dela 2:38)

Te besede je apostol Peter izrekel na binkoštni dan na začetku zgodnje Cerkve v Novi zavezi. Po krstu sem prejel dar Svetega Duha v cerkvi enega od prijateljev v Los Angelesu.

To se je pokazalo tako, da sem govoril v neznanem jeziku ali jezikih in v skladu s Svetim pismom o krstu Svetega Duha:

> *"Ko je Peter še govoril te besede, je Sveti Duh padel navse,kisotobesedo slišali. In tisti od obrezanih, ki so verovali,sosečudili,kolikor jih je prišlo s Petrom, ker se je tudinapoganeizlildarSvetega Duha. Slišali so jih namreč **govoritizjeziki**inpoveličevatiBoga." (Apostolska dela 10:44-46)*

Jasno sem razumel, da so moški spremenili krstni obred. Zato imamo danes toliko religij. Ti prvi verniki so bili krščeni v skladu s Svetim pismom, ki je bilo zapisano pozneje. Peter ga je oznanjal in apostoli so ga opravljali!

> *"Ali lahko kdo prepove vodo, da se ne bi krstili tisti, ki so prejeli Svetega Duha tako kot mi? In ukazal jim je, naj se **krstijo v Gospodovo ime**. Nato so ga prosili, naj ostane nekaj dni."*
> *(Apostolska dela 10:47-48)*

Spet dokaz krsta v Jezusovem imenu.

> *"Ko pa so verjeli Filipu, ki je oznanjal o Božjem kraljestvu **in imenu Jezusa Kristusa, so se dali krstiti, tako moški kot ženske** (saj še ni padel na nobenega od njih, **le oni so se dali krstiti v imenu Gospoda Jezusa)" (Apostolska dela8:12.16).***

Apostolska dela 19

> *"Ko je bil Apolon v Korintu, je Pavel po prehoduskozizgornjeobaleprišel v Efez in našel nekatere učencem je rekel: "Ali ste prejeli Svetega Duha, odkar ste verovali? Odgovorili so mu: "Nismo niti slišali, ali je Sveti Duh. Rekel jim je: "V kaj ste bili krščeni? Rekli so: "V Janezov krst. Tedaj je Pavel rekel: "Janez je res krščeval s krstom spreobrnjenja, ko je ljudem govoril, naj verujejo v tistega, ki bo prišel za njim, to je v Jezusa Kristusa. Ko so to slišali, so se dali **krstiti v imenu Gospoda Jezusa**. In ko je Pavel položil roke nanje, **je nanje prišel Sveti Duh; govorili so z jeziki** in prerokovali."*
> *(Apostolska dela 19:1-6)*

*"Apostolska dela 19 so mi bila v veliko pomoč, saj Sveto pismo pravi, da obstaja **en sam krst**. "(Pismo Efežanom 4:5)*

Krščen sem bil v Indiji in moram reči, da sem bil poškropljen in ne krščen.

*"Pravi nauk so vzpostavili **apostoli in preroki**. Jezus je prišel, da bi prelil kri in dal zgled." (1Petrov 2:21)*

*"Apostolska dela 2:42 In vztrajali so v apostolskem **nauku** in občestvu, v lomljenju kruha in v "*

"Efežanom-2*:20 in so **zgrajeni na temelju apostolov in prerokov**, Jezus Kristus pa je glavni vogelni kamen;*

"Galačanom. 1:8.9 Če pa bi vam mi ali angel iz nebes oznanjalkakšen drug evangelij kot tistega, ki smo vam ga oznanili, naj bo preklet. Kakor smo že prej rekli, tako tudi zdaj ponavljam: Čebi vam kdo oznanjal kak drug evangelij kakor tistega, kistegaprejeli,naj bo preklet."

(To je globoko; nihče ne more spremeniti nauka, niti apostoli, ki so bili že uveljavljeni.)

*"Ta pisma so mi odprla oči, zdaj sem razumel Mateja28:19.CerkevjeJezusova nevesta, ko smo krščeni vJezusovemimenu,prevzamemonjegovo ime. Salomonova pesemjealegorijaoCerkviinženinu,vkaterijenevesta prevzela Ime." Zaradi vonja tvojih dobrih mazil **je tvoje ime kot mazilo, ki** se razlije,zato te ljubijo device "(Pesem o Solomanu 1:3).*

Zdaj sem imel krst, o katerem govori Sveto pismo, in istega Svetega Duha. To ni bilo nekaj namišljenega; bilo je resnično! Lahko sem ga čutil in slišal, tudi drugi so bili priča manifestaciji novega rojstva. Besed, ki sem jih izrekel, nisem poznal in jih nisem mogel razumeti. Bilo je neverjetno.

> "*Kdor namreč govori v neznanem jeziku, ne govori ljudem, ampak Bogu, saj ga nihče ne razume, čeprav v duhu govori skrivnosti.*"
> *(Prvo pismo Korinčanom 14:2)*
>
> "*Kajti če molim v neznanem jeziku, moj duh moli, moj **razum** pa **je brezploden**.*" *(Prvo pismo Korinčanom 14:14)*

Moja mama je pričevala, da jo je nekoč, preden sem se rodila, neki misijonar iz Južne Indije krstil v reki in ko je vstala, je bila popolnoma ozdravljena. Ker nisem vedela, kako jo je ta pridigar krstil, me je zanimalo, kako je bila ozdravljena. Leta pozneje mi je oče potrdil, da jo je ta pastor krstil v Jezusovem imenu, kar je biblično.

Sveto pismo pravi:

> "*ki odpušča vse tvoje krivde, ki ozdravlja vse tvoje bolezni.*"
> *(Psalmi 103:3)*

Po novem rojstvu sem začel voditi svetopisemske študije za prijatelje v službi in za svojo družino. Moj nečak je prejel dar Svetega Duha. Moj brat, bratranec in teta so bili krščeni skupaj s številnimi člani moje družine. Nisem vedel, da je bilo na tej poti veliko več kot le želja, da bi bolj od blizu spoznal Boga. Nisem se zavedal, da je ta izkušnja mogoča. Bog prebiva v verniku po Duhu.

Razodetje in razumevanje.

Posvetil sem se preučevanju Svetega pisma in večkrat prebral Sveto pismo, Bog pa mi je vedno znova odpiral razumevanje.

> "*Nato jim je odprl razum, da so razumeli Pisma.*" *(Luka 24:45)*

Po prejemu Svetega Duha je moje razumevanje postalo jasnejše, saj sem se začel učiti in videti veliko stvari, ki jih prej nisem videl.

Elizabeth Das

> *"Bog pa **nam** jih je **razodel po svojem Duhu**, kajti Duh raziskuje vse, tudi Božje globine." (1 Korinčanom 2:10)*

Naučil sem se, da moramo razumeti Njegovo voljo za nas, imeti modrost, da živimo po Njegovi besedi, poznati **"Njegove poti"** in sprejeti, da je poslušnost zahteva in ne možnost.

Nekega dne sem Boga vprašal: "Kako me uporabljaš?" Rekel mi je: "V molitvi."

> *"Zato si, bratje, raje prizadevajte, da bi bila vaša poklicanost in izvoljenost gotova; kajti če to storite, ne boste nikoli padli:"*
> *(2 Peter 1:10)*

Spoznal sem, da lahko obiskovanje cerkve daje občutek lažne varnosti. Religija ni odrešitev. Religija sama po sebi vam lahko le daje dober občutek lastne pravičnosti. Samo poznavanje Svetega pisma ne prinaša odrešitve. Sveto pismo morate razumeti s študijem, prejeti razodetje z molitvijo in imeti željo, da bi spoznali resnico. Tudi hudič pozna Sveto pismo in je obsojen na večnost v jezeru, ki gori z ognjem. Ne pustite se preslepiti volkovom v ovčjih oblačilih, ki imajo **videz pobožnosti**, a **zanikajo Božjo moč**. Nihče mi ni nikoli rekel, da potrebujem Svetega Duha z dokazom govorjenja v jezikih, o katerem govori Sveto pismo. Ko verniki prejmejo Svetega Duha, se zgodi nekaj čudežnega. Učenci so bili napolnjeni s Svetim Duhom in ognjem.

> *"Ko pa bo Sveti Duh prišel na vas, boste prejeli **moč** in mi boste priče v Jeruzalemu in po vsej Judeji, Samariji in do skrajnihmejazemlje. "(Apd 1:8)*

Tako zelo so goreli za širjenje evangelija, da so mnogi kristjani tistega časa, tako kot nekateri še danes, izgubili življenje za evangelij resnice. Spoznal sem, da je to globoka vera in trden nauk, za razliko od nauka, ki ga danes poučujejo v nekaterih cerkvah.

Po vstajenju Jezus v svoji besedi pravi, da bo to znamenje, da je nekdo njegov učenec.

> *"....se bodo pogovarjali v novih jezikih."*
> *(Evangelij po Marku16:17)*

Jezik v grškem jeziku je glossa, v slovenščini pa nadnaravni dar jezika, ki ga je dal Bog. Ne hodite v šolo, da bi se naučili tega načina govorjenja. Zato pravi, da gre za **nov jezik**.

To je eden od znakov, po katerem prepoznamo učenca Najvišjega Boga.

Ali ni Bog tako čudovit? Svoje učence je naredil prepoznavne na prav poseben način.

Moč čaščenja.

Spoznala sem moč bogoslužja in da lahko pri bogoslužju dejansko občutiš Sveto navzočnost. Ko sem leta 1980 prišel v Ameriko, sem opazil, da se vzhodni Indijci sramujejo svobodnega čaščenja Boga. V Stari zavezi je kralj David plesal, skakal, ploskal in visoko dvigal roke pred Gospodom. Božja slava prihaja, ko Božje ljudstvo časti z najvišjo hvalo in vzvišenostjo. Božje ljudstvo ustvarja ozračje, v katerem lahko Gospodova navzočnost prebiva med njimi. Naše čaščenje pošilja Gospodu okusen vonj, ki se mu ne more upreti. Prišel bo in se naselil v hvalnicah svojega ljudstva. Po molitvi si vzemite čas, da ga samo hvalite in častite z vsem srcem, ne da bi ga prosili za stvari ali usluge. V Svetem pismu je primerjan z ženinom, ki prihaja po svojo nevesto (cerkev). Išče strastno nevesto, ki se ne bo sramovala ČESTITI JEMU. Naučil sem se, da lahko ponudimo čaščenje, ki bo doseglo prestolno sobo, če opustimo svoj ponos. Hvala Bogu za pridigarje, ki oznanjajo Besedo in se ne zadržujejo pri tem, kako zelo pomembno je bogoslužje za Boga.

"Toda prihaja ura, in zdaj je, ko bodo pravi častilciOčeta častite v duhu in resnici, kajti Oče išče take, ki bi ga častili."(Janez 4,23)
Ko se Božja navzočnost spusti nad njegove otroke, se začnejo dogajati čudeži: ozdravljenje, osvoboditev, jeziki in razlage, prerokovanje, pojavljanje darov Duha. O, koliko Božje moči lahko zajamemo v eni cerkveni službi, če lahko vsi skupaj ponudimo čaščenje in poveličevanje ter najvišjo hvalo. Ko nimate več besed za molitev, častite in darujte žrtev hvale! Hudič sovraži, kadar častite njegovega Stvarnika, edinega resničnega Boga. Ko se počutite osamljene ali vas stiska strah, častite in se povežite z Bogom!

Na začetku mi je bilo takšno čaščenje in slavljenje zelo težko, pozneje pa je postalo enostavno. Začel sem slišati njegov glas, ki mi je govoril. Želel je, da bi bil poslušen Njegovemu Duhu. Moje versko ozadje mi je preprečevalo, da bi svobodno častil Boga. Kmalu sem dobil blagoslov v Duhu, prišlo je ozdravljenje in bil sem osvobojen stvari, ki jih nisem dojemal kot greh. Vse to je bilo zame nekaj novega; vsakič, ko sem v svojem življenju začutil Božjo navzočnost, sem se začel notranje spreminjati. Rastel sem in doživljal osebno hojo z Bogom, ki je bila osredotočena na Kristusa.

Duh resnice.

Ljubezen do resnice je bistvenega pomena, saj je religija lahko zavajajoča in hujša od odvisnosti od alkohola ali drog.

"Bog je duh in tisti, ki ga častijo, ga morajo častiti v duhu in resnici."
(Janez 4:24)

Verige verske sužnosti so padle z mene, ko me je Sveti Duh osvobodil. Ko v Svetem Duhu govorimo v neznanih jezikih, naš duh govori z Bogom. Božja ljubezen je osupljiva in izkušnja je nadnaravna. Nisem si mogel pomagati, da ne bi pomislil na vsa tista leta pred tem, ko sem sprejemal svetopisemski nauk, ki je bil v nasprotju z Božjo besedo.

V mojem odnosu z Bogom mi je razodeval vedno več resnice, ko sem rasel v njegovi besedi in spoznaval "**njegove poti**". Bilo je kot vrabec, ki svoje mladiče hrani z majhnimi obroki, ti pa z vsakim dnem postajajo močnejši in doslednejši, dokler se ne naučijo dvigovati v nebo. Iščite Duha resnice in On vas bo vodil, da boste spoznali vse stvari. Nekega dne se bomo tudi mi z Gospodom dvignili v nebo.

"Ko bo prišel Duh resnice, vas bo vodil v vso resnico."
(Janez 16:13a)

Sveto maziljenje:

V veliki žalosti zaradi bratovega stanja z zlimi duhovi smo odkrili to čudovito resnico. Sprejel sem to resnico in Sveti Duh mi je dal moč, da sem premagal ovire, ki so ovirale moje novo življenje v Jezusu Kristusu, ki mi je dal sveto maziljenje za delovanje in služenje s poučevanjem ljudi. Spoznal sem, da se je po tem maziljenju Bog gibal z duhovno gorečnostjo in izražanjem. Prihaja od Svetega, ki je Bog sam, in ne od verskega obreda ali formalnega posvečenja, ki bi človeku dal ta privilegij.

Maziljenje:

Začel sem čutiti Božje maziljenje v svojem življenju in pričeval tistim, ki so me poslušali. Ugotovil sem, da sem zaradi Božjega maziljenja postal učitelj Besede. V Indiji je bil čas, ko sem želel opravljati odvetniško prakso, vendar me je Gospod spremenil v učitelja svoje Besede.

Toda maziljenje, ki ste ga prejeli od njega, ostaja v vas in nepotrebujete, da bi vas kdo učil; ampak kakor vas isto maziljenjeučivsega in je resnica in ni laž, in kakor vas je učilo,mubostepomagali." (1 Jn 2:27)

"Vi pa imate od Svetega maziljenje in veste vse." (1 Janez 2:20)

Dal sem se na razpolago Bogu in On je s svojo močjo maziljenja naredil vse drugo. Kakšen neverjeten Bog! Ne bo vas pustil brez moči pri opravljanju svojega dela. Začel sem več moliti, ko je moje telo postajalo šibko zaradi bolezni in obolenj, vendar je Božji Duh v meni postajal vsak dan močnejši, ko sem vložil čas in trud v svojo duhovno hojo z molitvijo, postom in nenehnim branjem Njegove Besede.

Sprememba življenja:

Ko sem se za trenutek ozrl nazaj, sem videl, od kod me je Bog pripeljal in kako je bilo moje življenje prazno njegovih poti. Imel sem telesno naravo, ki je nisem mogel spremeniti. Imel sem druge duhove, vendar ne Svetega Duha. Spoznal sem, da molitev spreminja stvari, toda pravi čudež je bil, da sem se spremenil tudi sam. Želel sem, da bi bile moje poti bolj podobne **Njegovim**, zato sem se postil, da bi spremenil svojo telesno naravo. Moje življenje se je na tej prehojeni poti precej spremenilo, vendar se je šele začelo, saj se je moja strastna želja po Bogu povečala. Drugi, ki so me dobro poznali, so lahko potrdili, da sem se spremenil.

Duhovno bojevanje:

Pazil sem, da sem učil le resnico in ne vere. Učil sem, da je krst v imenu Jezusa Kristusa in Svetega Duha nujen. To je Tolažnik in vaša moč za premagovanje ovir in hudobnih sil, ki prihajajo proti vernikom.

Vedno bodite pripravljeni, da se na kolenih borite za to, kar želite od Boga. Hudič želi uničiti vas in vašo družino. Smo v vojni z močmi teme. Boriti se moramo za rešene duše; in moliti, da se Bog dotakne srca grešnika, da bi se odvrnil od sil, ki mu vladajo.

> *"Ne borimo se namreč z mesom in krvjo, ampak z oblastmi, z močmi, z vladarji teme tega sveta, z duhovno hudobijo na višavah."*
> *(Efežanom 6:12)*

Živa duša.

Vsakdo ima živo dušo; ni vaša last, ampak pripada Bogu. Ko nekega dne umremo, se bo duša vrnila k Bogu ali satanu. Človek lahko ubije telo, dušo pa lahko ubije samo Bog.

*"Glejte, vse duše so moje; kakor je moja očetova duša, jemojatudisinova duša; duša, ki greši, bo **umrla**." (Ezekiel 18:4)*

"In ne bojte se tistih, ki ubijajo telo, duše pa ne morejo ubiti, ampak se bojte tistega, ki lahko v peklu uniči dušo in telo." (Evangelij po Mateju 10:28)

Duh ljubezni.

Eno življenje Bogu pomeni tako veliko, ker mu je mar za vsakega od nas in ga tako zelo ljubi. Verniki, ki imajo ta evangelij resnice, so odgovorni za to, da v Duhu **ljubezni** drugim pripovedujejo o Jezusovi ljubezni.

*"Novo zapoved vam dajem, da **se ljubite** med seboj, kakor sem jaz **ljubil** vas, da se tudi vi **ljubite** med seboj. Po tem bodo vsi spoznali, da ste moji učenci, če se boste med seboj **ljubili**." (Janez 13:34-35)*

Hudič se nam bo uprl, ko bomo zanj postali grožnja. Njegova naloga je, da nas odvrne od dela; vendar imamo obljubo zmage nad njim.

"Toda hvala Bogu, ki nam daje zmago po našem Gospodu JezusuKristusu." (1 Korinčanom 15:57)

Naj poudarim, da je to, kar je satan mislil kot zlo, Bog spremenil v blagoslov.

Sveto pismo pravi:

"In vemo, da tistim, ki ljubijo Boga, vse deluje v dobro, tistim, kisopoklicani po njegovem namenu." (Rim 8:28)

Elizabeth Das

Hvalnica Gospodu Jezusu Kristusu!

To sem storil "Njegova pot"

Poglavje 2

Mogočni zdravnik

M po podatkih medicinske znanosti obstaja devetintrideset kategorij bolezni. Vzemimo na primer raka, saj obstaja veliko vrst raka. Obstaja tudi veliko vrst vročine, vendar vse spadajo v kategorijo vročine. Po starem rimskem in Mojzesovem zakonu za kazen ni bilo mogoče zadati več kot 40 udarcev z bičem. Da ne bi kršili tega rimskega in judovskega zakona, so dali le devetintrideset udarcev. Ali je naključje, da je Jezus dobil devetintrideset udarcev po hrbtu? Tako kot mnogi verjamem, da obstaja povezava med to številko in Jezusom.

"Lahko mu da štirideset udarcev, a ne več, da se ti ne bi zdel tvoj brat grd, če bi ga pretiraval in ga pretepel z več udarci." (5 Mz 25:3)

"ki je sam v svojem telesu na drevesu nosil naše grehe, da bi mi, mrtvi grehu, živeli pravičnosti; po njegovih ranah ste bili ozdravljeni."
(1 Petrov 2:24)

"On pa je bil ranjen zaradi naših prestopkov, bil je potolčen zaradi naših krivic; na njem je bila kazen našega miru in z njegovimi ranami smo ozdravljeni." (Izaija 53:5)

V tej knjigi boste brali pričevanja o Božji moči ozdravljanja in moči osvoboditve od drog, alkohola in demonske obsedenosti. Začenjam s svojimi osebnimi boleznimi, pri katerih mi je Bog že zgodaj pokazal, da zanj nič ni pretežko ali preveliko. On je mogočni zdravnik. Resnost mojega telesnega stanja se je zaradi bolečih bolezni spreminjala iz slabega v slabše. Božja beseda in njegove obljube so bile in so tiste, ki me danes podpirajo.

Kronični sinusitis.

Imel sem težave s sinusi, ki so bile tako hude, da sem zaradi njih ne mogel spati. Čez dan sem klical in prosil ljudi, naj molijo zame. Za zdaj bi bilo vse v redu, ponoči pa bi se to nadaljevalo in ne bi mogel spati.

Neke nedelje sem šel v cerkev in prosil pastorja, naj moli zame. Položil je roko na mojo glavo in molil nad mano.

"Ali je med vami kdo bolan? Naj pokliče starešine Cerkve in naj molijo nad njim ter ga v Gospodovem imenu mazilijo z oljem." (Jakob 5:14)

Ko se je začelo bogoslužje, sem začel slaviti in častiti Boga, saj je Duh tako svobodno prihajal name. Gospod mi je rekel, naj plešem pred njim. V Duhu sem v poslušnosti začel plesati pred njim, ko se je nenadoma moj zamašen nos sprostil in tisto, kar je oviralo nosne prehode, je šlo ven. V trenutku sem začel dihati in to stanje se ni več vrnilo. To stanje sinusov sem sprejel s svojimi besedami in mislimi. Vendar sem se sčasoma naučil, da moramo svojo vero vedno izgovarjati in nikoli izpovedovati ali misliti na dvom.

Tonsilitis.

Imela sem kronični tonzilitis in nisem mogla spati zaradi strašnih vztrajnih bolečin. To stanje sem trpel več let. Po obisku zdravnika sem bil napoten k hematologu. Da bi opravil relativno majhno odstranitev mandljev, bi bil to zame nevaren in dolgotrajen poseg zaradi krvne bolezni, ki je mojemu telesu oteževala strjevanje krvi. Z drugimi besedami, lahko bi izkrvavel do smrti! Zdravnik je dejal, da nikakor ne morem prenesti te operacije ali prenašati bolečin. Molil sem za svojo ozdravitev in prosil tudi cerkev, naj moli zame. Nekega dne je v mojo cerkev prišel gostujoči pridigar. Pozdravil je vernike in jih vprašal, ali kdo potrebuje ozdravitev.

Ker nisem bil prepričan, da bom prejel svoje ozdravljenje, sem se vseeno odpravil v ospredje in zaupal Bogu. Ko sem se vrnil na svoje mesto, sem slišal glas, ki mi je govoril.

"Ne boš ozdravljen."
Bil sem jezen na ta glas. Kako je lahko ta glas pogumno govoril ta dvom in nevero? Vedel sem, da je to hudičeva zvijača, da bi ustavil moje ozdravljenje. Odgovoril sem temu glasu z nasprotovanjem,

"Dobil bom svojo ozdravitev!"

Moj odgovor je bil odločen in močan, saj sem vedel, da prihaja od očeta vseh laži, hudiča. Sveti Duh nam daje oblast nad hudičem in njegovimi angeli. Nisem mu dovolil, da bi me oropal ozdravljenja in miru. Je lažnivec in v njem ni resnice! Boril sem se z Božjo besedo in obljubami.

"Vi ste od svojega očeta hudiča in boste počeli poželenja svojega očeta. Od začetka je bil morilec in ni ostal v resnici, ker v njem ni resnice. Ko govori laž, govori svoje, kajti on je lažnivec in njen oče."
(Janez 8:44)

Bolečine so v trenutku izginile in bil sem ozdravljen! Včasih moramo iti v sovražnikov tabor, da bi se borili za to, kar želimo, in si vzeli nazaj, kar nam hoče sovražnik, hudič, odvzeti. Ko me je bolečina zapustila, je hudič rekel: "Nisi bil bolan." Sovražnik me je skušal z "oblakom dvoma" prepričati, da v resnici nisem bil bolan. Razlog za to hudičevo laž je bil v tem, da Bogu nisem izkazal slave. Satanu sem odločno odgovoril: "Da, bil sem bolan!" Jezus je v hipu na vsako stran mojih mandeljnov položil bolečino. Odgovoril sem: "Gospod Jezus, vem, da sem bil bolan, in ti si me ozdravil." Bolečina me je za vedno zapustila! Nikoli več nisem trpel. Takoj sem dvignil roke, hvalil Gospoda in dal Bogu slavo. Jezus si je na hrbtu vzel rane, da sem bil tisti dan lahko ozdravljen. Njegova beseda prav tako pravi, da bodo odpuščeni tudi moji grehi. Še isti dan sem vstal in pričeval v cerkvi, kako me je Gospod ozdravil. Svojo ozdravitev sem sprejel na silo.

"Od dni Janeza Krstnika do danes je nebeško kraljestvo podvrženo nasilju in nasilneži ga jemljejo s silo." (Evangelij po Mateju 11:12)

"Molitev vere bo rešila bolnika in Gospod ga bo obudil; in če je storil grehe, mu bodo odpuščeni." (Jakob 5:15)

"ki ti odpušča vse krivice in ozdravlja vse tvoje bolezni." (Psalmi 103:3)

Ko vstanemo in pričujemo o tem, kar je storil Gospod, s tem ne le dajemo Bogu slavo, ampak tudi krepimo vero drugih, ki morajo to slišati. Prav tako je to sveža kri proti hudiču.

"In premagali so ga z Jagnjetovo krvjo in z besedo svojega pričevanja ter niso ljubili svojega življenja do smrti." (Razodetje 12:11)

Bog dela velike in majhne čudeže. Hudiča premagate, ko drugim poveste, kaj je Bog storil za vas. Hudiča prisiliš v beg, ko začneš Boga častiti z vsem svojim srcem! Na voljo imate orožje vere in moč Svetega Duha, da premagate očeta vseh laži. Naučiti se ju moramo uporabljati.

Okvara vida.

Leta 1974, preden sem prišel v Ameriko, sem imel težave z vidom. Nisem mogel razlikovati razdalje med seboj in drugim predmetom pred seboj. To je povzročalo hude glavobole in slabost. Zdravnik je dejal, da imam motnjo mrežnice, ki jo je mogoče odpraviti z vajami, vendar mi to ni pomagalo in glavoboli so se nadaljevali.

Obiskoval sem cerkev v Kaliforniji, ki je verjela v zdravilno moč. Cerkev sem prosil, naj moli zame. Vedno znova sem slišal pričevanja o ozdravljenju, ki so mi pomagala verjeti v ozdravljenje. Zelo sem hvaležen, da so cerkve dovolile pričevanja, da lahko drugi slišijo poročila o hvalnicah o čudežih, ki jih je Bog danes storil v življenju običajnih ljudi. Moja vera se je ob poslušanju pričevanj vedno okrepila. S pričevanjem sem se veliko naučil.

Kasneje sem obiskal očesnega zdravnika, saj me je Bog prosil, naj obiščem očesnega specialista.

Ta zdravnik je pregledal moje oči in ugotovil isto težavo, vendar me je prosil za drugo mnenje. Teden dni pozneje sem prosil za molitev, saj sem imel močan glavobol in neznosne bolečine v očeh.

Šel sem na drugo mnenje, kjer so mi pregledali oči in rekli, da z mojimi očmi ni nič narobe. Bila sem zelo zadovoljna.

Šest mesecev pozneje sem se vozil v službo in razmišljal o tem, kaj je rekel zdravnik, ter začel verjeti, da ni nič narobe in da se je drugi zdravnik, ki je diagnosticiral nepopolnost oči, motil. Vse te mesece sem bil ozdravljen in pozabil sem, kako bolan sem bil.

Bog mi je začel govoriti: "Se spomniš, da si imel neznosne bolečine, glavobol in slabost?"

Rekel sem: "Da." Nato je Bog rekel: "Se spomniš, ko si bil v Indiji in ti je zdravnik rekel, da imaš težave z očmi, in so te učili vaje za koordinacijo oči? Ali se spomnite, da v zadnjih šestih mesecih zaradi te težave niste prišli domov bolni?"

Odgovoril sem: "Da."

Bog mi je rekel: "Ozdravil sem tvoje oči!"

Slava Bogu, to je pojasnilo, zakaj tretji zdravnik ni našel ničesar narobe z mano. Bog mi je dovolil to izkušnjo, da bi mi pokazal, da je sposoben iti globoko v moje oči in jih ozdraviti. Božja beseda pravi: "Poznam srce, ne pa tistega, ki je lastnik srca." O teh besedah sem začel v mislih previdno razmišljati. Morda sem lastnik svojega srca, vendar ne poznam svojega srca niti ne vem, kaj imam v svojem srcu. Zato nenehno molim, se postim in berem Besedo, da bi Bog v mojem srcu našel le dobroto, ljubezen in vero. Paziti moramo, kaj mislimo in kaj prihaja iz naših ust. Razmišljajte o dobroti, saj Bog pozna vse naše misli.

"Naj bodo besede mojih ust in premišljevanje mojegasrcasprejemljivi pred tvojimi očmi, Gospod, mojamočinmojodrešenik."
(Psalmi 19:14)

Srce je nad vse prevarantsko in obupno hudobno, kdo ga lahko pozna? Jaz, Gospod, preiskujem srce, preizkušam vajeti, da bi vsakemu dal po njegovih poteh in po sadovih njegovih dejanj."
(Jeremija 17:9-10)

Zame molim Psalme 51:

"Ustvari v meni čisto srce, Bog, in obnovivmenipravegaduha."
(Psalmi 51:10)

Anksioznost.

Preživljal sem obdobje, ko sem doživljal nekaj, česar nisem mogel opisati z besedami. Spomnim se, da sem Bogu rekel, da ne vem, zakaj se v mislih tako počutim. Molil sem in prosil Boga, da ne morem razumeti tega presunljivega občutka, saj me takrat ni nič skrbelo. Ta občutek je trajal nekaj časa in zaradi njega sem se duševno počutila "izklopljeno", ne pa tudi telesno, kar je najboljši način, kako ga lahko opišem. Pozneje sem na delovnem mestu v roki držal to majhno knjigo navdihov.

Gospod je rekel: "Odpri to knjigo in beri."

Našel sem temo o "tesnobi". Bog je rekel, da je to, kar imate, tesnoba. Ta beseda mi ni bila znana. Ker te besede nisem jasno razumel, mi je Jezus rekel, naj jo poiščem v slovarju. Našel sem natančne simptome, ki sem jih imel. Definicija je bila skrb ali zaskrbljenost zaradi neke stvari ali dogodka, prihodnjega ali negotovega, ki vznemirja um in ga ohranja v stanju boleče negotovosti.

Rekel sem: "Da, Gospod, počutim se natanko tako!"

Delal sem v izmeni in na prosti dan sem šel zgodaj spat. V tem času sem se zgodaj zjutraj zbujal in molil, nekega dne pa mi je Bog rekel, naj grem spat. Pomislil sem: "Zakaj bi Bog to rekel?" Na tej zgodnji stopnji hoje z Bogom sem se učil razločevati in slišati njegov glas. Spet sem si rekel, zakaj mi Bog govori, naj grem spat? Mislim, da je to hudič.

Potem sem se spomnil, da nam Bog včasih govori stvari, ki morda nimajo nobenega smisla, vendar nam daje pomembno sporočilo. Na kratko, njegovo sporočilo je bilo, da nam ni treba biti bolj sveti kot ti.

"Kajti moje misli niso vaše misli in vaša pota niso moja pota, govori Gospod. Kakor so nebesa višja od zemlje, tako so moja pota višja od vaših poti in moje misli višje od vaših misli". (Izaija 55:8-9)

Z drugimi besedami, molitev je prava pot, vendar v tistem času ni bila. On je že poslal svojega angela, da bi mi služil, jaz pa sem moral biti v postelji. Obstaja čas za počitek in čas, ko Bog napolni naše svetilke s svežim oljem z molitvijo, ki obnavlja Svetega Duha. V naravi potrebujemo spanje in počitek, da osvežimo svoje telo in um, kot je to predvidel Bog. Smo Božji tempelj in moramo skrbeti zase.

*"Kateremu od **angelov** pa je kdaj rekel: "Sedi na moji desnici, dokler ne postavim tvojih sovražnikov za podnožje tvojih nog? Ali niso vsi ti **duhovi služabniki, poslani, da služijo tistim, ki bodo dediči odrešenja?**(Hebrejcem 1:13.14)*

Ko sem spet zaspal, se mi je zdelo, da imam sanje o človeku brez glave. Moški brez glave se je dotaknil moje glave. Pozneje sem se zbudil osvežen in povsem normalen; vedel sem, da je Bog poslal angela ozdravljenca, da se je dotaknil moje glave in me rešil te tesnobe. Bil sem tako hvaležen Bogu, da sem to povedal vsem, ki so me poslušali. Doživel sem grozne izčrpavajoče simptome tesnobe, ki so prizadeli moj um. Vsak dan se zbudiš z njo; nikoli ti ne da miru, ker tvoj um ni popolnoma spočit, da bi se sprostil. Tesnoba je tudi hudičevo orodje, da vas preplavita strah ali panika. Pojavlja se v različnih oblikah in morda niti ne veste, da jo imate. Najbolje je, da spremenite način odzivanja na stres in se vprašate, ali svojemu telesu dajete tisto, kar potrebuje za vsakodnevno obnovo. Bog bo poskrbel za vse ostalo, ko boste poskrbeli " zanjegov tempelj".

"Če kdo oskruni Božji tempelj, ga bo Bog uničil, kajti Božji tempelj je svet, in ta tempelj ste vi." (1 Korinčanom 3:17)

Njegov glas.

Ko imate Boga, ste polni, ker ste potopljeni v njegovo ljubezen. Bolj ko ga spoznavate, bolj ga ljubite! Bolj ko se z njim pogovarjate, bolj se učite slišati njegov glas. Sveti Duh vam pomaga razločevati Božji glas Poslušati morate le ta tihi glas. Mi smo ovce z njegovega pašnika, ki poznamo njegov glas.

"Jezus jim je odgovoril: "Rekel sem vam, pa niste verjeli: dela,kijihdelam v imenu svojega Očeta, pričajo zame. Vi pa verjamete

ne, ker niste iz mojih ovac, kakor sem vam rekel. Moje ovce slišijo moj glas in jaz jih poznam ter mi sledijo: In jaz jim dajem večno življenje; in nikoli ne bodo poginile in nihče jih ne bo iztrgal iz moje roke. Moj Oče, ki mi jih je dal, je večji od vseh in nihče jih ne more iztrgati iz Očetove roke. Jaz in moj Oče sta eno." (Janez 10:25-30)

Med nami so tisti, ki se imenujejo njegove "ovce", in tisti, ki ne verjamejo. Njegove ovce slišijo Božji glas. Verski demoni so zavajajoči. Zaradi njih imamo občutek, da imamo Boga. Sveto pismo nas svari pred lažnimi nauki.

"imajo videz pobožnosti, a zanikujejo njeno moč."(2 Timoteju 3:5)

Bog pravi: "Iščite me z vsem svojim srcem in našli me boste." Ne gre za to, da bi našli način življenja, ki nam ustreza. Sledite resnici, ne verskemu izročilu. Če ste žejni Božje resnice, jo boste našli. Brati in ljubiti morate Božjo besedo, jo skrivati v svojem srcu in jo izkazovati v svojem življenjskem slogu. Beseda vas spreminja navznoter in navzven.

Jezus je prišel, da bi s ceno svoje krvi zlomil moč tradicije in moč religije. Dal je svoje življenje, da bi nam odpustil grehe in omogočil neposredno občestvo z Bogom. V Jezusu je bila izpolnjena postava, vendar ga niso priznali za Gospoda in Odrešenika, za Mesijo.

"Kljub temu so tudi med poglavarji mnogi verjeli vanj, vendar ga zaradi farizejev niso priznali, da ne bi bili izgnani iz sinagoge: Kajti bolj so ljubili hvalo ljudi kot Boga." (Janez 12:42.43)

Gripa:

Imel sem visoko vročino in bolečine v telesu. Imela sem tudi zelo otekle oči in obraz. Komaj sem govoril, zato sem poklical starešino svoje cerkve, da bi molil za mojo ozdravitev. Moj obraz je v trenutku spet postal normalen in bil sem ozdravljen. Bogu se zahvaljujem za može vere in zagotovilo, ki ga daje tistim, ki mu zaupajo.

Elizabeth Das

"Naš evangelij vam namreč ni prišel samo v besedi, ampak tudi v moči in Svetem Duhu ter v veliki gotovosti." (1 Tesaloničanom 1:5a)

Alergija na oči.

V južni Kaliforniji imamo resne težave s smogom. Imela sem draženje oči, ki se je zaradi onesnaženosti zraka še poslabšalo. Srbenje, rdečica in stalna bolečina so bili neznosni; imela sem občutek, da bi si iztrgala oči iz očesnega zrkla. Kako grozno se je počutiti. Še vedno sem rasel in se učil zaupati Bogu. Mislil sem, da je nemogoče, da bi Bog to ozdravil, čeprav me je v preteklosti že ozdravil. Težko sem verjela Bogu, da me bo ozdravil. Mislila sem, da ker Bog že pozna vsako mojo misel, ne more ozdraviti mojih oči zaradi moje nevere, zato sem uporabljala kapljice za oči, da bi ublažila srbenje. Gospod mi je začel govoriti, naj preneham uporabljati kapljice za oči. Toda srbenje je bilo zelo hudo in nisem prenehal. To je ponovil še trikrat, dokler nisem končno odložil kapljic za oči.

*"Jezus pa jih je pogledal in jim rekel: "Pri ljudeh je to nemogoče, pri **Bogu pa je vse mogoče"**. (Evangelij po Mateju 19:26)*

Nekaj ur pozneje, ko sem bil v službi, me je srbenje zapustilo. Bil sem tako vesel, da sem vsem v službi začel pripovedovati o svoji ozdravitvi. Nikoli več mi ni bilo treba skrbeti za svoje oči. Tako malo vemo o Bogu in njegovem razmišljanju. Nikoli ga ne moremo spoznati, ker **njegova pota** niso naša pota. Naše znanje o Njem je tako zelo majhno. Zato je za prave vernike tako pomembno, da hodijo v Duhu. Ne smemo se nasloniti na svoje človeško razumevanje. Tisti dan je bil Jezus do mene prijazen, potrpežljiv in usmiljen. Jezus me je učil veliko lekcijo. Dvomil sem o ozdravitvi, a tistega dne sem ga ubogal in ozdravil me je! Nikoli ni obupal nad menoj in tudi nad vami ne bo obupal!

Po tej lekciji o poslušnosti sem odložil vse vrste zdravil. V srcu sem verjel, da bom začel zaupati Bogu, da me bo ozdravil vseh mojih bolezni in obolenj. Sčasoma sem se naučil verjeti Njemu in rasel sem v Gospodu. On je še danes moj zdravnik.

Poškodba vratu:

Nekega popoldneva sem se vozil v cerkev, ko me je zbilo drugo vozilo in sem utrpel poškodbo vratu, zaradi katere sem moral zapustiti službo. Želel sem se vrniti na delo, vendar je zdravnik to zavrnil. Začel sem moliti: "Jezus, dolgčas mi je, prosim, pusti me iti." Jezus je rekel: "Vrnite se na delo in nihče ne bo mogel reči, da ste bili poškodovani.

> *"Kajti povrnil ti bom zdravje in ozdravil te bom tvojih ran, govori Gospod." (Jeremija 30:17a)*

Nato sem se vrnil k zdravniku, ki me je odpustil, da se lahko vrnem na delo, saj sem vztrajal. Spet sem začel čutiti bolečine in dobil sem opomin, da sem se prehitro vrnil na delo. Spomnil sem se, kaj mi je rekel in obljubil Jezus. Začel sem si govoriti, naj se držim Božje obljube, in iz dneva v dan mi je bilo bolje. Še preden sem se zavedel, so me bolečine zapustile. Tistega večera me je moj nadrejeni prosil, naj delam čez čas. V šali sem se zasmejal in mu rekel, da nisem dovolj zdrav, da bi delal čez čas, ker imam bolečine. Priznal sem, da imam nekaj, česar nimam. Bolečine so se takoj vrnile in moj obraz je postal zelo bled, zato mi je nadrejeni ukazal, naj grem domov. Spomnil sem se, da mi je prej Bog rekel, da bom v redu, in bil sem odločen, da bom pri tem vztrajal. Nadrejenemu sem povedal, da zaradi Božje obljube ne morem iti domov. Druga nadrejena je bila kristjanka, zato sem jo prosila, naj moli zame. Vztrajala je, da moram ponovno oditi domov. Začel sem se zgovarjati na bolečino in govoril besedo vere. Z avtoriteto Svetega Duha sem hudiča označil za lažnivca. Bolečina je takoj izginila.

> *"Nato se je dotaknil njihovih oči in rekel: "Po vaši veri naj se vam zgodi." (Evangelij po Mateju 9:29)*

Vrnil sem se k svojemu nadrejenemu in mu povedal, kaj se je zgodilo. Strinjala se je, da je hudič lažnivec in oče vseh laži. Pomembno je, da bolezni ali bolečine nikoli ne prikličemo v življenje. Tistega dne mi je Bog dal zelo pomembno lekcijo o šaljenju z neresnico.

"Vaša komunikacija pa naj bo: da, da, ne, ne, kajti vse, kar je več od tega, prihaja iz zla." (Evangelij po Mateju 5:37).

To sem storil "Njegova pot"

Poglavje 3

Božja močna orožja "molitev in post"

O v nedeljo zjutraj sem med mašo ležal na zadnji klopi v neznosnih bolečinah in komaj hodil. Nenadoma mi je Bog rekel, naj grem spredaj in prejmem molitev. Nekako sem v srcu in v Duhu vedel, da ne bom ozdravljen, a ker sem slišal Božji glas, sem ubogal. Kot beremo v

"1 Samuelova 15:22b. Poslušnost je boljša od žrtvovanja."

Počasi sem se prebijal do sprednje strani in ko sem začel hoditi po stranskem hodniku, sem opazil, da so ljudje začeli vstajati, ko sem šel mimo njih. Priča sem bil Božjemu Duhu, ki je padel na vsakega človeka, in spraševal sem se, s kakšnim namenom me je Bog poslal v ospredje.

"In če boš pozorno poslušal glas Gospoda, svojega Boga, inspoštoval ter izpolnjeval vse njegove zapovedi, ki ti jih daneszapovedujem, te bo Gospod, tvoj Bog, postavil visoko nad vsenarodena zemlji: In vsi ti blagoslovi bodo prišli nate in te dosegli,čebošposlušal glas Gospoda, svojega Boga." (5 Mz 28:1-2)

Ko se je to zgodilo, sem bil v lokalni cerkvi, vendar sem o tem dnevu razmišljal že nekaj časa. Ko sem nato obiskal cerkev v mestu Upland. To cerkev je obiskovala tudi sestra iz naše nekdanje cerkve. Na mojem avtomobilu je videla oglas, v katerem sem ponujal inštrukcije matematike, in me želela zaposliti. Nekega dne, ko sem jo učila na svojem domu, mi je rekla: "Sestra, spomnim se dneva, ko ste bili bolni v naši stari cerkvi in ste hodili k vhodu, da bi prejeli molitev. Še nikoli prej nisem tako doživela Božje navzočnosti, čeprav sem bila krščena v Jezusovem imenu in sem dve leti hodila v cerkev. Tistega dne, ko si šel mimo, sem prvič začutila Božjega Duha in bil je tako močan. Se spomnite, da je vsa cerkev vstala, ko je Duh padel nanje, ko ste šli mimo?" Tistega dne sem se dobro spominjal, saj sem se še vedno spraševal, zakaj me je Bog poslal v ospredje, ko pa sem komaj hodil. Čutil sem, da je Bog z razlogom dopustil, da mi je ponovno prekrižala pot. Po njej je Bog odgovoril na moje vprašanje o tistem dnevu.

Vesel sem bil, da sem slišal Boga in ubogal njegov glas.

"Hodimo namreč po veri in ne po videnju." (2 Korinčanom 5:7)

Po poškodbi septembra 1999 nisem mogel več hoditi, zato sem ostal v postelji in neprestano molil ter se postil dan in noč, saj nisem spal 48 ur. Dan in noč sem molil z mislijo, da bom raje imel v mislih Boga, kot da bi čutil bolečino. Neprestano sem se pogovarjala z Bogom. Smo posode za čast ali nečast. Ko molimo, svojo posodo napolnimo z Božjim svežim oljem, tako da molimo v Svetem Duhu.

Svoj čas moramo uporabljati modro in ne smemo dovoliti, da bi nam skrbi življenja preprečile duhovno intimen odnos z našim Stvarnikom. Najmočnejše orožje proti hudiču in njegovi vojski sta molitev in post.

"Vi pa, ljubljeni, gradite na svoji najsvetejši veri in molite v Svetem Duhu," (Juda, Vs.20).

Zlo premagate, ko molite in imate dosledno molitveno življenje. Doslednost je vsemogočna. S postom boste povečali moč Svetega

Duha in imeli boste oblast nad demoni. Jezusovo ime je tako močno, ko izgovarjate besede: "V Jezusovem imenu". Prav tako ne pozabite, da je dragocena "Jezusova kri" vaše orožje. Prosite Boga, naj vas pokrije s svojo krvjo. Božja beseda pravi:

*"In od Jezusa Kristusa, ki je zvesta priča, prvorojenec mrtvih in knez zemeljskih kraljev. Od njega, ki nas je vzljubil in **nas v svoji krvi opral naših grehov**." (Razodetje 1:5)*

*"Tako zelo, da so bolnike iznašali na ulice in jih polagali na postelje in ležišča, da bi vsaj **senca** mimoidočega Petra zasenčila nekatere od njih." (Apostolska dela 5:15)*

Poglavje 4

Bog je veliki strateg

Wkdo lahko pozna Božje misli? Leta 1999 sem delal v izmeni na pošti, ko sem se sklonil, da bi dvignil pošiljko, in začutil hude bolečine v hrbtu. Poiskal sem svojega nadrejenega, vendar nisem našel ne njega ne nikogar drugega. Odšel sem domov z mislijo, da bo bolečina odšla, ko bom pred spanjem molil. Ko sem se naslednje jutro zbudil z bolečino, sem poklical starešino cerkve, ki je molil za mojo ozdravitev. Med molitvijo sem slišal Gospoda, ki mi je rekel, naj pokličem svojega delodajalca na pošto in ga obvestim o svoji poškodbi. Nato mi je naročil, naj obvestim svojega nadzornika, ko se vrnem na delo. Ko sem se vrnil na delo, so me poklicali v pisarno, da bi izpolnil poročilo o poškodbi. Odklonil sem obisk njihovega zdravnika, ker nisem verjel, da je treba iti k zdravniku. Zaupal sem v Boga. Na žalost so se moje bolečine v hrbtu samo še poslabšale. Moj delodajalec je potreboval zdravniško potrdilo, da sem utrpel poškodbo, da bi upravičil lažjo službo. V tem času sem že večkrat zaprosil za pregled pri njihovem zdravniku, vendar me zdaj niso bili več pripravljeni poslati. Šele ko so pri hoji opazili izboljšanje, so menili, da sem okreval. Zdaj so me napotili k svojemu zdravniku za poškodbe pri delu, ki me je pozneje napotil k specialistu ortopedu. Ta je potrdil, da sem utrpel trajno poškodbo hrbta.

To je mojega delodajalca zelo razburilo. Zelo sem bila vesela, da sem tokrat privolila v obisk njihovega zdravnika. Nisem vedel, kaj me čaka v prihodnosti, a Bog je vedel. Ne le, da sem dobil lažjo službo na delovnem mestu, zdaj so se zavedali, da imam resno invalidnost. Ko se je moje stanje poslabšalo, so mi dovolili le šest ur dela, nato štiri in nato dve. Moje bolečine so postale tako neznosne, da sem se zaradi vožnje v službo težko vozil sem in tja. Vedel sem, da se moram zanesti na Boga, da me bo ozdravil. Molil sem in Boga vprašal, kakšen je njegov načrt zame? Odgovoril mi je: "*Greš domov.*" Pomislil sem, da me bodo zagotovo poklicali v pisarno in me poslali domov. Pozneje so me poklicali v pisarno in me poslali domov, tako kot je govoril Gospod. Sčasoma se je moje stanje poslabšalo in za hojo sem potreboval oporo. Zdravnik, ki je prepoznal resnost moje poškodbe, mi je priporočil, naj obiščem zdravnika za nadomestilo za delo, ki bo prevzel moj primer.

Nekega petkovega večera, ko sem ob odhodu s pošte odprl vrata, sem zaslišal Božji glas, ki mi je rekel: "*Na to mesto se ne boš nikoli več vrnil.*" Besede so me tako osupnile, da sem začel razmišljati, da bi me morda lahko ohromili ali celo odpustili. Glas je bil zelo jasen in močan. Brez dvoma sem vedel, da se bo to uresničilo in da se ne bom več oziral na to mesto, kjer sem delal 19 let. Kako se bodo stvari odvile na finančnem področju, je bilo negotovo. Vendar pa Bog vidi stvari od daleč, saj je postavljal še en korak, ki mi je kazal pot, po kateri naj grem.

Bog je kot mojster strateg počasi in spretno postavljal temelje moje prihodnosti za čas, ko ne bom več delal za nikogar drugega, ampak zanj. Po koncu tedna sem našel novega zdravnika ortopeda, ki me je pregledal. Za skoraj eno leto me je začasno invalidsko upokojil. Pošta me je poslala na pregled k enemu od svojih zdravnikov in njegovo mnenje je bilo v nasprotju z mnenjem mojega zdravnika. Rekel je, da sem v redu in da lahko dvignem do 100 kg. Jaz pa nisem mogel niti hoditi, stati ali celo dolgo sedeti, kaj šele dvigniti težo, ki bi bila enakovredna mojemu krhkemu telesu. Moj zdravnik je bil zelo razburjen. Ni se strinjal z oceno drugega zdravnika o mojem zdravju in telesnih sposobnostih. Hvala bogu, da je moj zdravnik to izpodbijal v mojem imenu in proti zdravniku mojega delodajalca. Moj delodajalec je nato zadevo predal tretjemu zdravniku, ki naj bi deloval kot posredniški "sodnik". Ta sodnik je bil ortopedski kirurg, ki mi je pozneje postavil diagnozo invalidnosti. Ne zaradi poškodbe pri delu, temveč zaradi moje krvne bolezni. Tako se je zdaj vse skupaj obrnilo v drugo smer. Rodil sem se s to boleznijo. O invalidski upokojitvi nisem vedel ničesar. Z jezo v srcu sem molil o tej situaciji. Vem, da je bila njegova naloga, da naredi, kar je pravično za bolnika in ne za delodajalca. In v videnju sem videl tega zdravnika popolnoma norega.

Takoj sem prosil Jezusa, naj mu odpusti. Gospod mi je začel govoriti, da je zdravnik naredil vse, kar je bilo v njegovi moči, za tvoje dobro. Prosil sem Gospoda, naj mi pokaže, ker tega nisem mogel videti na tak način; vendar bo moj odgovor prišel pozneje. Medtem sem zaprosil za nadomestilo za trajno invalidnost, ker nisem mogel več delati. Bil sem negotov, ali bo moja prošnja odobrena. Moj delodajalec in moj zdravnik sta vedela, da nimam le poškodbe hrbta, ampak tudi tri tumorje na spodnjem delu hrbta in hemongiom v hrbtenici. Imel sem degenerativno bolezen diska in krvno bolezen. Moje telo je hitro in zelo boleče propadalo.

Bolezenske težave zaradi bolezni in poškodb so me močno zaznamovale. Ugotovil sem, da ne morem hoditi niti ob podpori. Ker ni bilo znano, kaj povzroča paralizo, ki je prizadela moje noge, so me poslali na magnetno resonanco (MRI) glave. Zdravnik je iskal kakršno koli psihološko stanje. Kdo lahko ve, kakšne so Božje misli in kakšne korake je sprejemal za mojo prihodnost? Bog je velik strateg, saj takrat nisem vedel, da je vse to imelo svoj razlog. Moral sem mu le zaupati, da bo poskrbel zame. Nadomestila za trajno invalidnost se lahko odobrijo le posameznikom, ki imajo osebno zdravstveno stanje, ki ga lahko medicinsko potrdi osebni zdravnik. Ker moj novi zdravnik ni imel nobene zdravstvene anamneze, Oddelku za invalidnost ni hotel predložiti popolne zdravstvene ocene glede moje nezmožnosti za delo.

Znašel sem se tudi pred dilemo glede svojih financ. Za odgovore sem se obrnil na edini vir, ki sem ga poznal. Gospod je rekel:

"Imate veliko zdravniških izvidov, vse jih pošljite zdravniku."

Ne samo, da sem zdravniku dal vsa svoja zdravniška poročila, zdaj je bil pripravljen izpolniti mojo vlogo za trajno invalidsko upokojitev. Slava Bogu! Bog je vedno pripravljen dati odgovor, če ga resno prosimo. Pomembno je, da smo vedno mirni in poslušamo njegov odgovor. Včasih ne pride takoj. Čakal sem na "velikega stratega", da mi uredi življenje po svoji volji. Naslednjih nekaj mesecev je bilo mučnih in zahtevnih. Ne le, da sem prenašal fizične bolečine, ampak tudi nisem mogel več obrniti niti ene strani knjige. Ker sem odvisen od Boga, da me ozdravi, sem verjel, da to doživljam z razlogom, vendar zagotovo ne bom umrl. Ker sem v to verjel, sem se vsak dan samo zahvaljeval Bogu za vsak trenutek, ki sem ga živel, in za kakršno koli stanje, v katerem sem bil. Da bi preživela obdobja mučnih bolečin, sem se posvetila molitvi in postu. On je bil moj edini vir moči in moje zatočišče v molitvi.

Moje življenje se je močno poslabšalo. V tem izčrpavajočem stanju nisem mogel več delati. Vsak dan sem veliko molil in prosil, vendar se je zdelo, da se moj položaj ne izboljšuje, temveč poslabšuje. Kljub temu sem vedel, da je Bog edini odgovor. Brez dvoma sem vedel, da bo vse uredil zame. Znan mi je bil njegov obstoj in prisotnost ter vedel sem, da me ljubi. To je bilo dovolj, da sem se držal in čakal na "glavnega stratega", ki je imel določen načrt za moje življenje.

Takrat je z mano živela moja mati, stara 85 let. Bila je tudi invalidna in je potrebovala pomoč in nego, ko je bila priklenjena na posteljo. V času, ko me je moja ljubeča mati najbolj potrebovala, nisem mogel poskrbeti za njene osnovne potrebe. Namesto tega je morala moja krhka mati gledati, kako se hčerkino zdravje slabša pred njenimi očmi. Dve ženski, mati in hči, v položaju, ki se je zdel brezupen, vendar sva obe verjeli v "mogočnega Boga čudežev". Nekega dne me je mama videla, kako sem se zgrudila na tla. Kričala je in vpila, nemočna, da bi karkoli storila zame. Ta prizor je bil za mojo mamo tako neznosen in grozljiv, ko me je videla na tleh, vendar me je Gospod v svojem usmiljenju dvignil s tal. Moj brat, sestra in družina, ki so to slišali, so bili zelo zaskrbljeni, da je moje stanje prišlo do te skrajnosti. Moj dragi in ostareli oče, za katerega so skrbeli drugje, je samo jokal in ni veliko govoril, jaz pa sem molila k Gospodu, da bi se vse to končalo za dobro vseh nas. To ni bila samo moja osebna bolečina in preizkušnja, ki sem jo moral prenašati, ampak je zdaj prizadela tudi moje bližnje. To je bilo najtemnejše obdobje mojega življenja. Pogledal sem k Božji obljubi z začetka:

"Ko greš, tvoji koraki ne bodo ovirani, in ko tečeš, se ne boš spotaknil." (Pregovori 4:12)

Z velikim veseljem v srcu sem razmišljal o Božji besedi in obljubi. Ne samo, da bom lahko naredil korak, ampak bom lahko nekega dne tudi tekel. Več časa sem posvetil molitvi, saj nisem mogel storiti drugega kot moliti in iskati Božje obličje. To je postala obsedenost dan in noč. Božja beseda je postala moje "sidro upanja" v valujočem morju. Bog poskrbi za naše potrebe, zato mi je omogočil, da sem dobil motoriziran invalidski voziček, ki mi je olajšal življenje. Ko sem stal, se nisem mogel uravnovesiti niti s pomočjo. Po vsem telesu sem čutil le nelagodje in bolečino, kakršno koli tolažbo pa mi je dajal "Tolažnik", Sveti Duh. Ko so Božji ljudje molili nad menoj, je moje telo doživelo začasno olajšanje bolečin, zato sem vedno iskal molitev pri drugih. Nekega dne sem se zgrudil na tla in odpeljali so me v bolnišnico. Zdravnik v bolnišnici me je poskušal prepričati, naj vzamem zdravilo proti bolečinam. Pri tem je bil vztrajen, saj je videl, da so bile moje bolečine več dni skrajne. Končno sem se podredil njegovim navodilom, naj vzamem zdravilo, vendar je bilo to v nasprotju s tem, v kar sem verjel.

Zame je bil Bog moj zdravilec in zdravnik. Vedel sem, da me lahko kadar koli ozdravi, tako kot me je že tolikokrat prej, zakaj me torej ne bi ozdravil zdaj? Trdno sem verjel, da je Božja odgovornost, da mi pomaga. Tako sem razmišljal in molil v veri in nihče ni mogel spremeniti mojega mišljenja o tem. Nisem mogel videti drugače, zato sem čakal na "glavnega stratega". Moj miselni proces se je z naslanjanjem na Boga vedno bolj krepil. Bolj ko sem molil, bolj je rasel moj odnos z Njim. Bilo je tako globoko in osebno, da ga ni mogoče razložiti nekomu, ki ne pozna duhovnih poti Boga ali njegovega obstoja. On je neverjeten Bog! Na dan, ko sem zapustil bolnišnico, sem poklical prijatelja, da me pobere. Položila je roko nad mene, da bi molila, in doživela sem začasno olajšanje bolečin. Bilo je, kot da bi vzela Božje zdravilo na recept. V tem času je Bog poslal gospo, ki je vsako jutro ob 4.00 zjutraj molila z mano. Položila je roke name in molila. Doživela sem le začasno olajšanje, zdaj pa sem dobila molitveno partnerico. Z vsem srcem sem verjel, da ima Bog vse pod nadzorom.

Stvari so se še poslabšale, saj je moje telo še naprej slabelo. Zaradi poškodb živcev nisem imel dovolj krvi in kisika v spodnjih in zgornjih okončinah. Na seznam simptomov sem dodal še inkontinenco. Zaradi krčev v ustih sem imel težave pri izgovarjanju besed. Imel sem poškodbo sedalnega živca in seznam simptomov se je še povečeval.

Moja ozdravitev ni bila hitra. Spraševal sem se, kaj se je zgodilo z njegovo obljubo iz Pregovorov 4,12. Pomislil sem, da sem morda grešil. Zato sem prosil" :Gospod Jezus, prosim, povej mi, kaj sem storil narobe, da se bom lahko pokesal." Prosil sem Boga, naj se pogovori z mano ali z mojim prijateljem, naj mi pošlje besedo. Nisem bil jezen na Boga, ampak sem ga prosil s ponižnim srcem. Obupano sem si želel ozdravitve.

Pozneje tistega dne je zazvonil moj telefon in pomislil sem, da bi to lahko bil moj odgovor. Toda na moje razočaranje je klical nekdo drug. Šel sem spat in se zbudil ob štirih zjutraj, da bi molil. Moja molitvena partnerica s. Rena je prišla k meni in molila z mano. Pogledala sem jo in pomislila, da je morda Bog govoril z njo in da ima moj odgovor, vendar na moje razočaranje spet ni bilo odgovora.

Ko je odšla, sem se odpravil v svojo sobo, da se uležem in odpočijem. Ko sem ležal, sem ob 9.00 zaslišal, da so se odprla zadnja vrata; prišel je hišnik Carmen. Vstopila je in me vprašala" :*Kako se počutiš?*" Odgovorila sem: "*Počutim se grozno.*" Nato sem se obrnila in se vrnila v svojo sobo. Carmen je rekla: "*Imam besedo zate.*" Ko sem danes molila v cerkvi, je Jezus prišel k meni in rekel: "*Sestra. Elizabeth Das preživlja preizkušnjo, to je njena ognjeno dolga preizkušnja, in ni naredila ničesar narobe. Izšla bo kot zlato in zelo jo imam rad.*" Vem, da sem bila prejšnji večer z Njim v tronski sobi, ko sem prosila za odgovor na svoje vprašanje.

> "*Glejte, Gospodova roka ni skrajšana, da ne bi mogla rešiti, in njegovo uho ni težko, da ne bi moglo slišati*". *(Izaija 59:1)*

Na tej točki svojega življenja sem se počutila, kot da bi se mi zmešalo. Nisem več mogel normalno brati, si zapomniti ali se osredotočiti. Moja edina izbira in razlog za življenje sta bila čaščenje Boga in moledovanje. Spala sem le kratek čas, približno tri do štiri ure vsak drugi dan. Ko sem spal, je bil Bog moj Šalom. Slava, hvala in čast njegovemu svetemu imenu! V svojih molitvah sem klical k Gospodu: "Bog, vem, da lahko takoj pridem iz tega, ker verjamem, da me lahko ozdraviš in da me boš ozdravil." Začel sem razmišljati o svoji preizkušnji, da morda ne morem priti iz nje samo na podlagi svoje vere. Preizkušnje imajo svoj začetek in konec.

> "*Čas za ubijanje in čas za zdravljenje, čas za rušenje in čas za gradnjo*" *(Pridigar 3:3).*

Moral sem verjeti, da bom imel, ko bo vsega skupaj konec, močno pričevanje vere, ki bo trajalo večno. Pričevanje vere, ki ga bom delil z mnogimi kot pričo čudovitih del vsemogočnega Boga! Vse to se bo izplačalo, sem si ponavljal. Verjeti sem moral v svoje "sidro upanja", saj ni bilo druge poti kot **Njegova**! In prav po **Njegovi poti** se je zgodilo, da me je vodil k tistemu, ki je bil obdarjen z mogočnim darom ozdravljenja, danim v Njegovem imenu. Božja beseda se nikoli ne spremeni, zato se tudi Bog ne spreminja. On je isti včeraj, danes in na veke. Kot prerojeni verniki moramo svojo vero izpovedovati v ljubezni in ljubiti Božjo besedo.

"Ponovno rojeni ne iz minljivega semena, ampak iz neminljivega, z Božjo besedo, ki je živa in ostane na veke." (1 Petrov 1:23)

Tudi svetopisemski božji možje so imeli svoje preizkušnje. Zakaj bi bilo danes drugače, da nas Bog ne bi preizkušal? Ne primerjam se z bogaboječimi možmi iz Svetega pisma, ker sem daleč od primerjave s svetimi učenci. Če je Bog preizkušal vero ljudi pred več sto leti, bo preizkušal tudi današnje moške in ženske.

*"Blagor človeku, ki prenaša skušnjave, kajti ko bo **preizkušen**, bo prejel krono življenja, ki jo je Gospod obljubil tistim, ki ga ljubijo."*
(Jakob 1:12)

Pomislil sem na svetopisemsko zgodbo o Danijelu. Znašel se je v položaju, ko je bila njegova vera na preizkušnji. Bog je Daniela zaščitil v levji jami, ker ni hotel ubogati zakona kralja Darija. Molil je samo k Bogu in ni hotel moliti h kralju Dariju. Potem je bil tu Job, predan človek, ki je ljubil Boga, ki je izgubil vse, kar je imel, in trpel bolezni na telesu, vendar Job ni hotel preklinjati Boga. V Svetem pismu je bilo omenjenih še veliko drugih moških in žensk. Ne glede na to, skozi kaj so šli, je imela njihova preizkušnja začetek in konec. Gospod je bil z njimi skozi vse to, ker so zaupali vanj. Držim se naukov teh svetopisemskih pripovedi, ki so nam dani za zgled in navdih. Bog je odgovor na vse. Zaupajte samo njemu in ostanite zvesti njegovi besedi, saj je njegova beseda zvesta vam!

"ohraniti vero in dobro vest, ki so jo nekateri zapustili, ker so razbrodili "(1 Timoteju 1:19).

Ko je vaša vera na preizkušnji, se ne pozabite opirati na Božjo besedo. V vsakem sovražnikovem napadu lahko bitko dobimo z močjo Božje besede.

"Gospod je moja moč in pesem, postal je moja rešitev, moj Bog je"
(2 Mz 15:2a).

"Bog je moja skala, v njega zaupam, on je moj ščit in rog mojega odrešenja, moj visoki stolp in moje zatočišče, moj rešitelj; rešil si me pred nasiljem "(2Sam 22:3).

"Gospod je moja skala, moja trdnjava in moj rešitelj, moj Bog, moja moč, na katerega bom zaupal, moj oklep, rog mojega odrešenja in moj visoki stolp." (Ps 18:2)

"Gospod je moja luč in moja rešitev, koga naj se bojim, Gospod je moč mojega življenja, koga naj se bojim" (Ps 27:1).

"V Boga zaupam: Ne bom se bal, kaj mi lahko stori človek. "
(Ps 56:11)

"V Bogu je moje odrešenje in moja slava, v Bogu je skala moje moči in moje zatočišče. "(Ps 62:7)

Poglavje 5

Govorjenje o svoji veri

Iže nekaj časa imam alergijo na prah, zaradi katere me srbi obraz. Verjel sem, da me bo Bog ozdravil te bolezni. Nekega dne me je sodelavec pogledal in rekel, da je moja alergija zelo huda. Povedal sem ji, da nimam alergije, in ji pojasnil, da verjamem, da je Bog že poskrbel za mojo prošnjo za ozdravitev. To je bilo moje prepričanje "ne imenuj tega" in "ne zahtevaj tega". Gospod je še isti dan izpolnil mojo prošnjo in odpravil bolezen in vse simptome. Kako čudovitemu Bogu služimo! Ni nam treba izpovedovati z usti in poimenovati svojih simptomov. Ko prejmete molitev, verjemite, da je bilo zanjo v nebesih že poskrbljeno in da je bil poslan angel, da vam prinese ozdravitev. Izgovorite svojo vero v obstoj, ne pa svojih bolezni in obolenj. Na misel mi prihaja svetopisemska zgodba o Jezusu in stotniku v Kafarnaumu:

"Ko je Jezus vstopil v Kafarnaum, je k njemu prišel stotnik in ga prosil: "Gospod, moj služabnik leži doma bolan od ohromelosti in je hudo izmučen. Jezus mu je rekel: "Prišel bom in ga ozdravil. Stotnik je odgovoril in rekel: "Gospod, nisem vreden, da prideš pod mojo streho, ampak reci samo besedo, in moj služabnik bo ozdravel. Kajti jaz sem človek pod oblastjo in imam pod seboj vojake; in rečem

temu: Pojdi, in gre; in drugemu: Pridi, in pride; in mojemu služabniku: Naredi to, in naredi. Ko je Jezus to slišal, se je začudil in rekel tistim, ki so šli za njim: "Resnično, povem vam: Tako velike vere nisem našel, ne v Izraelu." (Matej 8:5-10)

Stotnik je ponižno prišel k Gospodu in verjel v moč Jezusovih besed. Stotnikove besede so Jezusu razkrile njegovo vero v moč "izgovorjene besede", ki bo ozdravila njegovega služabnika. S tem, kar rečemo drugim, jim lahko prinesemo vero in upanje. Ko imamo priložnost pričevati drugim, moramo dovoliti Svetemu Duhu, da spregovori skozi naša usta.

To je njegov način, kako nas uporablja, da se učinkovito dotaknemo življenj drugih in posadimo seme odrešenja. V takšnih časih nam bo Bog dal besede, ki jih bomo govorili z maziljenjem, saj pozna naše srce in našo željo, da bi dosegli grešnika. Zelo sem hvaležen za Božjo ljubezen, usmiljenje in milost, ki nas vodi k spreobrnjenju. Pripravljen nam je odpustiti naše grehe in pozna naše slabosti, saj ve, da smo ljudje.

"In rekel mi je: "Dovolj ti je moja milost, kajti moja moč se dopolni v slabotnosti. Z največjim veseljem se bom torej raje hvalil s svojimi slabostmi, da bo Kristusova moč počivala na meni. Zato imam veselje v slabostih, v očitkih, v potrebah, v preganjanjih, v stiskah zaradi Kristusa, kajti kadar sem slaboten, takrat sem močan." (2 Kor 12:9-10)

"Jezus jim je rekel: "Zaradi vaše nevere, kajti resnično, povem vam: Če imate vero kakor gorčično zrno, boste rekli tej gori: 'Odpravi se na drugo mesto', in se bo premaknila, in nič vam ne bo nemogoče. "(Evangelij po Mateju 17:20)

Tistega večera je bila kožna alergija popolnoma ozdravljena, saj nisem sprejel satanovega paketa.

To sem storil "Njegova pot"

Poglavje 6

Zdravilna moč Boga in njegovega služabnika

In to poglavje želim začeti tako, da vam najprej povem nekaj o bratu Jamesu Minu. Brat James Min je imel v mestu Diamond Bar v Kaliforniji delavnico za popravilo čevljev, kjer je svojim strankam pričeval o Božji moči. Nekoč je bil ateist, vendar je sprejel krščansko vero. Kasneje je spoznal nauk apostolske resnice in zdaj je močno veren, krščen v Jezusovem imenu in je prejel Svetega Duha z dokazom govorjenja v drugih jezikih ali jezikih. Ko sem prvič srečal brata Jamesa, mi je pripovedoval o svojem pričevanju in o tem, kako je molil in prosil Boga, naj ga uporabi v darovih, da bi drugi verjeli in spoznali Boga po čudežih.

Kot kristjani moramo delovati v darovih in se ne smemo bati prositi Boga, naj nas uporabi. Ti darovi so namenjeni tudi nam danes. Zgodnja Cerkev v Novi zavezi je bila občutljiva za Božjega Duha in je služila z darovi Duha.

Jezus je rekel:

*"Resnično, resnično, povem vam: Kdor veruje vame, bo tudi on delal dela, ki jih jaz delam, in **še večja dela** bo delal, ker grem k svojemu Očetu."* (Janez 14:12)

Molite, da vam bo cerkveni voditelj pomagal razumeti te darove in vas pri tem podpiral. Prosite Boga, naj vam pomaga, da jih boste uporabljali, saj prihajajo neposredno od Boga. Ne bodite vzvišeni, če je vaš dar tisti, ki v cerkvi deluje odkrito. Pri nekaterih darovih vas bo Bog uporabil kot posodo, da bi dosegli, kar želi. Morda imate več darov in se tega ne zavedate. Zaradi nekaterih darov ne boste zelo priljubljeni, vendar boste morali ubogati Boga, ko bo govoril. Vse je odvisno od daru. Molite za modrost, da bi svoj dar uporabljali pod Njegovo močjo maziljenja. Bog vas je izbral z razlogom in ne dela napak. Darovi so namenjeni izgradnji Cerkve.

Obstaja samo ena prava Cerkev, ki ga časti v duhu in resnici.

"Zdaj so različni darovi, a isti Duh. Različne so tudi uprave, a isti Gospod. Različne so dejavnosti, a isti Bog je tisti, ki deluje v vseh. Toda manifestacija Duha je dana vsakemu človeku, da bi z njo imel korist. Kajti enemu je po Duhu dana beseda modrosti, drugemu beseda spoznanja po istem Duhu, drugemu vera po istem Duhu, drugemu dar zdravljenja po istem Duhu, drugemu delovanje čudežev, drugemu preroštvo, drugemu razločevanje duhov, drugemu različne vrste jezikov, drugemu razlaganje jezikov: Vse to pa dela en in isti Duh, ki se razdeli vsakemu posebej, kakor hoče."
(Prvo pismo Korinčanom 12:4-11)

Brat James mi je povedal, da je molil za te darove, da bi deloval v Svetem Duhu z znamenji čudežev čudovitih Božjih del. Dan in noč je neprestano bral Sveto pismo. Zavedal se je, da bo z delovanjem darov Svetega Duha v srce nevernika zasejano seme vere. Biti moramo zgled naše vere, kot je rekel sam Jezus, da bodo verniki sami delali te čudeže in še veliko več.

"Vera pa je bistvo pričakovanih stvari in dokaz nevidenih stvari."
(Hebrejcem 11:1)

" Brez vere mu ni mogoče ugajati, kajti kdor pride k Bogu, mora verjeti, da Bog je in da nagrajuje tiste, ki ga iščejo."
(Hebrejcem 11:6)

Brat Jakob je imel videnje, da mu bo Bog dal duhovne darove. Danes deluje v darovih ozdravljanja in osvobajanja. Po zaslugi služenja brata Jamesa je bil v nebesih določen dan, ko bom spet hodil brez kakršne koli pomoči. Brat James ni pastor ali uslužbenec cerkve. V cerkvi ne zaseda nobenega visokega položaja, čeprav so mu zaradi duhovnih darov ponujali položaje in denar. Ponižen je zaradi daru, ki mu ga je zaupal Bog. Videl sem, kako ga Bog uporablja, da v Jezusovem imenu iz ljudi izžene demone in da bolniki ozdravijo. Demoni so pod Božjo oblastjo v Jezusovem imenu, ko jih brat James prikliče. V Jezusovem imenu bo demonom postavljal vprašanja in ti se bodo bratu Jamesu odzvali. Osebno sem to večkrat videl; še posebej, ko je demone prosil, naj priznajo, kdo je pravi Bog. Demon bo odgovoril: "Jezus". Toda zanje je prepozno, da bi se obrnili k Jezusu. Ko sem šel skozi to preizkušnjo in se naslonil na Boga za ozdravitev, sem se veliko naučil o duhovnem svetu.

"In rekel jim je: "Pojdite po vsem svetu in oznanite evangelij vsemu stvarstvu. Kdor veruje in se da krstiti, bo rešen, kdor pa ne veruje, bo preklet. In ta znamenja bodo spremljala tiste, ki verujejo: v mojem imenu bodo izganjali hudiče; govorili bodo nove jezike; zajemali bodo kače; in če bodo pili kaj smrtonosnega, jim ne bo škodovalo; na bolne bodo polagali roke in ozdraveli bodo." (Marko 16:15-18)

Po Božji milosti je brat James pripravljen vsakomur in kadar koli pričevati o Jezusu. V službi ozdravljanja in osvobajanja deluje na domačih srečanjih ali v cerkvah, kamor je bil povabljen. Brat James citira iz Svetega pisma:

Elizabeth Das

> "Kljub temu sem vam, bratje, zaradi milosti, ki mi je bila dana od Boga, dasemslužabnikJezusaKristusapoganomindaslužimBožjemueea bi biladaritevpoganov,posvečenihsSvetimDuhom,sprejemljiva,toliko boljdrznopisal,dabivasopozorilnato.Imamtorej, s čimer se lahko hvalimpoJezusuKristusuvstvareh,kisenanašajo na Boga. Ne bom si namrečupalgovoritioničemer,česarKristus ni storil po meni, da bi z besedoindejanjem,zmogočnimi znamenji in čudeži, z močjo Božjega Duhanaredil pogane poslušne, tako da sem od Jeruzalema in okoli njegado Ilirika v celoti oznanjal Kristusov evangelij."
>
> (Rim 15:15-19)

Na dan, ko sem ga spoznal, mi je brat James zastavil nekaj vprašanj o mojem zdravju. Povedal sem mu vse in svoje simptome. Pokazal sem mu tudi, kje imam tri tumorje. Tumorja sta bila na zunanji strani moje hrbtenice, drugi pa je bil na notranji strani hrbtenice. Brat James je pregledal mojo hrbtenico in mi razložil, da moja hrbtenica od sredine ni bila ravna v liniji. Preveril je moje noge tako, da jih je primerjal drugo ob drugi in mi pokazal, da je bila ena noga skoraj tri centimetre krajša od druge. Tudi ena roka je bila krajša od druge. Molil je za mojo hrbtenico in ta se je vrnila na prvotno mesto, kjer je lahko vodil prst naravnost vzporedno z mojo hrbtenico. Molil je za mojo nogo in ta se je začela premikati pred mojimi očmi, nato pa je prenehala rasti, ko se je izenačila z drugo nogo. Enako se je zgodilo z mojo roko. Rasla je enakomerno z drugo roko. Brat James me je nato prosil, naj odložim opornico za hojo, in mi naročil, naj vstanem in hodim v Jezusovem imenu. Naredil sem, kar je zahteval, in začel čudežno hoditi. Ko sem bil priča temu, je pritekel moj prijatelj in zakričal" :Liz, drži se me, drži se svoje opore, sicer boš padla!" Vedela sem, da imam moč za hojo prav tisti trenutek, in v veri sem naredila ta korak. Bila sem tako vznesena od veselja!

Zaradi pomanjkanja gibanja, ki je bilo posledica dolgotrajne nezmožnosti hoje, sem imel mišično šibkost v nogah. Trajalo je kar nekaj časa, da so se moje mišice ponovno oblikovale; še danes nimam polne mišične moči. Hvala Bogu, da lahko hodim in vozim avto. Nihče mi ne more reči, da Bog danes ne dela čudežev. Pri Bogu ni nič nemogoče. Z neizmernim veseljem sem šel na obisk k zdravniku, ki je vedel za mojo invalidnost. Takoj, ko sem vstopil v ordinacijo, brez kakršne koli pomoči, palice ali invalidskega vozička, je bilo zdravniško osebje popolnoma osuplo. Medicinske sestre so hitele po zdravnika, ki je bil prav tako neverjetno presenečen, da je sploh naredil rentgenske posnetke. Videl je, da so tumorji še vedno prisotni, vendar sem iz nekega skrivnostnega razloga kljub temu lahko hodil. Slava Bogu! Verjamem, da bodo tudi ti tumorji kmalu izginili!

Na dan, ko me je Bog ozdravil, sem začel vsem govoriti, da je Bog naš zdravilec in da je njegov načrt odrešitve namenjen tistim, ki verjamejo in mu sledijo. Hvala Bogu za brata Jamesa in za vse Božje koristi!

Prvi del obljube se je uresničil.

> *"Ko greš, tvoji koraki ne bodo ovirani, in ko tečeš, se ne boš spotaknil." (Pregovor 4:12)*

Velikokrat sem mislil, da bom padel, a nikoli nisem.

"Blagoslavljaj Gospoda, moja duša, in ne pozabi vsehnjegovihkoristi: ki odpušča vse tvoje krivde, ki ozdravlja vsetvojebolezni, ki odrešuje tvoje življenje iz pogube, ki te krona z ljubeznivostjo in usmiljenjem, ki nasiti tvoja usta z dobrim, tako da se tvoja mladost obnavlja kakor orlova." (Psalmi 103:2-5).

Poglavje 7

Ne dajati poti hudiču ali hudičevim stvarem

M nekega jutra me je zgodaj zjutraj poklicala prijateljica Rose iz Kalifornije. Povedala mi je, da je prejšnji večer njen mož Raul odšel spat, ona pa je ostala v sobi za goste in poslušala priljubljeno nočno radijsko pogovorno oddajo o deski Ouija. Luči so bile ugasnjene in v sobi je bila tema. Nenadoma je rekla, da je v sobi začutila prisotnost. Pogledala je proti vratom in tam je stal moški, ki je bil nekoliko podoben njenemu možu. Ta lik se je hitro premaknil kot blisk in jo pritisnil na posteljo, na kateri je ležala. Ta "stvar" jo je nato za roke potegnila v sedeči položaj in jo obrnila iz oči v oči. Jasno je videla, da v očesnih jamicah ni bilo oči, ampak le globoka votla črnina. Roke, ki so jo še vedno držale pokonci, so bile sive barve kot smrt in njegove žile so štrlele iz kože. Takoj je spoznala, da to ni njen mož, ampak nečisti padli angel.

Kot veste, imata demon in padli angel popolnoma različne lastnosti. Padli angeli so bili z Luciferjem vrženi iz nebes in imajo povsem drugačno delo. Padli angeli lahko premikajo stvari tako kot ljudje, demon pa za svoj načrt potrebuje človeško telo. Demoni so duhovi ljudi, ki so umrli brez Jezusa; tudi oni imajo omejeno moč.

"In prikazalo se je drugo čudo v nebesih; in glej, velik rdeči zmaj, ki je imel sedem glav, deset rogov in sedem kron na glavah. In njegov rep je potegnil tretjino nebesnih zvezd in jih vrgel na zemljo; in zmaj je stal pred žensko, ki je bila pripravljena roditi, da bi požrl njenega otroka, takoj ko se je rodil. "(Razodetje 12,3.4)

Rose je bila še vedno brez obrambe in v zamrznjenem stanju ni mogla govoriti. Povedala je, da je poskušala poklicati Raula, vendar je lahko izdala le kratke borbene zvoke, kot bi ji nekdo zategoval glasilke. V ozadju je še vedno slišala radijskega voditelja in vedela je, da ne spi, saj je imela popolnoma odprte oči, in si ponavljala, da jih ne sme zapreti. Prej se je spominjala, da je pred tem dogodkom za kratek čas zaprla oči in videla vizijo ali sanje o velikih sledovih krempljev, ki so raztrgali tapete.

Rose poznam že skoraj 30 let. Rose je pred približno 10 leti zapustila cerkev in ni več hodila z Gospodom. Vedno sva bili v stiku in še naprej sem molila zanjo, da bi se vrnila k Bogu. Rose mi je povedala, da je med vožnjo domov iz službe vsaj nekajkrat zelo močno govorila jezike brez očitnega razloga. Menila je, da je to zelo nenavadno, saj sploh ni molila. Spoznala je, da se Bog z njo ukvarja po Svetem Duhu. Njegova ljubezen je segala do nje in vedela je, da ima Bog nadzor, saj je sam izbral čas svojih obiskov. Rose je povedala, da je zaprla oči in um ter zakričala: "JEZUS!" Padli angel je v hipu skočil z njenega telesa in odšel, ne da bi se dotaknil tal.

Ostala je negibna, dokler se ni mogla spet premakniti. Prebudila je Raula, ki je dejal, da so bile to le slabe sanje. Položil jo je v posteljo poleg sebe in hitro zaspal. Rose je začela jokati in razmišljati o grozoti, ki se je pravkar zgodila, ter opazila, da je v fetalnem položaju. Nenadoma je začela govoriti v jezikih, saj jo je preplavila nadnaravna moč Svetega Duha in jo vodila nazaj v tisto temno sobo. Zaprla je vrata za seboj in se zavedala, kaj mora storiti. Začela je glasno častiti Boga in poveličevati njegovo ime, dokler ni padla na tla in se počutila izčrpano, vendar z velikim mirom.

Ko je odprla vrata, je na njeno začudenje Raul stal v dnevni sobi s prižganimi lučmi. Odšla je naravnost do njune postelje in zaspala z neverjetnim mirom. Naslednji večer je Raul med pripravljanjem večerje vprašal Rose, ali se bo tista "stvar" iz prejšnje noči vrnila. Presenečena nad njegovim vprašanjem je Rose vprašala, zakaj bi to vprašal, saj sploh ne verjame, da se je to zgodilo. Raul je Rose povedal, da je, ko je šla v sobo molit, nekaj prišlo za njim. Zaradi tega je bil prižgan pri vseh lučeh. Ko je molila in šla spat, ga je napadlo nekaj strašnega, zaradi česar je bil buden do 4. ure naslednjega jutra. Od 23.00 do jutra se je boril z meditacijo z brenčanjem Om. Rose se je spomnila, da je imel Raul v omari na hodniku desko Ouija, ki se je ni hotel znebiti, ko se je prvič preselila v hišo. Rekla je Raulu, da ne ve, ali se bo vrnila, vendar naj se znebi deske Ouija. Raul jo je hitro vrgel v zunanji koš za smeti. Rose je dejala, da je bil potreben ta grozen dogodek, da se je znebil te table!

Ko me je Rose poklicala, sem ji povedal, da je padli angel morda še vedno v hiši, zato morava skupaj moliti po telefonu. Rose je dobila oljčno olje, da je z mano na govorilnici namazala hišo. Ko sem izgovoril besedo "pripravljen", sem ji rekel, da bo takoj začela govoriti jezike v Svetem Duhu. Ko sem rekel "pripravljena", je Rose takoj začela govoriti v jezikih in odložila telefon za maziljenje. Slišal sem, kako njen glas ugaša, ko je molila po vsej hiši in maziljenje vrat in oken v Jezusovem imenu. Rose je bila zdaj izven mojega dosega, ko mi je nekaj reklo, naj ji povem, naj gre v garažo. V istem trenutku je Rose rekla, da mazili prostore in da je pri zadnjih vratih, ki vodijo v garažo. Ko je mazilila vrata, je za njimi začutila zlobno prisotnost. Ker je verjela v Božjo zaščito, je dejala, da je odprla vrata in vstopila v zelo temno garažo. Moč Svetega Duha je postajala vse močnejša, ko je vstopala in je čutila, da je tam! Šla je proti drugim vratom, ki so vodila na teraso, kjer je bil koš za smeti. To je bil isti koš za smeti, v katerem je Raul prejšnji dan odvrgel desko Ouija. Rose je brez oklevanja povedala, da je desko Ouija polila z oljčnim oljem, pri tem pa glasno in goreče molila v Svetem Duhu, nato pa zaprla pokrov. Vrnila se je v dnevno sobo in slišala moj glas, ki jo je klical" :Pojdi v garažo, ker je tam." Rose mi je rekla, da je za "to" že poskrbela. To je potrdilo, da je bilo zlo v garaži, medtem ko sva molila.

Rose je dejala, da ji je zdaj vse jasno. Bog jo je v svojem usmiljenju in ljubeči dobroti pripravljal na ta dan, čeprav mu ni služila. Po besedah Rose jo je ta izkušnja vrnila k Bogu z zavezanostjo, kakršne ni čutila še nikoli prej. Zdaj obiskuje Apostolski svetilnik v Norwalku v Kaliforniji. Bogu je bila zelo hvaležna za njegovo ljubezen in zaščito. Bog jo je pripravil na soočenje s padlim angelom tiste noči z nesporno duhovno oborožitvijo Svetega Duha. Kar se je zgodilo, je bilo za Rose nadnaravna manifestacija Božje moči v Jezusovem imenu. To je bila njegova ljubezen do Rose, da bi se vrnila na njegova pota. Verjemite, da Njegova roka ni prekratka za rešitev ali osvoboditev, tudi glede tistih, ki si nasprotujejo in se odločijo, da ne bodo verjeli v to, česar ne morejo videti ali čutiti. Naš Odrešenik je na križu s svojo krvjo plačal ceno za nas. Nikoli ne bo nikogar prisilil, da bi ga ljubil. Božja beseda nam pravi, da morate priti kot otrok, in obljublja, da ga boste našli, če ga boste iskali z vsem srcem. Neverniki in skeptiki ne morejo spremeniti tistega, kar je, in tistega, kar bo prišlo. Bodite žejni Božje pravičnosti in pijte živo vodo življenja.

"Zakaj, kosemprišel, nibilonikogar? Kosemklical, nibilonikogar, kibiseor okaskrajšana, danemoreodkupiti? aliali nimam moči, da bi ga izročil? Glejte, na moj ugovor izsušim morje, reke spremenim v puščavo; njihove ribe smrdijo, ker ni vode, in umrejo od žeje."
(Izaija 50:2)

"V krotkosti poučujte tiste, ki se upirajo, če jim bo Bog morda dal spreobrnjenje, da bodo spoznali resnico, in da se bodo rešili iz hudičeve zanke, ki jih je ujel po svoji volji." (2 Timoteju 2:25-26)

Poglavje 8

Sanje in vizija - "Opozorilo"

O zjutraj se mi je med vožnjo z avtomobilom sanjalo o grozeči nevarnosti. V teh sanjah je z glasnim zvokom počila sprednja pnevmatika. Bil je tako glasen, da me je zbudil. Sanje so bile tako resnične, da se mi je zdelo, kot da sem buden ali nekje vmes. Med tednom sem o tem molil in se odločil, da avto odpeljem na pregled pnevmatik. Na žalost so se moji načrti prekrižali in nisem poskrbel za to. Istega tedna smo s prijatelji odšli molit za indijsko družino, ki je potrebovala molitev. Na poti do njihove hiše je na avtocesti pri pokopališču mojemu avtomobilu počila pnevmatika. Takoj sem se spomnil sanj, kot sem jih videl. Bili smo v mojem avtomobilu s počeno pnevmatiko, družina pa je vztrajala, naj pridemo na njihov dom. Ko je bila pnevmatika popravljena, sva se vrnila po drugo vozilo in nadaljevala pot k družini. Družina je imela težave s svojim edinim sinom, ki je bil vpleten v pravno zadevo in bi ga čakala zaporna kazen. Bili so zaskrbljeni, da bi ga deportirali tudi v njihovo domovino. Mati mladeniča me je prej tistega dne poklicala v jok in mi razložila obtožbe, s katerimi se bo soočil. Ob misli na najslabši možni scenarij je bila prepričana, da bo spoznan za krivega in nato deportiran, da svojega sina ne bo nikoli več videla. Dejala je, da ne more delati, ker bi nenehno jokala pred svojimi pacienti. Medtem ko je jokala, sem po telefonu z njo začel moliti za to situacijo. Začel sem govoriti v Svetem Duhu v neznanem jeziku ali jezikih, ko se je Božji Duh premaknil. Molil sem, dokler ni rekla, da njeno srce ni več obremenjeno in da se počuti potolaženo.

> *"Prav tako tudi Duh pomaga našim slabostim, saj ne vemo, za kaj bi morali moliti, kakor bi morali, ampak Duh sam posreduje za nas v stokanju, ki ga ni mogoče izreči. In tisti, ki raziskuje srca, ve, kaj je mišljenje Duha, saj posreduje za svetnike po Božji volji."*
> *(Pismo Rimljanom 8,26-27).*

Mati je prosila, če me lahko pokliče, preden se naslednje jutro odpravi na sojenje. Rekel sem ji, da da in da bom molil, da bi Bog posredoval. Prosil sem jo, naj me pokliče po sodišču, ker bi rad vedel, kakšen čudež je storil Bog. Naslednji dan me je mladeničeva mati z velikim veseljem poklicala in rekla: "*Ne bi verjeli, kaj se je zgodilo?*" Rekel sem: "*Verjel bom, ker je takšen Bog, ki mu služimo!*" Nadaljevala je, da o mojem sinu nimajo nobenega zapisa. Odvetnik je dejal, da sodišče ni našlo takšnega imena ali kakršne koli obtožbe proti njemu, čeprav sta z odvetnikom imela v rokah dokazila o papirjih.

Bog je odgovoril na naše molitve. Njena vera se je tako okrepila, da je od tistega dne naprej sprejemala, kako mogočnemu Bogu služimo in kako Bog poskrbi za stvari, če mu jih z vsem srcem predstavimo v molitvi. Postala je priča delovanja Božjih čudežev in pričevala o tem, kaj je Gospod storil zanje. Kar zadeva počeno pnevmatiko, je bila to le majhna ovira, ki se ne bi smela zgoditi, če bi zanjo poskrbel že prej. Kljub temu nam je Gospod omogočil, da smo dosegli to družino zaradi njihove vztrajnosti, da smo prišli k njim in molili z njimi. Vedno moramo biti pripravljeni na protinapad na sile, ki nam preprečujejo izpolnjevanje Božje volje. Z vztrajnostjo se moramo zoperstaviti vsakemu načrtu sovražnika, našega nasprotnika, hudiča, zlasti kadar na poti vidimo te ovire.

Spominjam se, da smo ob prihodu na dom družine molili in pričevali celotni družini. Zelo smo uživali v čudovitem času pridiganja in poučevanja Božje besede. Tistega dne je bilo Gospodovo veselje in še vedno je naša moč! On bo blagoslovil tiste, ki izpolnjujejo njegovo voljo.

To sem storil "Njegova pot"

Poglavje 9

Nočno molitveno srečanje

O ne noči smo se s prijatelji odločili, da bomo molili vso noč. Dogovorili smo se, da bomo enkrat na mesec molili na "nočnem molitvenem srečanju". Na teh celonočnih molitvenih srečanjih imamo čudovite izkušnje. Naš enotni čas molitve doma je postal tako močan, da so tisti, ki so se nam pozneje pridružili, takoj začutili razliko v svojih molitvah. To ni bila več verska rutina, ampak molitev v Svetem Duhu z manifestacijami darov Svetega Duha. Ko smo molili, so nekateri začeli doživljati, kako je bilo boriti se s hudičem. Proti nam so se zgrinjale sile, ko smo v svojih molitvah dosegli višjo raven, ki nas je vodila po duhovnih bojiščih. Bili smo v vojni s hudičem in začeli smo klicati postne dneve. Dotaknili smo se nečesa duhovno močnega, kar nas je sililo, da smo še bolj iskali Boga. Med enim od takšnih molitvenih srečanj ob pol treh zjutraj je moja prijateljica Karen vstala, da bi prinesla olje za mazilenje. Začela mi je mazati roke in noge z oljem, nato pa je začela prerojevati in govoriti, da moram iti na veliko krajev, da bi ponesla Božjo besedo, in da me bo Bog uporabil v svoj namen. Najprej sem bil zelo jezen na Karen, ker to ni bilo mogoče in ni imelo nobenega smisla. V tistem času svojega življenja že skoraj 10 let nisem šel nikamor, ker nisem mogel hoditi.

Moje mišice na nogah so bile še vedno šibke, na hrbtenico pa so mi pritiskali boleči tumorji. Razmišljal sem o Kareninih besedah, potem pa me je Bog nagovoril z besedami: "Jaz sem Gospod, ki ti govori." Skozi njena usta sem razumel, da mi ni govorilo samo Karenino navdušenje. Bilo mi je žal in prosil sem Boga, naj mi odpusti za mojo misel.

Nekaj dni pozneje me je poklical nekdo iz Chicaga v Illinoisu, ki je potreboval duhovno pomoč, zato sva se odločila, da se naslednji teden odpraviva v Chicago. To je bil že sam po sebi velik čudež, saj takrat še nisem razmišljal o tem, da bi se odpravil na pot. Zaradi preroškega sporočila sem se v Čikago odpravil v čisti veri. Brez preroškega sporočila zagotovo ne bi šel. Tisti teden se je moje telesno zdravje poslabšalo in nisem mogel vstati iz postelje. Slišal sem tudi, da je v Chicagu močno snežilo. Spoznal sem, da je bila moja vera na preizkušnji. V tistem obdobju svojega življenja sem za gibanje potreboval invalidski voziček. Družina v Chicagu je doživljala, da so proti njej prihajale demonske sile. Pred kratkim so se obrnili k Bogu in prenehali prakticirati čarovništvo. Tudi številni člani njihove družine so se obrnili k našemu Gospodu Jezusu Kristusu. Gospod jih je ozdravil in osvobodil teh demonskih sil, ki so jih držale v sužnosti greha. Zavedal sem se, da mi bo Bog moral dati vzdržljivost, da bom zdržal takšno potovanje, in hitro je postalo jasno, da je Božja volja, da grem. Doživel sem dvoje sanj, v katerih mi je Bog govoril, da moram ubogati njegov glas. Boga nisem ubogal in naučil sem se, da ga ne sprašujem. Hitro sem se naučil, da mi Njegove poti niso morale biti smiselne. Na dan, ko smo prispeli v Čikago, je bilo vroče vreme. Prav tako sem bil brez bolečin. Hodimo po veri in ne po vidu, kot pravi Sveto pismo. Ko se nam stvari zdijo nemogoče, moramo verjeti, da je "pri Bogu vse mogoče". On je poskrbel za vse in mi dal energijo, da sem v Chicagu izpolnjeval njegovo voljo. Imeli smo tudi čas, da smo obiskali druge družine in jim služili na njihovih domovih.

Ob odhodu domov se je začela nevihta, veliko letov je bilo odpovedanih, vendar smo se, hvala bogu, kljub zamudi našega leta lahko vrnili v Kalifornijo. Slava Bogu! On je resnično moja "skala in ščit", moj zaščitnik pred duhovnimi in naravnimi nevihtami. To potovanje je bilo pričevanje o veri in blagoslovih za vse nas. Če ne bi ubogala, ne bi doživela blagoslovov dela Božjih rok. Bog me nikoli ne preneha presenečati s tem, kako nam danes govori. Vsemogočni Bog, ki še vedno govori navadnim ljudem, kot sem jaz. Kakšen privilegij je služiti našemu Stvarniku in videti njegova mogočna dela, ki se danes dotikajo življenj ljudi, ki verjamejo in kličejo k njemu. Potrebno je bilo preroško sporočilo in dvoje sanj, preden je Bog pridobil mojo popolno pozornost. Spomnil sem se, da ne razumemo v celoti Božjih misli in načrtov, ki jih ima morda z nekom. V tistem trenutku moramo ubogati, čeprav se nam morda ne zdi smiselno ali razumno. Sčasoma sem se naučil slišati njegov glas in razločevati duhove. Nikoli vam ne bo rekel, da naredite nekaj, kar je v nasprotju z njegovo besedo. Poslušnost je boljša od žrtve.

"Samuel je rekel: "Ali ima Gospod tako veliko veselje do žgalnih in daritvenih daritev kot do poslušanja Gospodovega glasu? Glej, poslušnost je boljša od žrtve in poslušanje boljše od ovnove maščobe." (1 Samuelova 15:22)

"Kajti moje misli niso vaše misli in vaša pota niso moja pota, govori Gospod. Kakor so nebesa višja od zemlje, tako so moja pota višja od vaših in moje misli višje od vaših." (Izaija 55:8.9)

Poglavje 10.

Preroško sporočilo

I blagoslov je imeti prijatelje, ki delijo isto vero in ljubezen do Boga. Imam prijateljico Karen, ki je bila nekoč moja sodelavka, ko sem delala na ameriški pošti. Karen je spoznala Gospoda, ko sem ji pričeval. Pozneje je sprejela apostolski nauk resnice zgodnje Cerkve. Karen je prijazna oseba s srcem za darovanje za misijonarsko delo v Mumbaju v Indiji. Srčno je ljubila tamkajšnje služenje in darovala svoj denar za gradnjo cerkve v Mumbaju.

Nekega dne, ko sem živela v West Covina, je Karen k meni domov pripeljala svojo prijateljico Angelo. Njena prijateljica je bila tako navdušena in goreča za Boga. Povedala mi je svoje pričevanje o preteklih poskusih samomora, ko se je večkrat prerezala, in o svoji preteklosti s prostitucijo. Všeč mi je bil njen sladki duh in vprašala sem jo, ali bi lahko molila zame. "*Tukaj*"? Vprašala je. "*Da, tukaj,*" sem ji odgovoril. Ko je začela moliti zame, je nad njo prišel Duh prerokovanja. Začela je govoriti Gospodovo besedo: "*Bog ti govori, da moraš dokončati knjigo, ki si jo začel. Bila bo blagoslov za mnoge ljudi. S to knjigo bo veliko ljudi odrešenih.*" Bil sem tako srečen, saj ne ona ne Karen nista imeli pojma, da sem pred leti začel pisati svoje spomine.

K pisanju te knjige sta me pred letom dni prvič spodbudila gospa Saroj Das in prijateljica. Nekega dne je sestra v Gospodu iz lokalne Cerkve prišla k meni s peresom v roki in mi naročila: "*Piši zdaj!*"

Pisati sem začel, dokler nisem imel več težav z zdravjem, nato pa sem prenehal, ker je bila to zame prevelika naloga. Zdaj se je ponovno pojavila tema o knjigi. Nihče ni vedel za moj poskus pisanja knjige. Moje izkušnje bi bile zbrane in zapisane, da bi drugi dobili navdih. Moral sem ubogati, toda kako se bo vse to zgodilo, je bila zame še vedno velika skrivnost. Fizično je zaradi številnih razlogov nisem mogel napisati, vendar bi Bog spet moral najti način, da se to zgodi. Po poslušanju sporočila sem imel željo in nujnost, da to storim, vendar bi moral vse ostalo storiti Bog. Moja začetna pot je bila najti živega Boga in On je našel mene! Če ne bom pisal o svojih izkušnjah z Bogom, bodo ta resnična pričevanja za vedno izgubljena. Toliko življenj ljudi je bilo prizadetih in čudovito dotaknjenih, da ta knjiga ne bi mogla zajeti vseh dogodkov in čudežev. Božji čudeži se bodo nadaljevali tudi takrat, ko me ne bo v tem telesu in bom prisoten pri Gospodu. Vera se nekje začne. Ima začetek in je brezmejna, saj obstajajo različna merila vere. Ko je vera zasajena, jo zalivamo z Božjo besedo in hranimo s pričevanji drugih. Razmišljal sem o Svetem pismu, ki pravi, da če imamo vero kot gorčično zrno, lahko premikamo gore. Kako bi lahko vedel, da me bo to potovanje v Ameriko popeljalo skozi labirint izkušenj, ki mi bodo spremenile življenje, ali da bom nekega dne pisal o spoštovanju Njegovih poti? Nekega dne sem prijateljici Rose omenila Božje sporočilo in njegov načrt glede te knjige. Rose me je poslušala in pogledala moje zapiske. Poznala me je že leta in je vedela veliko o mojem življenju v Ameriki. Pisanje je dobilo svojo obliko, ki si je dva neizkušena posameznika nista mogla predstavljati. Gospod je naredil pot in skozi mnoge težave in zelo "čudne" dogodke je bila knjiga dokončana. Gospod je govoril in zdaj je njegov načrt izpolnjen.

Karenina prijateljica je še naprej prerokovala. Rekla mi je: "*Bog bo do konca tega meseca naredil nekaj zate.*" In še veliko drugih stvari mi je Bog govoril po njenih preroških sporočilih. Začela sem se spominjati, kako sem zaradi te resnice prestajala številne težave. Tistega dne, ko mi je Bog govoril prek te mlade gospe, je Bog odgovoril na vprašanje mojega srca. Moral sem izpolniti njegovo voljo in besede spodbude so se nadaljevale. Besede, ki sem jih moral slišati. Prerokovala je, da sem "*posoda iz zlata*". To me je tako ponižalo. V veri se trudimo po svojih najboljših močeh hoditi v harmoniji z Bogom in z negotovostjo, ali smo mu res všeč. Tistega dne me je blagoslovil tako, da mi je dal vedeti, da sem mu všeč. Moje srce je bilo napolnjeno z velikim veseljem. Včasih pozabimo, za kaj prosimo, a ko je naša molitev uslišana, smo presenečeni.

Verjeti moramo, da se On ne ozira na ljudi, kot pravi Sveto pismo. Ni pomembno, kakšen je vaš položaj ali status, saj pri Bogu v življenju ne obstaja noben status ali statusni sistem. Bog nas ima vse enako rad in želi, da imamo z njim osebni odnos; ne pa verskih tradicij, ki so jih prenašale mnoge generacije in so služile malikom in človeku. Idoli ne vidijo in ne slišijo. Religija ne more spremeniti vašega življenja ali srca. Zaradi religije se le začasno počutite dobro, saj se s tem zadovoljite sami. Pravi Bog čaka, da vas objame in sprejme. Jezus je bil žrtvovano Božje Jagnje, zaklano pred svetom. Ko je umrl na križu, je vstal in živi danes in za vedno. Zdaj imamo lahko neposredno občestvo z Bogom po Jezusu Kristusu, našem Gospodu in Odrešeniku. Na poti k Bogu imamo različne stopnje. Želeti si moramo več od Njega in še naprej rasti v ljubezni, veri in zaupanju. Ta izkušnja me je zelo ponižala. Moja celotna želja in namen sta, da bi mu ugajala. Obstajajo ravni duhovne rasti in zrelosti v Bogu. Zorite sčasoma, vendar je vse odvisno od časa in truda, ki ju vlagate v svoj odnos z Njim. Konec meseca so me okoliščine pripeljale do tega, da sem zapustil cerkev, ki sem jo obiskoval 23 let. Bog je zaprl ena vrata in odprl druga. Od takrat dalje zapira in odpira vrata, tako kot stopnice, ki sem jih prvič omenil na začetku te knjige. Bog je ves čas skrbel zame. Kratek čas sem obiskoval cerkev v West Covina, nato pa so se mi na široko odprla druga vrata.Ta ista mlada gospa mi je nekaj let pozneje ponovno prerokovala in mi rekla, naj spakiram, "saj *se seliš*". Bil sem zelo presenečen, saj je bila moja mama zelo ostarela, moje stanje pa se še vedno ni izboljšalo. Verjela sem Gospodu. Eno leto pozneje se je to zgodilo in res sem se preselila iz Kalifornije v Teksas. V kraje, kjer še

To sem storil "Njegova pot"

nikoli nisem bila in kjer nisem nikogar poznala. To je bil začetek še ene pustolovščine na moji življenjski poti. Kot samska ženska sem bila podrejena Božjemu glasu in sem morala ubogati. Bog mi ni nikoli ničesar vzel. Samo zamenjal je stvari in kraje ter v moje življenje prinašal nova prijateljstva in ljudi. Hvala ti, Gospod, moje življenje je danes tako blagoslovljeno!

Elizabeth Das

Poglavje 11

Poteza vere

I aprila 2005 sem se preselil v zvezno državo Teksas. Bog je preko preroških sporočil uporabljal različne ljudi. Selitev je bila potrjena in vse, kar sem moral storiti, je bil skok vere. Prvič se je začelo leta 2004, ko sta brat James in Angela, prijateljica v Gospodu, molila z mano po telefonu. Sestra Angela je začela prerojevati in mi rekla: "*Do konca tega leta se boš preselil.*" Od januarja do avgusta tistega leta se ni zgodilo nič, potem pa me je septembra nekega popoldneva mama poklicala v svojo spalnico. Povedala mi je, da se sestrina družina seli v drugo državo in da želijo, da se preselim z njimi. Odločitev, kam se bomo preselili, še ni bila sprejeta, a možnosti so bile: Teksas, Arizona ali pa bi se morali popolnoma izseliti iz Amerike in se preseliti v Kanado. Nato sem poklical sestro Angelo in ji povedal, kaj se je zgodilo. Povedala sem ji, da zagotovo ne želim v Teksas. Nikoli mi ni prišlo na misel, da bi kdaj odšel tja, zato niti ni bilo možnosti, da bi tam živel. Na moje razočaranje je sestra Angela rekla, da je Teksas država. Iz poslušnosti je bilo to urejeno in zaradi tega sva se na koncu preselila v Teksas. Takrat še nisem vedel, da so bili Božji odskočni kamni že položeni v to smer. Po pogovoru s sestro Angelo sem si rezerviral letalsko vozovnico, da bi bil čez dva tedna v Teksasu.

To sem storil "Njegova pot"

Neznano mi je bilo, da je družina moje sestre že bila v Teksasu, da bi si ogledala okolico Plana.

Sestra Angela je molila zame in mi rekla, naj ne skrbim, Jezus te bo pobral z letališča. Brat in sestra Blakey sta bila tako prijazna in potrpežljiva, da sta me spomnila na prerokbo sestre Angele. Z veseljem sta me pobrala na letališču in mi tako ljubeče in skrbno pomagala pri vseh mojih potrebah.

Sestra Angela je nadaljevala, da mi bo prva hiša, ki jo bom videla, všeč, vendar to ne bo moja hiša. Prek interneta sem začel klicati Združene binkoštne cerkve na tistem območju in stopil v stik s pastorjem Conklom, ki je pastor Združene binkoštne cerkve v mestu Allen v Teksasu. Pastorju Conklu sem razložil, kaj počnem v Teksasu. Nato me je prosil, naj pokličem Nancy Conkle. Nisem bil prepričan, zakaj, in pomislil sem, da je morda njegova žena ali tajnica. Izkazalo se je, da je Nancy Conkle matriarhinja družine, skrbna mati družine in cerkve. Sestra Conkle je sama vzgojila šest otrok in pomagala pri vzgoji svojih bratov in sester, ki so skupaj šteli enajst sorojencev! Po pogovoru z Nancy Conkle sem spoznala, zakaj me je pastor Conkle nagovoril s to močno in skrbno gospo, pri kateri sem se takoj počutila dobrodošlo. Sestra Conkle me je nato povezala s svojim drugim bratom, Jamesom Blakeyem, ki je nepremičninski posrednik, in njegovo ženo Alice Blakey. Živita v majhnem mestecu Wylie v Teksasu, ki je od Allena oddaljeno le nekaj minut vožnje po zalednih ravninskih cestah.

Ko sem se seznanil z območjem, sem odletel nazaj v Kalifornijo, da bi svojo hišo ponudil na trgu. Moja hiša je bila prodana v dveh mesecih. Nato sem odletel nazaj v Teksas, da bi začel iskati hišo. Molil sem o tem, v katerem mestu želi Bog, da bi živel, saj je bilo toliko majhnih mest in mestec. Bog je rekel: "Wylie." Pomembno je moliti in prositi Boga za njegovo voljo, preden sprejmemo pomembne odločitve, saj bo ta vedno prava.

"Kajti bolje je, če je Božja volja takšna, da trpite zaradi dobrega, kot pa zaradi slabega." (1 Petrov 3:17)

Pozneje sem bratu in sestri Blakey razložil o prerokovanih sporočilih in da želim ubogati Boga. Zelo skrbno sta spoštovala mojo željo in poslušala vse, kar sem jima povedal, da mi je govoril Bog. Povedal sem jima tudi, da mi je med prvim potovanjem v Teksas Bog rekel: "*Ne veste, kaj imam za vas.*" Bila sta tako potrpežljiva z mano, da jima bom vedno najbolj hvaležen za njuno občutljivost za Božje stvari. Družina Blakey je imela veliko vlogo pri uresničitvi tega preroškega sporočila in mojega novega življenja v Teksasu. Tri dni smo si začeli ogledovati hiše v Wylieju, tretji dan pa sem se moral zvečer vrniti v Kalifornijo. Odpeljali so me na ogled vzorčne hiše v novem traktu in takrat je sestra Blakey rekla: "To je tvoja hiša." Takoj sem vedel, da je res tako. Hitro sem začel urejati papirje za nakup, nato pa takoj odšel na letališče, saj sem vedel, da se bodo stvari nekako uredile. Istočasno mi je Bog rekel, naj grem za tri mesece v Indijo. Nisem ga spraševal, zato sem dal pooblastilo bratu Blakeyju, da nadaljuje z nakupom hiše v Teksasu, nečaku Stevu, ki se ukvarja z nepremičninami, pa sem dal pooblastilo, da poskrbi za moje finance v Kaliforniji. Po desetih letih sem se vračal v svojo domovino Indijo. Hvala Bogu za ozdravitev, saj tega ne bi mogel storiti brez gibljivosti svojih nog. Letel sem v Indijo in kupil dom v Teksasu. Stvari v mojem življenju so se hitro spreminjale.

Vrnitev v Indijo.

Ko sem prišel v Indijo, sem hitro opazil, da so se stvari v razmeroma kratkem času spremenile. 25 let sem molil in se postil, da bi ta država doživela preporod. Indija je zelo religiozna dežela malikovanja, čaščenja kipov iz kamna, lesa in železa. Verskih podob, ki ne vidijo, ne govorijo in ne slišijo ter nimajo nobene moči. To so verske tradicije, ki ne prinašajo sprememb ne v um ne v srce.

> "*In izrekel bom svoje sodbe nad njimi, ki se dotikajo vse njihove hudobije, ki so me zapustili, kadili drugim bogovom in častili dela svojih rok.*" (Jeremija 1:16)

Krščanstvo je bilo v tej državi, kjer je bilo toliko preganjanja in sovraštva med religijami, še posebej pa do kristjanov, v manjšini.

To sem storil "Njegova pot"

Zatiranje kristjanov jih je zaradi prelivanja nedolžne krvi, požiganja cerkva, pretepanja in ubijanja ljudi le še utrdilo v njihovi veri. Žal so matere in očetje zavračali svoje otroke, če so se obrnili k Jezusu in zapustili družinsko vero. Morda so bili izgnanci, a ne siromašni, saj je Bog naš nebeški Oče, ki nam bo obrisal solze z oči.

"Mislite, da sem prišel, da bi dal mir na zemlji? Pravim vam: Ne, ampak prej razdor: Odslej bo namreč pet v eni hiši razdeljenih, trije proti dvema in dva proti trem. Oče bo razdeljen proti sinu in sin proti očetu; mati proti hčeri in hči proti materi; tašča proti svoji tašči in tašča proti svoji tašči." (Luka 12:51-53)

Presenečen sem bil, ko sem povsod videl ljudi, ki so hodili s Svetim pismom, in slišal za molitvena srečanja. Bilo je veliko cerkva edinosti in vernikov v enega Boga. Bog je prišel živeti med nas v mesu, v telesu Jezusa Kristusa. Tako je tudi skrivnost pobožnosti enega pravega Boga.

"In brez spora je velika skrivnost pobožnosti: **Bog je bil** *razodet v* **mesu***, upravičen v Duhu, viden od angelov, oznanjen poganom, verovan na svetu, sprejet v slavo."(1 Timoteju 3:16)*

"Filip mu je rekel: "Gospod, pokaži nam Očeta, in dovolj nam bo. Jezus mu reče: "Ali sem že tako dolgo pri tebi, pa me še ne poznaš, Filip? Kdor je videl mene, je videl Očeta; kako torej rečeš: Pokaži nam Očeta? Ali ne verjameš, da sem jaz v Očetu in Oče v meni? Besede, ki vam jih govorim, ne govorim od sebe, ampak Oče, ki prebiva v meni, on dela. Verujte mi, da sem jaz v Očetu in Oče v meni, ali pa mi verjemite zaradi samih del." (Janez 14:8-11)

"Veruješ, da je en Bog, dobro delaš; tudi hudiči verjamejo in trepetajo." (Jakob 2:19)

Tako lepo je bilo videti ljudi, žejne Boga. Njihovo čaščenje je bilo tako močno. To je bila popolnoma drugačna Indija od tiste, ki sem jo zapustil pred petindvajsetimi leti. Mladi in stari ljudje so si želeli Jehovovih stvari. Običajno je bilo videti mlade ljudi, ki so na verskih hindujskih praznovanjih ponujali krščanske letake. Čez dan so hodili v cerkev in se po bogoslužju od 14.30 vračali približno ob treh zjutraj. Tudi hindujci in muslimani so prihajali k našim bogoslužjem, da bi prejeli ozdravljenje in našli osvoboditev. Ljudje so bili odprti za poslušanje pridig iz Božje besede in prejemanje nauka iz Svetega pisma. Spoznal sem te indijske cerkve in komuniciral z njihovimi pastorji po telefonu in elektronski pošti. Povezal sem se z Združenimi binkoštnimi cerkvami pri iskanju ameriških pridigarjev, ki so bili pripravljeni iti v Indijo v imenu indijskih pastorjev in govoriti na njihovih letnih konferencah. Z Božjo pomočjo smo bili zelo uspešni. Vesel sem bil, da so imeli pridigarji v Ameriki breme za mojo deželo; dajali so svojo duhovno podporo indijskim pridigarjem. Spoznal sem indijskega pastorja zelo majhne in skromne cerkve. Tam je bilo toliko revščine in potrebe ljudi so bile tako velike, da sem se osebno zavezal, da bom pošiljal denar. V Ameriki smo tako blagoslovljeni. Verjemite, da "nič ni nemogoče". Če želite darovati, to storite z veseljem v veri in darujte na skrivaj. Dolga leta nihče ni vedel za mojo zavezo. Nikoli ne pričakujte, da boste darovali zaradi osebne koristi ali da boste od drugih prejeli slavo ali pohvalo. Dajajte s čistim srcem in se ne pogajajte z Bogom.

"Ko torej daješ miloščino, ne trobi pred seboj, kakor to delajohinavcivsinagogah in na ulicah, da bi imeli slavo pred ljudmi. Resnično, povem vam: Imajo svojo nagrado. Ko pa daješ miloščino, naj tvoja leva roka ne ve, kaj dela tvoja desna: Da bo tvoja miloščina na skrivnem, in tvoj Oče, ki vidi na skrivnem, te bo nagradil odkrito."
(Evangelij po Mateju 6:2-4)

Bog je dovolil, da so se v mojem življenju zgodile stvari, zaradi katerih sem lahko ostala doma. Z začudenjem gledam nazaj, kako so moje bolezni napredovale, da nisem več mogel hoditi, razmišljati ali se počutiti normalno, dokler ni brat James molil in me je Bog dvignil z invalidskega stola. Zaradi tumorjev in krvnih bolezni sem še vedno veljal za invalida in živel od skromnega mesečnega nadomestila za invalidnost. Ker mi je Bog vzel službo, mi je bilo vseeno, kako bom plačal račune. Jezus mi je dvakrat spregovoril in rekel: "Poskrbel bom zate". Če bi živel v Kaliforniji ali Teksasu, bi Jezus poskrbel za vse moje potrebe. Bog je to storil iz svojega bogastva in izobilja. Zaupal sem Bogu za vse svoje vsakodnevne potrebe.

"Iščite pa najprej Božje kraljestvo in njegovo pravičnost, in vse to vam bo dodano." (Matej 6:33)

Preden sem zapustil Indijo, so mi nekatere ženske iz cerkve povedale, da si ne kupujejo več razkošnih stvari. Zadovoljne so bile z vsem, kar so imele za obleči, saj so bile tako zelo zadovoljne, ko so dajale revnim.

"Toda pobožnost z zadovoljstvom je velika pridobitev. Ničesar namreč nismo prinesli na ta svet in gotovo tudi ničesar ne moremo odnesti. Če pa imamo hrano in obleko, bodimo s tem zadovoljni."
(1 Tim 6:6-8)

V projekte ljubezni so bili vključeni tudi starejši in majhni otroci. Skupaj so izdelovali darilne pakete, ki so jih podarili revnim. Bili so zelo zadovoljni z blagoslovom obdarovanja.

"Dajte, in dano vam bo; dobro mero,stisnjeno,pretreseno,pretaknjeno in prekipevajočo, vam bodo ljudje dali v naročje.Zistomero, s katero ste se srečali, vam bo odmerjeno." (Evangelij po Luku 6:38)

Predstavljajte si, kaj vse se je zgodilo v tako kratkem času. Prodal sem svoj dom in kupil nov dom v drugi državi. Videl sem, kako se je moja država spremenila zaradi ljudi, žejnih Gospoda Jezusa Kristusa. Zdaj sem pričakoval začetek novega življenja v Teksasu. Ko Boga postavimo na prvo mesto, nam bo tudi Gospod slave zvest.

Nazaj v Ameriko.

Iz Indije sem se vrnil tri mesece pozneje. V Teksas sem odletel, ko je bila moja hiša pripravljena. 26. aprila 2005, ko je moje letalo pristajalo na letališču Dallas-Ft. Worth, sem jokala, ker sem bila od prihoda v to državo popolnoma ločena od vse svoje družine in prijateljev. Tedaj mi je Bog dal naslednje besedilo iz Svetega pisma:

"Zdaj pa tako govori Gospod, ki te je ustvaril, Jakob, in tisti, ki te je oblikoval, Izrael: "Ne boj se, ker sem te odkupil, poklical sem te po tvojem imenu, moj si. Ko boš šel skozi vode, bom s teboj, in skozi reke, te ne bodo preplavile; ko boš šel skozi ogenj, ne boš zgorel in plamen ne bo zagorel nad teboj. Jaz sem Gospod, tvoj Bog, Sveti Izraelov, tvoj rešitelj: Egipt sem dal v odkupnino zate, Etiopijo in Sebo zate. Ker si bil dragocen v mojih očeh, bil si časten in ljubil sem te; zato bom dal ljudi za tebe in ljudstva za tvoje življenje. Ne boj se, kajti jaz sem s teboj: pripeljal bom tvoje potomstvo z vzhoda in te zbral z zahoda; rekel bom severu: Oddaj se, in jugu: Ne zadržuj se; pripelji moje sinove od daleč in moje hčere s konca zemlje;
(Izaija 43:1-6)

Na dan prihoda sem se znašla sama v tej veliki novi hiši. Ko sem stal sredi dnevne sobe in videl, da je moja hiša popolnoma prazna, me je prevzela realnost. Usedla sem se na tla in začela jokati. Počutila sem se tako osamljeno in želela sem se vrniti domov v Kalifornijo, kjer sem pustila svojo drago mamo. Tako dolgo sva živeli skupaj in bila je velik del mene. Občutek ločenosti me je tako prevzel, da sem želela oditi na letališče in odleteti nazaj v Kalifornijo. Nisem več želela te hiše. Moja žalost je bila večja od moje resničnosti. Medtem ko sem doživljal te občutke, me je Bog opomnil, da moram poklicati brata Blakeyja. Brat Blakey ni vedel, kako se počutim v tistem trenutku, a Bog je vedel. Bila sem presenečena, ko je rekel: "Zdaj, sestra Das, veste, da ste le en telefonski klic stran od nas." Njegove besede so bile popolnoma maziljene, saj sta moja bolečina in ves moj obup v trenutku izginila. Začutila sem, da imam družino, da nisem sama in da bo vse v redu. Od tistega dne me je družina Blakey sprejela v svojo družino v času, ko nisem imel nikogar.

Moja sestra in njena družina so se pozneje preselili v Plano v Teksasu, le nekaj kilometrov od Wylieja. Družino Blakey sestavlja enajst bratov in sester. Vsi njihovi otroci in vnuki so me imeli za družino. Bilo jih je skoraj 200 in za družino Blakey v Wylieju vedo vsi. Bili so mi v veliko oporo in vedno so mi dali občutek, da se tudi jaz počutim "kotBlakey"! Ko sem se naselil v svojem domu, sem si moral poiskati cerkev. Boga sem vprašal, katero cerkev želi zame. Obiskal sem veliko cerkva. Nazadnje sem obiskal cerkev v mestu Garland, The North Cities United Pentecostal Church. Bog je jasno rekel: "To je tvoja cerkev." Tam se še vedno zbiram. Rad imam svojo cerkev in našel sem čudovitega pastorja, rektorja Hargrova. Družina Blakey je postala moja razširjena družina, ki me je po cerkvi povabila na kosilo ali večerjo. Vključili so me tudi v svoja družinska srečanja in družinske praznike. Bog mi je čudovito priskrbel vse, kar potrebujem.

Bogu se zahvaljujem za svojega novega pastorja, cerkev in Blakeyjeve, ki so me sprejeli v svojo družino. Zdaj živim udobno v svojem novem domu. Bog je izpolnil svojo obljubo" :Poskrbel bom zate." Bog je vse to izbral zame po svoji volji za moje življenje. Zdaj delam zanj od trenutka, ko se zbudim ob 3.50 zjutraj in začnem moliti. Zajtrkam in se pripravljam na opravljanje Gospodovega dela iz svoje pisarne doma. Moji prijatelji vam bodo rekli" :Nikoli ne recite sestri Liz, da nima prave službe." Kakšen je moj odgovor? Delam za Gospoda, opravljam dolge ure, ne da bi odštevala čas, in ne dobivam plače. Bog skrbi zame in moja nagrada bo v nebesih.

Cenim svoje delo in ljubim to, kar počnem!

Elizabeth Das

Poglavje 12

Demonska osvoboditev in Božja zdravilna moč

O v nedeljo popoldne sem prejel telefonski klic gospoda Patela, ki je prosil, da bi šli moliti za njegovega očeta, ki so ga napadli demonski duhovi. Gospod Patel je inženir, ki že več kot 30 let živi v Ameriki. Slišal je za mojo ozdravitev in je bil pripravljen slišati o Gospodu Jezusu Kristusu. Naslednji dan smo odšli v hišo njegovega brata, kjer smo se srečali z gospodom Patelom in njegovo družino (brat, bratova žena, dva sinova ter oče in mati). Medtem ko so vsi poslušali, je drugi brat, ki je bil prav tako kristjan, začel govoriti o tem, kako je spoznal Jezusa. Oče, starejši gospod Patel, je povedal, da je častil idolske bogove, vendar se je vedno počutil slabo, ko je opravljal čaščenje. Rekel je, da se je počutil, kot da bi ga v trebuh bodla palica in mu povzročala bolečine, in ko je hodil, se mu je zdelo, da ima pod nogami kamenje. Začeli smo moliti zanj v imenu Gospoda Jezusa Kristusa. Molili smo, dokler se ni osvobodil demonskega duha in se je začel počutiti veliko bolje. Pred odhodom je prejel študij Svetega pisma, da bi razumel moč Gospodovega imena in kako ostati prost demonskih napadov, ki se bodo še vrnili.

Bili smo zadovoljni, ko sta sin in eden od vnukov vztrajala, naj starejši gospod Patel izgovori ime JEZUS, vendar tega ni storil, čeprav mu ni bilo težko reči "Bog" (Bhagvan). Vnuka sta vztrajala" :Ne, izgovorite ime Jezus", ko sta se sinova postavila v vrsto, da bi prejela molitev. Eden od vnukov, ki je bil star okoli dvajset let, je pred tem doživel prometno nesrečo. Zaradi težav s kolenom je obiskal številne kirurge. Tistega dne je Gospod Jezus ozdravil njegovo koleno in mlajšega brata gospoda Patela se je močno dotaknil Božji Duh. Vsi so prejeli molitev in pričevali, kako se jih je tisti dan dotaknil Božji Duh, ki je delal čudeže ozdravljenja in osvoboditve. Ko je Gospod Jezus hodil med ljudmi, je učil in oznanjal evangelij o prihajajočem kraljestvu ter ozdravljal vse vrste bolezni in obolenj med ljudmi. Zdravil in osvobodil je tiste, ki so bili obsedeni in mučeni od demonov, in tiste, ki so bili blazneži (norci), in tiste, ki so imeli ohromelost (Evangelij po Mateju 4,23-24). Kot Božji učenci danes še naprej opravljamo njegovo delo in druge učimo o odrešitvi v imenu našega Gospoda Jezusa.

*"Prav tako ni odrešitve v nobenem drugem, kajti nobenega drugega **imena** pod nebom ni dano med ljudmi, po katerem bi se mogli rešiti."*
(Apd 4:12).

Služenje živemu Bogu prinaša številne koristi. Namesto boga iz skale ali kamna, ki ne vidi ali ne sliši, imamo pravega in živega Boga, ki preiskuje srca moških in žensk. Odprite svoje srce in um za poslušanje njegovega glasu. Molite, da se bo dotaknil vašega srca. Molite, da vam bo odpustil, ker ste ga zavrnili. Molite, da bi ga spoznali in se vanj zaljubili. To storite zdaj, saj se bodo vrata kmalu zaprla.

Poglavje 13

Izpoved in čista vest

O nekega dne me je obiskal indijski par in molil z mano. Ko sva se pripravljala na molitev, je žena začela glasno moliti. Mož ji je sledil. Opazil sem, da sta oba molila na enak verski način, vendar sem vseeno užival ob poslušanju njunih zgovornih besed. Boga sem iskreno prosil" :Želim, da moliš skozi moja usta." Ko sem bil na vrsti za glasno molitev, je Sveti Duh prevzel odgovornost in sem molil v Duhu.

"Prav tako tudi Duh pomaga našim slabostim, saj ne vemo, za kajbimorali moliti, kot bi morali, ampak Duh sam posreduje za nassstokanjem, ki ga ni mogoče izreči. In tisti, ki preiskuje srca, ve,kajjemišljenje Duha, saj on posreduje za svete po Božji volji."
(Pismo Rimljanom 8:26.27).

V Duhu sem molil z Božjo močjo na način, ki je razkrival greh. Mož, ki tega ni mogel več prenašati, je začel priznavati svoj greh ženi, ki je bila pretresena. Pozneje sem se z njima pogovarjal o očiščenju prek njegove izpovedi greha.

"Če priznamo svoje grehe, je On zvest in pravičen, da nam odpusti naše grehe in nas očisti vsake nepravičnosti. Če rečemo, da nismo grešili, ga delamo lažnivca in njegove besede ni v nas." (1 Jn 1:9.10)

Možu sem razložil, da mu bo Bog odpustil, ker se je priznal.

Prav tako ne pozabite priznati svojih grehov le tistim, ki lahko molijo nad vami.

"Priznavajte svoje napake drug drugemuinmolitedrugzadrugega,dabi bili ozdravljeni. Učinkovita goreča molitev pravičnega veliko koristi. "(Jakob 5:16)

Razložil sem mu, da bo po krstu Bog odstranil njegov greh in da bo imel čisto vest.

"Po podobnem zgledu, po katerem nas tudi krst zdaj rešuje (ne z odstranjevanjem nečistoče telesa, ampak z odgovorom dobre vesti pred Bogom), nas rešuje vstajenje Jezusa Kristusa." (1 Petrov 3:21)

Nekaj dni pozneje sta se mož in žena dala krstiti v imenu Gospoda Jezusa. Mož je bil popolnoma osvobojen in njegovi grehi so mu bili odpuščeni. Oba sta postala takšen blagoslov za Božje kraljestvo.

"Obrnite se in se vsak izmed vas krstite v imenu Jezusa Kristusa v odpuščanje grehov in prejeli boste dar Svetega Duha." (Apostolska dela 2:38)

Bog išče tiste, ki se bodo ponižali pred njim. Ni pomembno, kako zgovorne in lepe so besede, s katerimi moliš, pomembno je, da moliš z vsem srcem. On tudi ve, kaj je v srcu, ko molimo. Odpravite greh tako, da prosite Boga za odpuščanje, sicer bo vaše molitve oviral Sveti Duh. Kot verniki vsak dan preiskujemo svoje srce in sodimo sami sebe. Bog je vedno na voljo, da nam odpusti in nas očisti, kadar grešimo.

Poglavje.14

Na robu smrti

B brat Jakob, o katerem sem govoril prej, ima dar zdravljenja z Božjo močjo maziljenja. Povabili so ga, da bi molil za korejsko gospo, ki je bila v enoti intenzivne terapije bolnišnice Queen of the Valley. Po besedah zdravnikov je bila blizu smrti. Njena družina je že pripravljala pogreb. Tisti dan sem spremljal brata Jamesa in videl njeno telo na aparatih za ohranjanje življenja; bila je nezavestna in blizu roba smrti. Ko sem začel moliti, se mi je zdelo, da me hoče nekaj zgrabiti za nogo in me vreči iz sobe; toda moč Svetega Duha je bila v meni zelo močna in temu duhu ni dovolila, da bi se uveljavil.

"Vi ste iz Boga, otročiči, in ste jih premagali, kajti večji je tisti, ki je v vas, kakor tisti, ki je v svetu." (1 Janez 4:4)

Po molitvi je Gospod spregovoril po meni in rekel sem naslednje besede: "Ta stroj se bo spremenil." To se je nanašalo na opremo za vzdrževanje življenja, ki je bila pritrjena na njeno telo. Slišal sem se, ko sem izrekel te besede, saj je Bog izrekel usodo te zelo bolne ženske. Brat James je molil zanjo, nato pa sva z družino te gospe govorila o

To sem storil "Njegova pot"

moči molitve in Božje besede. Poslušali so, ko sem jim pripovedoval o svoji ozdravitvi in o tem, kako me je Bog z invalidskega vozička pripeljal do tega, da sem spet hodil. Prisoten je bil tudi njihov sin, ki je bil pilot letalske družbe, vendar ni govoril korejsko. Z njim sem se pogovarjal v angleščini, medtem ko so se ostali člani družine pogovarjali v korejščini. Zanimivo je, da mi je razložil, da naj bi njegova mati odpotovala v Kanado na isti dan, ko je zelo zbolela. Pojasnil je, da je poklicala moža na pomoč in da so jo odpeljali v bolnišnico, čeprav ni hotela iti. Sin je dejal, da jim je mati govorila" :V bolnišnici me bodo ubili." Prepričana je bila, da bo umrla, če jo bodo odpeljali v bolnišnico. Njen sin nam je še naprej razlagal, da jim je povedala, da so vsako noč v hišo prihajali v črno oblečeni ljudje. Mati je vsako noč kričala nanj in na očeta ter brez očitnega razloga jezno metala posodo v njiju. Poleg tega je začela pisati čeke v jeziku, ki ga nista razumela. Njeno vedenje je bilo zelo nenavadno. Razložil sem mu o demonskih duhovih, ki lahko človeka prevzamejo in ga mučijo. To ga je osupnilo, saj, kot nama je razložil, vsi hodijo v cerkev in ona daje toliko denarja, vendar za to še nikoli niso slišali. Demoni so podvrženi pravim vernikom, ki imajo Svetega Duha; ker je Jezusova kri na njihovih življenjih in služijo pod oblastjo Jezusovega imena v moči njegovega imena.

Mladeniču sem povedal, da lahko z bratom Jamesom molimo v Jezusovem imenu za izgon demona, in privolil je v molitev za osvoboditev svoje matere. Ko je zdravnik prišel pogledat svojo pacientko, je bil presenečen, da se odziva, in ni mogel razumeti, kaj se je zgodilo z njegovo pacientko. Družina mu je povedala, da je ponoči nekdo prišel moliti zanjo in da se je začela odzivati, kot jim je bilo rečeno. Nekaj dni pozneje smo imeli ponovno priložnost moliti za isto gospo. Ko smo vstopili v sobo, se je nasmehnila. Nato sem ji položil roko na glavo in začel moliti; odvrgla je mojo roko in premaknila glavo navzgor ter pokazala v strop, ker ni mogla govoriti. Njen izraz se je spremenil in videti je bila tako prestrašena. Ko sva odšla, se je njeno stanje še poslabšalo. Njeni otroci so se spraševali, kaj je videla, in jo vprašali, ali je videla kaj hudega. Z roko je pokazala "da". Ponovno smo se vrnili, da bi molili zanjo, saj je bila prestrašena zaradi svojega mučitelja, demonskega duha v njeni sobi. Po tokratni molitvi je bila zmagoslavno osvobojena svojih mučiteljev. Hvala Bogu, ki odgovarja na molitev. Kasneje smo slišali, da so jo odpustili iz bolnišnice, odšla je v rehabilitacijski program in bila poslana domov, kjer ji še naprej dobro uspeva. Iztrgala se je z roba smrti.

Pojdite pričevati svetu:

*"In naročil jim je, naj tega nikomur ne povedo, toda bolj ko jim je naročil, bolj so to **objavili;** (Marko 7:36)*

*"Vrni se v svojo hišo in pokaži, kako velike stvari ti je storil Bog. Odšel je in po vsem mestu **objavil**, kako velike stvari mu je storil Jezus." (Luka 8:39)*

Sveto pismo pravi, da moramo iti ven in pričevati. Ta korejska družina je pričevala drugim družinam o tem čudežu. Nekega dne se je brat. Jamesa poklicala še ena Korejka. Mož te družine se je vedel nasilno in ni vedel, kaj počne. Njegova žena je bila zelo drobna in sladka. Nekaj dni jo je poskušal ubiti. Večkrat so jo morali odpeljati v bolnišnico, ker jo je neusmiljeno pretepal. Ker je slišala za ta čudež, nas je povabila in prosila zame. Šla sva k njej in njenemu možu. Na srečanju je bil prisoten tudi br. James me je prosil, naj spregovorim, on pa je molil. Vsi smo bili blagoslovljeni. Čez nekaj tednov je poklicala njegova žena in vprašala, ali bi spet prišla, saj je njenemu možu šlo bolje. Tako smo spet šli in jaz sem dal svoje pričevanje o odpuščanju in br. James je molil nad vsemi.

Povedala sem jim, kako sem delala in kako me je nadrejena ženska nadlegovala, tako da ponoči nisem mogla spati. Nekega dne sem šel v svojo sobo, da bi molil zanjo. Jezus mi je rekel: "Odpustiti ji moraš". Najprej se mi je zdelo težko in pomislil sem, da če ji odpustim, mi bo še naprej počela iste stvari. Ker sem slišala, da mi Jezus govori, sem rekla: "Gospod, popolnoma ji odpuščam" in Bog mi je v svojem usmiljenju pomagal, da sem jo pozabila. Ko sem ji odpustila, sem začela dobro spati, in ne samo to, kadar koli je storila kaj slabega, me to ni več motilo.

Sveto pismo pravi.

"Vragnepride,ampakdabikradel,ubijalinuničeval;jazsemprišel,d abiimeliživljenjeindabi ga imeli v obilju" (Janez 10:10).

Vesel sem bil, da je tašča prisostvovala temu pričevanju, saj je bilo njeno srce težko od žalosti. Tako neverjetno je bilo videti, kako je Božja roka vstopila in spremenila celotno situacijo, kako je odpuščanje preplavilo njuni srci in kako je v njiju prišla ljubezen.

*"Če pa ne **odpustite**, tudi vaš Oče, ki je v nebesih, ne bo **odpustil** vaših prestopkov." (Marko 11:26)*

Neodpuščanje je zelo nevarno. Izgubili boste duševno in telesno trdnost. Odpuščanje je v vašo korist, ne le za vašega sovražnika. Bog nas prosi, naj odpuščamo, da bomo lahko bolje spali. Maščevanje je Njegova, ne naša naloga.

*"Ne sodite in ne boste sojeni: Ne obsojajte in ne boste obsojeni; **odpuščajte** in bo vam **odpuščeno**." (Lk 6:37)*

"Molitev vere bo rešila bolnika in Gospod ga bo obudil; in če je storil grehe, mu bodo odpuščeni. Priznavajte svoje napake drug drugemu in molite drug za drugega, da boste ozdraveli. Učinkovita goreča molitev pravičnega veliko koristi." (Jakob 5;15.16)

V drugem delu zgodbe smo slišali, da je bil njen mož popolnoma ozdravljen svojih duševnih težav in da je bil do svoje žene tako prijazen in ljubeč.

Hvalite Gospoda! Jezus je v njun dom prinesel mir.

Poglavje 15

Mir v Božji navzočnosti

Ta Božja navzočnost lahko v dušo vnese mir. Nekoč sem molil za gospoda, ki je bil neozdravljivo bolan in v zadnjem stadiju raka. Bil je mož gospe iz cerkve. Gospa in njen sin sta nekoč bivala pri meni doma.

Pripadala sta cerkvi, ki ni verjela v spremembo njunih življenj, dokler si nista ogledala videoposnetka o poslednjem času. Oba sta prejela razodetje o krstu v imenu Gospoda Jezusa in začela iskati cerkev, ki bi ju krstila v Jezusovem imenu. Takrat sta našla cerkev, ki jo obiskujem. Satan ne želi, da bi kdor koli spoznal resnico, saj ta vodi k odrešitvi. Želi, da ste v temi in mislite, da ste rešeni, medtem ko verjamete v lažne nauke in človeška izročila. Ko boste iskali resnico, bo stopil proti vam. V tej situaciji sta bila orodje, uporabljeno proti tej materi in sinu, neverna mož in oče, ki sta ju nenehno nadlegovala in zasmehovala zaradi njune vere v Boga. Velikokrat sta na koncu prišla k meni domov, da bi molila, in na koncu tudi ostala. Nekega dne je sin slišal Gospoda, ki mu je rekel: Njegovi dnevi so šteti. Oče je bil v bolnišnici Baylor v Dallasu v Teksasu, na enoti za intenzivno nego. Zelo jasno jim je dal vedeti, da ne želi molitve ali kakršnih koli cerkvenih ljudi, ki bi prišli naokrog in molili. Nekega dne sem ženo vprašal, ali bi jo lahko obiskal in molil za njenega moža. Razložila mi je, kako se je počutil, in rekla, da ne. Še naprej sva molila, da bi Bog omehčal njegovo otrdelo srce.

Nekega dne sem šel v bolnišnico s sinom in njegovo ženo ter tvegal, da ga je Bog spremenil. Sin je vprašal očeta: "*Oče, ali želiš, da sestra Elizabeta moli zate? Ona je molitveni bojevnik.* Ker oče ni mogel več govoriti, je prosil očeta, naj mu pomežikne z očmi, da bo lahko komuniciral z njim. Nato ga je prosil, naj pomežikne, da bi nam sporočil, če želi, da molim zanj, je pomežiknil. Začel sem moliti s prošnjo, naj se njegovi grehi umijejo v Jezusovi krvi. Opazil sem nekaj sprememb na njem in nadaljeval z molitvijo, dokler v sobi ni bila prisotnost Svetega Duha. Ko sem molil, je oče poskušal komunicirati tako, da je kazal na strop, kot da bi nam nekaj kazal. Poskušal je pisati, vendar ni mogel. Sin je očeta prosil, naj pomežikne, če je to, kar vidi, nekaj dobrega. Oče je pomežiknil! Nato je očeta prosil, naj pomežikne, če je to svetloba, vendar ni pomežiknil. Nato ga je vprašal, ali so to angeli, ki jih vidi, in naj pomežikne. Vendar ni pomežiknil. Nazadnje je sin vprašal, ali je to Gospod Jezus. Oče je pomežiknil z očmi.

Naslednji teden sem ga ponovno obiskal v bolnišnici. Tokrat je bil zelo drugačen in imel miren obraz. Nekaj dni pozneje je umrl v miru. Bog mu je v svojem usmiljenju in ljubezni dal mir pred smrtjo. Ne vemo, kaj se dogaja med tako zelo bolnim človekom in njegovim Stvarnikom. Gospodova navzočnost je bila v tej sobi. Videl sem človeka, ki je bil zagrenjen proti Bogu in lastni družini, toda na pragu smrti se mu je Gospod razodel in mu dal spoznati svoj obstoj.

"Zahvaljujte se Gospodu, ker je dober, ker njegovo usmiljenje traja večno. Zahvalite se Bogu bogov, kajti njegovo usmiljenje traja večno. Zahvalite se Gospodu gospodov, ker njegovo usmiljenje traja večno. Njemu, ki edini dela velike čudeže, kajti njegovo usmiljenje traja večno." (Psalm 136:1-4)

Poglavje.16

Žrtvovalni življenjski slog v življenju

D v tem času sem pripravljala svetopisemsko študijo o laseh, oblačilih, nakitu in ličilih. Rekla sem si: "Ti ljudje so staromodni." V srcu sem vedela, da ljubim Boga, zato to, kar nosim, ne bi smelo biti pomembno. Čas je mineval in nekega dne sem slišala, kako mi je Božji (Rima) Duh govoril v srce" :Delaj, kar čutiš v svojem srcu." V tistem trenutku so se mi odprle oči. Razumel sem, da imam v srcu ljubezen do sveta in da se prilagajam svetovni modi. (Rima je razsvetljena in maziljena Božja beseda, ki vam je bila izrečena za določen čas ali situacijo.)

"Gospod, ti si me preiskal in spoznal. Veš, kako padam in kakosedvigam, od daleč razumeš mojo misel. Ti spremljaš mojopotinmojeležanje in poznaš vse moje poti." (Psalm 139:1-3)

Nakit:

Ker nisem marala nakita, se mi ni bilo težko znebiti tistih nekaj kosov, ki sem jih imela.

*"Tudiženeboditepodrejenesvojimmožem, dabijih, čekdoneubogabesobil iz ženinimobnašanjem, kobodogledali vašečednoobnašanje, povezano s strahom. Njihovokrasnajnebo tisti **zunanji** okras, kotjespletanje las, nošenje zlataali oblačenje, ampak naj bo skriti človeksrca v tem, kar ni pokvarljivo, **okras** krotkega in tihega duha, kijepred Bogom zelo dragocen. Tako so se namreč v starih časih krasiletudi sveteženske, ki so zaupale v Boga, in sicer tako, da so bile podrejenesvojimmožem: Kakor je Sara ubogala Abrahama in ga imenovalagospodarja: čigave hčere ste, dokler dobro delate inseneustrašitenobenega začudenja." (1 Petrov 3:1-6)*

"Prav tako naj se ženske krasijo v skromnih oblačilih, brez sramu in trezno, ne z lasmi, zlatom, biseri ali dragocenimi oblačili, ampak (kot se spodobi za ženske, ki izpovedujejo pobožnost) z dobrimi deli" (1Tim 2:9.10)

Lasje

*"Ali vas tudi narava sama ne uči, da je sramota za moškega, če ima dolge lase? Če pa ima ženska dolge lase, ji je to v slavo, saj so ji lasje dani za **pokrivalo**." (1 Korinčanom 11:14.15)*

V mlajših letih sem imel vedno dolge lase. Pri dvajsetih letih sem se prvič ostrigel in se strigel, dokler nisem postal zelo kratek. Zato sem sprva težko sprejel nauk o nestriženih laseh. Nisem si želela pustiti rasti las, ker so mi bili všeč kratki lasje. Zanje je bilo enostavno skrbeti. Začela sem prositi Boga, naj mi dovoli nositi kratke lase. Toda na moje presenečenje je Bog spremenil moje mišljenje, tako da je v moje srce položil svojo besedo, in ni mi bilo več težko pustiti, da bi mi lasje rasli.

V tem času je mati živela z mano. Ker nisem znala skrbeti za svoje dolge lase, me je mama prosila, naj jih postrižem, ker ji ni bilo všeč, kako so videti. Iz Svetega pisma sem se začela učiti več o laseh. Dobil sem boljše razumevanje in znanje, kar je pripomoglo k temu, da so se moja prepričanja v mojem srcu okrepila.

Molila sem in vprašala Gospoda" :*Kaj naj storim z mamo, ker ji niso všeč moji dolgi lasje?*" Govoril mi je in rekel: "*Moli, da bi se njeno mišljenje spremenilo.*"

"*Zaupaj v Gospoda z vsem svojim srcem in ne naslanjaj se na svoj razum. Na vseh svojih poteh ga spoznaj in on bo usmerjal tvoje poti.*
"*(Pregovori 3:5.6)*

Gospod je moj svetovalec, zato sem še naprej molil, da bi se njeno razmišljanje spremenilo.

Jezus je naš svetovalec;

"*Kajtiotroksenamjerodil,sinsenamjerodil,inoblastbonanjegovihramen ih;innjegovoimeboČudoviti,* **Svetovalec***,MogočniBog, Večni Oče, Knez miru.*" *(Izaija 9:6)*

Nisem si več strigel las. Lasje so mi rasli in nekega dne mi je mama rekla: "Z dolgimi lasmi si videti lepo!" Teh besed sem bila zelo vesela. Vedela sem, da me je Gospod usmeril v molitvi in da je odgovoril na mojo molitev. Vem, da so moji neostriženi lasje moja slava in da mi je bila zaradi angelov dana moč na glavi.

Ko molim, vem, da imam moč. Hvalite Gospoda!!!

"*Vsaka ženska, ki moli ali prerokuje z* **nepokrito** *glavo, pa sramoti svojo glavo, saj je celo ena sama, kot da bi bila obrita. Če pa ima ženska dolge lase, ji je to v slavo,* ***saj so ji lasje dani za pokrivalo.***"
(1. Korinčanom 11:5.15)

To besedilo zelo jasno določa, da so naši pokrivala nestriženi lasje in ne šal, klobuk ali tančica. Predstavlja našo pokorščino Božji oblasti in njegovi slavi. V vsej Božji besedi boste našli, da so angeli varovali Božjo slavo. Kjerkoli je bila Božja slava, so bili prisotni angeli. Naši neostriženi lasje so naša slava in angeli so vedno prisotni, da nas varujejo zaradi naše pokorščine Božji besedi. Ti angeli varujejo nas in našo družino.

> *"Zato bi morala imeti ženska zaradi angelov moč na svoji glavi" . (1. Korinčanom 11:10)*

Prvo pismo Korinčanom 11 je Božja urejena misel in dejanje za ohranitev nedvoumnega razlikovanja med žensko in moškim.

Nova zaveza kaže, da so imele ženske neostrižene dolge lase.

> *"In glej, žena v mestu, ki je bila grešnica, ko je zvedela, da Jezus sedi pri jedi v* farizejevi *hiši, je prinesla alabastrno skrinjico mazila, se postavila k njegovim nogam za njim in jokala ter mu začela umivati noge s solzami, **si jih brisala z lasmi na glavi**, mu poljubila noge in jih mazilila z mazilom." (Luka 7:37.38)*

on Lords pravi

> *"Odreži si lase, Jeruzalem, odvrzi jih in na visokih mestih se zgražaj, ker je Gospod zavrgel in zapustil rod svoje jeze." (Jeremija 7: 29)*

Odrezani lasje so simbol sramu, sramote in žalovanja. Striženje las predstavlja brezbožno in sramotno dejanje odpadlih Božjih ljudi. To je znamenje, da jih je Gospod zavrnil. Ne pozabite, da smo njegova nevesta.

Encyclopedia Britannica, V, 1033, navaja, da so bili po prvi svetovni vojni "lasje postrani". Striženje las so sprejele skoraj vse ženske po vsem svetu.

Božje besede so določene za večnost. Bog zahteva, da imajo ženske neostrižene dolge lase, moški pa kratke lase.

Oblačila

Božja beseda nas poučuje tudi o tem, kako naj se oblačimo. Ko sem se na novo spreobrnil in se učil, kako naj bi se oblačili, nisem bil prepričan o svojih oblačilih. Zaradi svojega dela sem nosil hlače. Mislil sem si: *"V redu bi bilo, če bi hlače še naprej nosil samo v službo."* Kupila sem si nove hlače in prejela veliko pohval, kako lepo sem videti. Vedela sem že, da ženske ne bi smele nositi moških oblačil. Hlače so bile vedno moška oblačila, ne ženska. Ko boste imeli Božjo besedo zasajeno v svojem srcu, boste prejeli prepričanje o pravilnem oblačenju.

*Ženska ne sme nositi tistega, kar pripada moškemu, in moški ne sme obleči ženskega oblačila, kajti vsi, ki to počnejo, so **ogabni** Gospodu, tvojemu Bogu. (5 Mz 22:5)*

Zmeda se je začela, ko so moški in ženske začeli nositi enospolna oblačila. Naslednji korak vas bo, kot je rekel Bog, pripeljal do:

*"3. Mojzesova knjiga 18:22 Ne boš ležal z moškim kot z žensko: to je **gnusoba**."*

Na nas bo vplivalo to, kar bomo nosili. Beseda gnusoba opisuje žensko, ki nosi "to, kar pripada moškemu", in moškega, ki obleče "žensko oblačilo". Bog pozna vsak korak spolne zmede. Bog je oba spola ustvaril popolnoma različna z različnim namenom. Ste opazili, da so bile ženske tiste, ki so prve začele nositi hlače? To je prav tako kot takrat, ko je bila Eva v rajskem vrtu neposlušna! Ta zmeda je dokaz današnje družbe, v kateri živimo. Včasih ne moremo razlikovati med moškimi in ženskami.

Pred več kot 70 leti ženska oblačila niso bila problematična, saj so ženske nosile dolge obleke ali dolga krila. Brez zmede. Ko so ženske začele nositi moška oblačila, so se začele obnašati kot moški in moški kot ženske. To je nered.

*"Na glavi bodo imeli platneno kapo in na bedrih platnene **hlače**; ne bodo se opasovali z ničemer, kar povzroča znojenje"* (Ezekiel 44:18).

Današnja pokvarjena, neposlušna generacija, ki jo vodijo mediji, se uči od kneza zraka, ki je satan. Ne zavedajo se resnice iz Svetega pisma. Tudi njihovi podporniki so lažni učitelji, ki učijo nauk in zapovedi človeka in ne Boga.

"Glej, moje dneve si naredil za kratek čas in moja starost je pred teboj nič; res je vsak človek v svojem najboljšem stanju popolnoma nečimrn. Sela. Resnično vsak človek hodi v prazno; resnično se zaman vznemirjajo; kopiči bogastvo in ne ve, kdo ga bo zbral.
"(Psalmi 39:5-6)

Ko Adam in Eva nista ubogala Gospoda in sta pojedla sadež s prepovedanega drevesa, sta vedela, da sta grešila, in odprle so se jima oči, da sta gola.

"In odprle so se jima oči in spoznala sta, da sta gola; sešila sta figove liste in si naredila predpasnike" (1 Mz 3:7).

Adam in Eva sta se pokrila s figovimi listi. Iz figovih listov sta si naredila predpasnika, kar pa ni bilo dovolj. Bog ima standard za pokrivanje, zato ni odobril njunega neustreznega pokrivanja s figovimi listi..... Zato ju je oblekel v plašč iz kože.

"Tudi Adamu in njegovi ženi je Gospod Bog naredil kožne plašče in ju oblekel." (1 Mz 3:21)

Sovražnik naše duše, hudič, uživa v neskromnem razkazovanju telesa.

*"Luka 8:35 "Potem so šli ven, da bi videli, kaj se je zgodilo;inprišeldo in našli človeka, iz katerega so izšli hudiči, sedečega pri Jezusovih nogah, **oblečenega** in pri zdravi pameti; in prestrašili so se."*

Kadar oseba ne pokriva svojega telesa, to dokazuje, da je pod vplivom napačnega duha, ki ustvarja napačne vzgibe.

Zelo pomembno je, da vedno beremo Božjo besedo, neprestano molimo in se postimo za boljše razumevanje in vodenje Božjega duha. Preobrazba prihaja po Božji besedi, ki najprej pride od znotraj, nato pa se sprememba prenese na zunanjost.

> *"Ta knjiga zakona se ne sme umakniti iz tvojih ust, ampak jo premišljuj dan in noč, da se boš držal vsega, kar je v njej zapisano, kajti potem boš imel uspešno pot in potem boš imel dober uspeh.*
> *"(Jozue 1:8)*

Satan napada Božjo besedo. Se spomnite Eve? Hudič ve, kaj in kdaj bo napadel, saj je prefinjen in zvit.

> *"Bodite trezni in budni, kajti vaš nasprotnik hudič kot rjoveči lev hodi okoli in išče, koga bi požrl" (1 Petrov 5:8).*

> *"Kdor ima moje zapovedi in jih izpolnjuje, me ljubi; in kdor me ljubi, bo ljubljen od mojega Očeta, in jaz ga bom ljubil in semubomrazodel.*
> *"(Janez 14:21)*

> *"Če se boste držali mojih zapovedi, boste ostali v moji ljubezni, kakor sem se tudi jaz držal zapovedi svojega Očeta in ostalvnjegoviljubezni.*
> *"(Janez 15:10)*

Tistega večera, ko sem bil v službi, se mi je porodila misel. Spraševal sem se, kako sem videti v Božjih očeh. Nenadoma me je spreletel sram in nisem mogel dvigniti pogleda. Počutil sem se, kot da stojim pred Gospodom, našim Bogom. Kot veste, slišimo z ušesi, jaz pa sem slišal njegov glas, kot da bi govoril skozi vsako celico mojega telesa in rekel: "Iskreno te ljubim." Ko sem slišal te čudovite Božje besede: "Iskreno te ljubim", mi je to veliko pomenilo. Komaj sem čakala, da pridem iz službe in domov, da bom lahko popolnoma očistila omaro vseh svojih posvetnih oblačil.

Nekaj tednov sem slišal odmev njegovega glasu, ki mi je govoril: "Iskreno te ljubim." Pozneje je izginil.

Živeti za Boga ni le to, kar govorimo, ampak je to način življenja. Ko je Bog govoril Mojzesu, mu je govoril zelo jasno. Mojzes je nedvomno vedel, da gre za Božji glas.

Beseda sramotnost v prevodu iz grščine pomeni občutek sramu ali skromnosti ali notranjo spodobnost, ki se zaveda, da je pomanjkanje oblačil sramotno. To pomeni, da naš zunanji videz odraža našo notranjost, ne le pred nami samimi, temveč tudi pred drugimi. Zato Sveto pismo pravi, da je skromna obleka podobna sramu.

"Pregovor 7:10 In glej, srečal je žensko v obleki prešuštnice, ki je bila prevaranega srca. "

*"Prav tako naj se tudi ženske krasijo v skromnih oblačilih**, brez sramu** in **treznosti**, ne s košatimi lasmi, zlatom, biseri ali dragimi oblačili." (1 Tim 2:9)*

Oblačila morajo pokrivati človekovo goloto. Zaradi treznosti ne bi smeli nositi oblačil, ki naj bi bila videti seksi ali ki razkrivajo modo. Današnji slog oblačil je tako kratko krojen, da vas bo spominjal na oblačila prostitutke. Vse je odvisno od tega, kako seksi je človek videti. Oblikovalci oblačil ustvarjajo vse bolj razkrivajoče in provokativne sloge oblačil.

Zahvaljujte se Bogu za njegovo besedo, ki jo je določil za večnost; pozna rodove vseh časov. Beseda vas bo obvarovala pred prilagajanjem temu svetu.

Definicija skromnosti se spreminja glede na državo, čas in generacijo. Azijke nosijo ohlapne hlače in dolge bluze, imenovane pandžabske obleke, ki so zelo skromne. Arabke nosijo dolga oblačila s tančico. Zahodne kristjanke nosijo obleke pod koleni.

Še vedno imamo bogaboječe kristjanke, ki so rade skromne in se držijo Božjega oznanila in nauka.

Elizabeth Das

> *"Vse preizkušajte; kar je dobro, tega se držite. "*
> *(1 Tesaloničanom 5:21)*

Živimo v pretresljivem času, v katerem ni strahu pred Bogom.

"Če me ljubite, izpolnjujte moje zapovedi. "(Janez 14:15)

Pavel je rekel,

> *"Kajti kupljeni ste za drago ceno, zato poveličujte Boga v svojem **telesu** in v svojem duhu, ki sta Božja." (1 Korinčanom 6:20)*

Oblačila ne smejo biti oprijeta, kratka ali nizko izrezana. Slike na nekaterih majicah in bluzah so pogosto neustrezno nameščene.

Božje zamisli o tem, da bi nosili oblačila, so, da bi bili pokriti. Spomnite se, da sta bila Eva in Adam gola. Nismo več nedolžni. Vemo, da je to skušnjava za človekovo oko. David je videl Batšebo brez oblačil in padel v prešuštvo.

Oblačilna moda mladih žensk ali deklic našega časa je neskromna. Hlače so tesno oprijete. Sveto pismo pravi, da je treba otroke učiti Božje pravičnosti. Namesto da bi deklice učili skromnosti, starši kupujejo neskromna oblačila.

Bogaboječa in vestna kristjanka bo izbrala oblačila, ki bodo všeč Kristusu in njenemu možu. Ne želi več nositi tega, kar je "v modi".

Neskromna oblačila, nakit in ličila spodbujajo poželenje oči, poželenje mesa in napuh življenja.

> *"Ne ljubite sveta in ne stvari, ki so v svetu. Če kdo ljubi svet, v njem ni Očetove ljubezni. **Kajti vse, kar je na svetu, poželenje mesa,poželenje oči** in **napuh življenja**, ni od Očeta, ampak je od sveta. Svet in njegova poželenja minejo, kdor pa izpolnjuje Božjo voljo.*
> *" (1 Janez 2:15-17)*

To sem storil "Njegova pot"

Satan ve, da je človek vizualno usmerjen. Ženske ne vidijo Satanovih namenov. Neskromnost je močna skušnjava in zapeljivka za moške. Neskromna oblačila, nakit in ličila pri moških povzročajo vznemirjenje. Ponos in nečimrnost krepita človeški ego. Ženska se počuti močno, ker lahko pritegne poželjivo pozornost moških. Zaradi teh stvari je ženska ponosna na svoj zunanji videz.

"Zato vas prosim, bratje, po Božjem usmiljenju, da svoja telesa darujete kot živo, sveto, Bogu všečno žrtev, ki je vaše razumno služenje. In ne prilagajajte se temu svetu, ampak se preoblikujte s prenovo svojega uma, da bi dokazali, kaj je tista dobra, sprejemljiva in popolna Božja volja." (Pismo Rimljanom 12:1.2)

Ličenje

Sveto pismo vsekakor govori **proti** ličenju. V Svetem pismu je ličenje vedno povezano z brezbožnimi ženskami. V Svetem pismu je bila Jezabela zlobna ženska, ki si je poslikala obraz.

Po svoji besedi je Bog kristjanom dal pisna navodila za poslikavo obraza, ki jo danes imenujemo ličenje. Bog nas je seznanil z vsemi podrobnostmi, celo z zgodovinskimi referencami. Sveto pismo nas obravnava kot luč tega sveta; če smo ta luč, ne potrebujemo poslikave. Nihče ne barva žarnice. Mrtvo stvar je treba poslikati. Lahko pa pobarvamo steno, les itd.

Večina žensk in deklic danes uporablja ličila, ne da bi poznala zgodovino ali Sveto pismo. Ličila so uporabljali le na obrazu, zdaj pa radi rišejo in barvajo različne dele telesa, kot so roke, dlani, stopala itd. Ali je ličenje grešno? Bogu ni vseeno, kaj počnete s svojim telesom. Bog jasno izraža svoje nasprotovanje slikanju in prebadanju telesa, nanašanju ličil in tetovažam.

*"Nasvojemtelesunesmetedelatinobenihrezovzamrtveinnesmete**nasbi puščati nobenih znamenj**: Jaz sem Gospod. " (3 Mz 19:28).*

Nikoli se nisem ličila, vendar sem nosila šminko, ker mi je bila všeč. Ko sem slišala pridige o ličenju, sem začela manj uporabljati šminko in pozneje popolnoma prenehala. V srcu sem še vedno imela željo, da bi jo nosila, vendar je nisem.

V molitvi sem Boga vprašala, kaj meni o šminki. Nekega dne sta mi šli nasproti dve ženski in opazila sem, da nosita šminko. V tistem trenutku sem skozi Njegove duhovne oči videla, kako sta videti.... Počutila sem se tako slabo v želodcu. V svojem srcu sem bila močno obsojena in nikoli več nisem imela želje nositi šminke. Moja želja je bila ugajati Njemu in ubogati Njegovo besedo.

"Tako govorite in tako delajte kot tisti, ki jim bo sodil zakon svobode."
(Jakob 2:12)

Čeprav imamo svobodo, da delamo, kar hočemo, in živimo, kot želimo, je naše srce prevarantsko in naše telo bo iskalo stvari tega sveta. Vemo, da je naše telo sovražno do Boga in Božjih stvari. Vedno moramo hoditi v duhu, da ne bi izpolnili poželenja mesa. Hudič ni problem. Če hodimo po mesu, smo problem mi sami.

"Kajti vse, kar je na svetu, poželenje mesa, poželenje oči in napuh življenja, ni od Očeta, ampak je od sveta. In svet in njegova poželenja minejo, kdor pa izpolnjuje Božjo voljo, ostane na veke."
(1Jn 2:16-17)

Satan želi biti v središču vsega. Bil je popoln v lepoti in poln ponosa. Ve, zaradi česa je padel, in to uporablja tudi za to, da bi vi padli.

"Človeški sin, vzemi žalostinko nad tirskim kraljem in mu reci: "Tako govori Gospod Bog: Ti si zapečatil vsoto, polno modrosti in __popolno v lepoti__. Bil si v Edenu, v Božjem vrtu; vsak dragi kamen je bil tvoja obloga, sardij, topaz in diamant, beril, oniks in jaspis, safir, smaragd in karbunkul ter zlato; izdelava tvojih tabel in cevi je bila pripravljena v tebi na dan, ko si bil ustvarjen "
(Ezekiel 28:12.13)

Ko živimo v mesu, želimo biti tudi v središču pozornosti. To se kaže v naših oblačilih, pogovorih in dejanjih. Zlahka se ujamemo v Satanovo past, ko se prilagajamo svetu in njegovim posvetnim modnim smernicam.

Naj povem, kako in kje se je začelo ličenje ali slikanje. Ličenje se je začelo v Egiptu. Kralji in kraljice so se ličili okoli oči. Egipčanska ličila za oči so se uporabljala za zaščito pred zlobno magijo in tudi kot simbol novega rojstva v reinkarnaciji. Uporabljali so ga tudi tisti, ki so oblačili mrtve. Želeli so, da bi bili mrtvi videti, kot da samo spijo.

Vedeti morate, kaj Sveto pismo jasno navaja o tej temi. Če je ličenje za Boga pomembno, mora biti omenjeno v njegovi besedi - tako posebej kot načelno.

"Ko je Jehu prišel v Jezreel, je Jezabela slišala za to in si pobarvala obraz, si utrudila glavo in pogledala skozi okno". (2 Kr 9:30)

Mladenič Jehu je nato takoj odšel v Jezreel, da bi izvršil sodbo nad Jezabelo. Ko je slišala, da je v nevarnosti, se je naličila, vendar ji ni uspelo zapeljati Jehuja. Kar je Božji prerok prerokoval nad Jezabelo in njenim možem kraljem Ahabom, se je uresničilo. Njena gnusoba se je končala, kot je Božji prerok prerokoval nad njima. Ko jo je Jehu dal vreči z okna, so psi pojedli njeno meso, kot je napovedal Bog! Ličenje je samouničevalno orožje.

"Ne poželjuj njene lepote v svojem srcu, ne pusti, da bi se te lotila s svojimi vekami." (Pregovori 6:25)

"Kaj boš storil, ko boš razvajen? Čeprav se oblečeš v škrlat, čeprav se okrasiš z zlatimi okraski, četudi bi si raztrgala obraz s poslikavo, zaman se boš delala lepo; tvoji ljubimci te bodo prezirali, iskali bodo tvoje življenje." (Jeremija 4:30)

Zgodovina pripoveduje, da so si prostitutke slikale obraze, da bi jih lahko prepoznali kot prostitutke. Sčasoma se je začelo uporabljati ličenje in poslikava obraza. To ni več neprimerno.

"In še več, da ste poslali po može, da bi prišli od daleč, h katerim je bil poslan poslanec, in glej, prišli so; zaradi njih si se umil, si poslikal oči in se okrasil z okraski." (Ezekiel 23:40)

Ličila so "izdelki, ki jih nihče ne potrebuje", vendar je želja po njih v človeški naravi. Veliko žensk uporablja ličila zaradi ponosa in nečimrnosti, da bi se prilagodile svetu. To je človeška narava. Vsi se želimo vklopiti!

Hollywoodske zvezde so odgovorne za tako drastične spremembe v razmišljanju žensk o zunanjem videzu. Ličila so nosile le arogantne in domišljave ponosne ženske. Vsi želijo biti videti lepi, celo otroci, ki se ličijo.

Ponos in nečimrnost sta spodbudila industrijo ličil, saj so s sprejemanjem ličil postali nečimrni. Kamor koli greste, boste našli ličila. Vsi, od najrevnejših do najbogatejših, želijo biti videti lepi. Današnja družba preveč poudarja zunanji videz; zaradi notranje negotovosti se ličijo ženske vseh starosti.

Mnogi so depresivni zaradi svojega videza in celo poskušajo narediti samomor. Lepota je za to generacijo ena od najbolj občudovanih stvari. Nekateri se naličijo takoj, ko se zbudijo. Ni jim všeč njihov naravni videz. Ličila so jih tako močno zasvojila, da se brez njih počutijo nezaželene. To povzroča depresijo pri naši mlajši generaciji in celo pri majhnih otrocih.

Zdaj pa pomislite na najbolj znane pravične ženske iz Svetega pisma Stare ali Nove zaveze. Ne boste našli niti ene, ki bi nosila ličila. Niti ena od njih ne omenja Sare, Rute, Abigajle, Naomi, Marije, Debore, Ester, Rebeke, Feebie ali katere koli druge krepostne in krotke ženske, ki bi se kdaj ličila.

"Krotke bo polepšal z rešitvijo" (Psalmi 149,4b).

Dejansko so v Božji besedi edini primeri tistih, ki so nosili ličila, prešuštnice, nečistnice, upornice, odpadnice in lažne prerokinje. To bi moralo biti veliko opozorilo vsem, ki jim je mar za Božjo besedo in želijo slediti svetopisemskemu pravičnemu zgledu, namesto da se odločijo slediti zgledu brezbožnih žensk.

"Kot Božji izvoljenci, sveti in ljubljeni, si torej oblecite usmiljenje, dobroto, ponižnost duha, krotkost, potrpežljivost "(Kološanom 3:12).

"Ne, a kdo si ti, o človek, ki žališ Boga? Ali naj stvar, ki je nastala, reče tistemu, ki jo je oblikoval: "Zakaj si me tako naredil?" (Pismo Rimljanom 9:20)

Naše telo je Božji tempelj, zato bi si morali želeti iskati pravične Božje poti. To dosežemo tako, da se ženske sveto oblačimo, imamo odprt obraz (čisto obličje) in v svojem telesu odsevamo dragoceno Božjo slavo.

"Kaj ne veste, da je vaše telo tempelj Svetega Duha, ki je v vas, ki ga imate od Boga in ni vaše lastno?" (1 Korinčanom 6:19)

Ti in jaz sva kupljena s ceno in tudi Bog naju je ustvaril po svoji podobi. Božji zakoni nas varujejo in morajo biti zapisani v naših srcih. Ti in jaz imava pravila in smernice, po katerih morava živeti, tako kot imamo mi, ki smo starši, pravila in smernice za svoje otroke. Ko se odločimo, da bomo ubogali Božje zakone in smernice, bomo blagoslovljeni in ne kaznovani.

"Danes kličem nebo in zemljo, da ti zapišeta, da sem pred teboj postavil življenje in smrt, blagoslov in prekletstvo; zato izberi življenje, da boš živel ti in tvoje potomstvo." (5 Mz 30:19)

Ponos in upor nam bosta prinesla bolezni, finance, zatiranje in obsedenost z demoni. Ko s ponosom in uporništvom iščemo stvari tega sveta, se pripravljamo na neuspeh. Hudičeva želja je pokvariti naša življenja z grehom ponosa. To ni Božja volja za naše življenje!

Videla sem spremembe, ko posvetne ženske postanejo pobožne ženske. Iz postaranih, depresivnih, stresnih, izmučenih in nesrečnih žensk postanejo bolj mladostne, lepe, živahne, mirne in sijoče ženske.

Živeti moramo eno samo življenje! Zato predstavimo Boga Abrahama, Jakoba in Izak.... svoja telesa kot živo žrtev, sveto in sprejemljivo v njegovih očeh. To je naše razumno služenje znotraj in navzven, brezmadežni v vsem!

Ko zaradi ponosa in upora ne spoštujemo Božje besede, prinašamo prekletstva nase, na svoje otroke in otroke svojih otrok. To lahko vidimo v Evinem neposlušnem in upornem dejanju; posledica je bila potop, ki je prišel na zemljo in vse je bilo uničeno. Samson in Savel sta s svojo neposlušnostjo povzročila uničenje sebi in svoji družini. Elijeva neposlušnost je prinesla smrt njegovim sinovom in odstranitev iz duhovništva.

Zgodovina nam skozi Božjo besedo pripoveduje, da je bila pred uničenjem miselnost človeškega rodu vzvišena, egocentrična in je iskala lastne užitke.

*"Gospod pravi: "Ker so **sionske hčere** vzvišene inhodijoziztegnjenimi vratovi in brezobzirnimi očmi, hodijo insedrenjajo,kogredo, in z nogami zvonijo. Zato bo Gospod z brazgotinozadelkronoglave sionskih hčera in Gospod bo odkril njihove skrivnedele.Tistegadne jim bo Gospod vzel hrabrost njihovih cingljajočihokraskovokolinog, njihove kale in okrogle pnevmatike, podobneluni,verižice,zapestnice in ogrinjala, pokrivala in okraske na nogah,innaglavnitrakovi, tablice in uhani, prstani in nosni nakit, spremenljivaoblačila, plašče, naglavne rute in krhki čopki,očala,fino platno,kapuce in ogrinjala. Inzgodilo sebo,dabonamestosladkega vonjasmrad, namesto pasu raztrganina,namestolepourejenih las plešavost,namesto trebuha pas vrečkanjainnamestolepote gorenje. Tvoji možjebodo padli od*

mečaintvojimogočneživvojni. Njena vrata bodo žalovala in žalovala,onapabozapuščenasedela na tleh." (Izaija 3:16-26)

Naše odločitve v življenju so zelo pomembne. Odločitve, ki temeljijo na Svetem pismu in jih vodi Duh, bodo prinesle blagoslov nam in našim otrokom. Če se boste uprli Božji besedi in iskali svoje sebične užitke, boste ponovili zgodovino:

1. Neposlušna Eva, ki je povzročila potop.

"In Bog je videl, da je človekova hudobija na zemlji velika in da je bila vsaka domišljija misli njegovega srca nenehno samo slaba. In Gospodu je bilo žal, da je ustvaril človeka na zemlji, in žalostno mu je bilo pri srcu. In Gospod je rekel: "Človeka, ki sem ga ustvaril, bom iztrebil z obličja zemlje, tako človeka kot žival, plazečo se stvar in ptice v zraku, ker mi je žal, da sem jih ustvaril." (1 Mz 6:5-7)

2. Upor Sodome in Gomore:

*"Tedaj je Gospod z neba deževal na **Sodomo** in Gomoro žveplo in ogenj od Gospoda;"* (1 Mz 19:24)

To je nekaj primerov iz Svetega pisma. Veste, da na tem svetu nekaj spreminjate. Ne želite oživljati zlobne starodavne zgodovine.

To pravi Bog o upornikih in neposlušnosti:

"In poslal bom mednje meč, lakoto in kugo, dokler ne bodo iztrebljeni iz dežele, ki sem jo dal njim in njihovim očetom" (Jeremija 24:10).

Toda za poslušne:

"Vrni se in poslušaj Gospodov glas ter izpolni vse njegove zapovedi, ki ti jih danes zapovedujem. Gospod, tvoj Bog, te bo obogatil v vseh delih tvojih rok, v sadovih tvojih rok, v sadovih tvojega sadu,vsadovih tvojegasadovnjaka,vsadovihtvojegasadovnjaka,vsadovihtvojega sadovnjaka,vsadovihtvojegasadovnjaka,vsadovihtvojegasadovnjaka.

v dobrem, v sadu tvojega goveda in v sadu tvoje zemlje, kajti Gospod se bo spet veselil nad teboj v dobrem, kakor se je veselil nad tvojimi očeti: Če boš poslušal glas Gospoda, svojega Boga, da boš izpolnjeval njegove zapovedi in postave, ki so zapisane v tej knjigi zakona, in če se boš z vsem svojim srcem in z vso svojo dušo obrnilkGospodu, svojemu Bogu. Kajti ta zapoved, ki ti jo danes zapovedujem, ni skrita pred teboj in ni daleč od tebe. "
(5 Mz 30:8-11)

Poglavje 17

Potovalno ministrstvo: Poklican za poučevanje in širjenje evangelija

I nisem duhovnik v smislu tistega, ki se imenuje reverend, pastor ali pridigar. Ko prejmemo Svetega Duha in ogenj, postanemo služabniki njegove besede pri širjenju dobre novice. Kamor koli grem, prosim Boga za priložnost, da bi bil pričevalec in učitelj njegove Besede. Vedno uporabljam Sveto pismo KJV, saj je edini vir, ki poživlja človekovo srce in um. Ko je seme posajeno, ga satan ne more odstraniti, če ga nenehno zalivamo z molitvijo.

Ko posamezniki sprejmejo to čudovito resnico, jih povežem z lokalno cerkvijo, da bodo krščeni ***v Jezusovem imenu***; lahko jih uči pastor, ki bo ostal v stiku z njimi. Pomembno je, da imajo pastorja, ki jih bo hranil (učil) z Božjo besedo in bdel nad njimi.

*"Pojdite torej in učite vse narode ter jih krščujte **v imenu** Očeta in Sina in Svetega Duha." (Evangelij po Mateju 28:19)*

Elizabeth Das

> *"In dal vam bom pastirje po svojem srcu, ki vas bodo hranili z znanjem in razumom." (Jeremija 3,15)*

Ko nam Gospod daje navodila za izpolnjevanje svoje volje, je to lahko kjer koli in kadar koli. Njegove poti morda včasih niso smiselne, vendar sem se iz izkušenj naučil, da to zame ni pomembno. Od trenutka, ko se zbudim, do trenutka, ko odidem iz hiše, nikoli ne vem, kaj je Bog pripravil zame. Kot verniki moramo rasti v veri s preučevanjem Besede, da bomo postali zreli učitelji. Še naprej dosegamo višje stopnje zrelosti tako, da nikoli ne zamudimo priložnosti, da bi pričevali drugim; še posebej takrat, ko nam Bog odpre vrata.

> *"Kajti ko bi morali biti učitelji, potrebujete, da vas nekdo spet uči, katera so prva načela Božjih zakramentov, in ste postali taki, ki potrebujete mleko in ne močnega mesa. Kajti vsak, ki uporablja mleko, je neizkušen v besedi pravičnosti, ker je dojenček. Močna hrana pa pripada tistim, ki so polnoletni, ki imajo zaradi uporabe izurjene čute za razločevanje dobrega in zla." (Hebrejcem 5:12-14)*

V tem poglavju z vami delim nekaj svojih popotniških izkušenj z nekaj pomembnimi zgodovinskimi točkami, ki so bile vključene v razlago prepričanj zgodnje Cerkve in poznejših doktrin.

Bog me je z "nelogičnim načrtom leta" pripeljal nazaj v Kalifornijo. Zaradi zdravstvenih težav imam vedno raje neposredne lete. Tokrat sem kupil let iz Dallasa - Ft. Wortha v Teksasu v Ontario v Kaliforniji s postankom v Denverju v Koloradu. Ne morem pojasniti, zakaj sem to storil, vendar se mi je pozneje zdelo smiselno. Na letalu sem stevardeso opozoril, da imam bolečine in da sem sedel blizu toaletnega prostora. V zadnjem delu leta sem stevardeso prosil, če bi lahko našla prostor, kjer bi lahko legel. Odvedla me je v zadnji del letala. Bolečina je pozneje popustila. Stevardesa se je vrnila, da bi videla, kako se počutim, in mi povedala, da je molila zame.

Gospod mi je odpiral vrata, da bi delil, kar je storil zame. Povedal sem ji o svojih poškodbah, boleznih in ozdravitvah. Bila je tako presenečena, da sem vse to prenesel brez zdravil in samo z zaupanjem v Boga. Ko sva se pogovarjali o Svetem pismu, mi je rekla, da še nikoli ni slišala, da bi lahko kdor koli prejel Svetega Duha. Razložil sem ji, da je v skladu s Svetim pismom to mogoče tudi danes. Povedal sem ji svoj razlog, zakaj sem zapustil svoj dom v Indiji; ko iščemo Boga z vsem srcem, bo odgovoril na naše molitve. Bila je zelo prijazna in skrbna do mene, tako kot že velikokrat, ko sem letel, vedno se zdi, da je na letu nekdo, ki mi je pokazal tako prijaznost in skrb. Še naprej sem ji pripovedoval o Svetem Duhu in dokazih govorjenja v jezikih. Odločno je rekla, da ne verjame. Govoril sem ji o krstu v imenu Gospoda Jezusa in priznala je, da tudi za to še nikoli ni slišala. Krsta apostolov, o katerem govorijo Apostolska dela v 2. poglavju, večina cerkva ne oznanja, saj je večina sprejela nauk o Trojici, ki govori o treh osebah v božanstvu in se sklicuje na nazive: Oče, Sin in Sveti Duh pri krstu.

*"Jezus je prišel in jim govoril: "Dana mi je vsa oblast v nebesih in na zemlji. Pojdite torej in učite vse narode ter jih krščujte **v imenu** Očeta in Sina in Svetega Duha" (Evangelij po Mateju 28:18-19).*

Ko so učenci krstili v Jezusovem imenu, so izpolnili krst Očeta, Sina in Svetega Duha, ko se je oseba popolnoma potopila v vodo. To ni bila nekakšna zmeda; izpolnjevali so tisto, kar jim je Jezus ukazal, kot je razvidno iz Svetega pisma.

*"Trije so namreč tisti, ki v nebesih pričujejo: Oče, Beseda in Sveti Duh, in ti **trije so eno**." (1 Jn 5:7)*

(To besedilo je bilo odstranjeno iz NIV in vseh sodobnih prevodov Svetega pisma)

*"Ko pa so to slišali, so se zbodli v srce in rekli Petru in drugim apostolom: "Možje in bratje, kaj naj storimo? Tedaj jim je Peter rekel: "Obrnite se in se vsak izmed vas krstite **v imenu Jezusa Kristusa** v odpuščanje grehov, in prejeli boste dar Svetega Duha." (Apostolska dela 2:37-38)*

Elizabeth Das

*"Ko so to slišali, so se dali **krstiti v imenu Gospoda Jezusa**. In ko je Pavel položil nanje roke, je nanje prišel Sveti Duh; govorili so z jeziki in prero kovali. Vseh teh mož je bilo okoli dvanajst."*
(Apostolska dela 19:5-7)

*"Slišali so jih namreč govoriti z jeziki in poveličevati Boga. TedajjePeter odgovoril: "Ali lahko kdo prepove vodo, da ti ne bi bili krščeni, ki so prejeli Svetega Duha tako kot mi? In on jim je ukazal, naj se dajo **krstiti v Gospodovo ime**. Natosogaprosili,naj ostane nekaj dni." (Apostolska dela 10:46-48)*

Apostoli niso ubogali Jezusa. Binkoštni dan je bil začetek cerkvene dobe, potem ko je Jezus vstal od mrtvih in bil sprejet v slavo. Apostolom se je prikazal in jih okaral zaradi njihove nevere ter bil z njimi štirideset dni. V tem času jih je Jezus učil veliko stvari. Sveto pismo pravi, da se morajo verniki krstiti.

"Potem se je prikazal enajstim, ko so sedeli za mizo, in jim očital njihovo nevero in trdoto srca, ker niso verjeli tistim, ki so ga videli po vstajenju. Rekel jim je: "Pojdite po vsem svetu in oznanite evangelij vsemu stvarstvu. Kdor veruje in se da krstiti, bo rešen, kdor pa ne veruje, bo preklet." (Marko 16:14-16)

Človek je pozneje sprejel drugačne krstne formule, med drugim "škropljenje" namesto popolnega potopitve. (Nekateri trdijo, da zato, ker v Svetem pismu ne piše, da se ne smeš pokropiti, rimska cerkev pa je krstila dojenčke). Krst v Jezusovem imenu je spremenila Rimska cerkev, ko je sprejela stališče o trojici.

Preden nadaljujem, želim najprej povedati, da ne dvomim v iskrenost mnogih čudovitih vernikov, ki si prizadevajo za osebno hojo z našim Gospodom, ki ljubijo Boga in verjamejo, kar verjamejo, da je zgodnji svetopisemski nauk. Zato je tako pomembno, da sami berete in preučujete Sveto pismo, vključno z zgodovino zgodnjeapostolskega cerkvenega nauka Svetega pisma. "Cerkveni nauk gre v apostazijo."

Odpadništvo pomeni odpad od resnice. Odpadnik je nekdo, ki je nekoč veroval, nato pa zavrnil Božjo resnico.

Leta 312, ko je bil cesar Konstantin, je Rim sprejel krščanstvo kot prednostno vero. Konstantin je preklical Dioklecijanove (latinsko: Gaius Aurelius Valerius Diocletianus Augustus ;) odloke o preganjanju, ki so se začeli leta 303. Dioklecijan je bil rimski cesar v letih 284-305. Dekreti o preganjanju so kristjanom odvzeli pravice in od njih zahtevali, da sledijo "tradicionalnim verskim praksam", ki so vključevale žrtvovanje rimskim bogovom. To je bilo zadnje uradno preganjanje krščanstva skupaj s pobijanjem in strašenjem tistih, ki se niso hoteli podrediti. Konstantin " jepokristjanil" rimsko cesarstvo in ga spremenil v državno, tj. uradno vero. Pod njegovo vladavino je v Rimu spodbujal tudi poganske religije. To je okrepilo Konstantinov načrt za združitev in mir v njegovem cesarstvu. Tako sta "pokristjanjen Rim" in politična cerkev postala vladavina. Z vsem tem je satan zasnoval najmočnejši načrt, kako od znotraj pokvariti Cerkev, pri čemer zgodnja Cerkev ni bila nikjer priznana. Krščanstvo je bilo degradirano, okuženo in oslabljeno s poganskim sistemom, ki se je pridružil takratnemu svetovnemu političnemu sistemu. Po tem sistemu je s krstom vsakdo postal kristjan, v cerkev pa so prinesli svojo pogansko vero, svetnike in podobe. Kasneje je bil na njihovem koncilu uveljavljen tudi nauk o Trojici. Odpadla cerkev ni več priznavala, oznanjala ali razmišljala o pomenu Svetega Duha ali govorjenja v jezikih. Leta 451 našega štetja je bila na koncilu v Kalkedonu z odobritvijo papeža določena Nikejska/konstantinopelska veroizpoved kot avtoritativna. Nikomur ni bilo dovoljeno razpravljati o tem vprašanju. Govoriti proti Trojici je zdaj veljalo za bogokletje. Za tiste, ki niso ubogali, so bile razpisane stroge kazni, od pohabljanja do smrti. Med kristjani so se pojavila različna prepričanja, kar je povzročilo pohabljanje in poboje na tisoče ljudi. Pravi verniki niso imeli druge izbire, kot da so se skrili v podzemlje pred preganjalci, ki so pobijali v imenu krščanstva.

Povedal sem ji, da je prepričanje o trojici prišlo od poganov, ki niso poznali Božjih odredb, zakonov in zapovedi, in se je uveljavilo leta

325, ko je prvi nicejski koncil potrdil nauk o trojici kot ortodoksen in sprejel Nicejsko veroizpoved Rimske cerkve.

Trojica je bila sestavljena, ko se je zbralo 300 škofov, ki so jo oblikovali po šestih tednih.

Nihče nikoli ne more spremeniti zapovedi! Zgodnja Cerkev v Apostolskih delih je izhajala iz starozaveznega prepričanja o popolni Božji edinosti in novozaveznega razodetja Jezusa Kristusa kot utelešenega Boga. Nova zaveza je bila dokončana, zadnji apostoli pa so umrli proti koncu prvega stoletja. Do začetka četrtega stoletja je osnovni nauk o Bogu v krščanstvu prešel od svetopisemske edinosti Boga k očitnemu prepričanju o trinitarizmu.

"Čudimse,dastesetakohitrooddaljiliodtistega,kivasjepoklicalvKristus ovo milost, k drugemu evangeliju: ki nidrug, ampakso nekateri, ki vas vznemirjajo in hočejo sprevračati Kristusov evangelij. Če pa bi vam mi ali angel iz nebes oznanjali kakšen drug evangelij kot tistega, ki smo vam ga oznanili, naj bo preklet. Kakor smo že prej rekli, tako tudi zdaj ponavljam: Če bi vam kdo oznanjal kakšen drug evangelij, kot ste ga prejeli, naj bo preklet. "(Galačanom 1:6-9)

Pisci postapostolske dobe (90-140 n. št.) so bili zvesti svetopisemskemu jeziku, njegovi uporabi in mišljenju. Verjeli so v monoteizem, ki je absolutno božanstvo Jezusa Kristusa in manifestacija Boga v mesu.

"Poslušaj, Izrael!" (5 Mz 6:4).

"In brez spora je velika skrivnost pobožnosti: **Bog je bil razodet v mesu**, *upravičen v Duhu, viden od angelov, oznanjen poganom, verovan na svetu, sprejet v slavo."(1 Timoteju 3:16)*

Velik pomen so pripisovali Božjemu imenu in verjeli v krst v Jezusovem imenu. Zgodnji cerkveni spreobrnjenci so bili Judje; vedeli so, da je Jezus "Jagnje Božje". Bog si je nadel meso, da je lahko prelil kri.

*"Pazite torej nase in na vso čredo, nad katero vas je Sveti Duh postavil za nadzornike, da **bi pasli Božjo Cerkev**, ki jo je pridobil s **svojo krvjo"** (Apd 20:28).*

Ime Jezus pomeni: Jezus: Hebrejski Yeshua, grški Yesous, angleški Jesus. Zato je Jezus rekel.

"Jezus mu je rekel: "Ali sem že tako dolgo pri tebi, pa me še ne poznaš, Filip? kdor je videl mene, je videl Očeta; kako torej praviš: pokaži nam Očeta?" (Janez 14:9)

Niso podpirali nobene ideje o trojici ali trinitaričnega jezika, kot ga je pozneje sprejela rimska Cerkev. Čeprav večina krščanskih cerkva danes sledi nauku o trojici, v zgodnji Cerkvi še vedno prevladuje apostolski nauk binkoštnega dne. Bog nas je opozoril, naj se ne odvrnemo od vere. Obstaja en Bog, ena vera in en krst.

*"En Gospod, ena vera, **en krst**, en Bog in Oče vseh, ki je nad vsemi, po vseh in v vseh vas." (Efežanom 4:5-6)*

*"Jezus mu je odgovoril: "Prva od vseh zapovedi je: Poslušaj, Izrael: **Gospod, naš Bog, je en Gospod**." (Marko 12:29)*

*"Toda jaz sem Gospod, tvoj Bog iz egiptovske dežele, in ne boš poznal drugega boga razen mene, kajti **razen mene nidrugegarešitelja**." (Ozej 13:4)*

Krščanstvo se je oddaljilo od koncepta enosti Boga in sprejelo zmeden nauk o trojici, ki je še vedno vir sporov znotraj krščanske religije. Nauk o trojici pravi, da je Bog zveza treh božanskih oseb - Očeta, Sina in Svetega Duha. Odstopil od resnice in začel bloditi.

Ko se je začela ta praksa nauka o Trojici, je prikrila "Jezusovo ime" pri krstu. Ime JEZUS je tako močno, ker smo po tem imenu odrešeni:

Prav tako ni odrešitve v nobenem drugem imenu razen v JEZUSU:

"Prav tako ni odrešenja v nobenem drugem, kajti pod nebom **ninobenegadrugegaimena,***danegamedljudmi,pokaterembibiliodrešen i."* *(Apostolska dela 4,12)*

Bili so judovski in poganski kristjani, ki niso hoteli sprejeti tega krsta z naslovi (Oče, Sin in Sveti Duh). Cerkvena doba je prešla v apostazijo. (Kaj je to pomenilo? odpad od resnice).

Odpadništvo je upor proti Bogu, ker je upor proti resnici.

Primerjajmo, kaj o tej pomembni zadevi pravita Sveto pismo NASB in Sveto pismo KJV.

Podčrtani stavek je odstranjen iz NIV, NASB in drugih prevodov Svetega pisma.

"Nihče naj vas ne zavede, kajti neboprišel[Jezusovpovratek],čenebo prej prišlo do **odpadništva** *in se ne bo razkril človek brezzakonja,sin pogube." (2 Tesaloničanom 2 :3* **NASB različica)***.*

"Nihče naj vas nikakor ne zapelje, kajti tisti dan (Jezusov prihod) ne bo prišel, **če ne bo prej prišlo do odpadanja** *in se* **ne bo** *razodel tisti človek greha, sin pogube." (2 Tesaloničanom 2:3)*

Stevardeso je zelo zanimalo, kaj jo učim. Vendar sem ji zaradi omejenega časa razložil Božjo edinost, da bi v kratkem času, ki sem ga imel na voljo, v celoti razumel njeno bistvo.

"Varujte se, da vas ne bi kdo pokvaril s filozofijo in prazno prevaro, po človeškem izročilu, po osnovah sveta in ne po Kristusu.

"V njem namreč telesno biva vsa polnost božanstva."
(Pismo Kološanom 2:8-9)

To sem storil "Njegova pot"

Satanov sedež (znan tudi kot Pergamos, Pergos ali Pergemon):

Stevardesi sem razložil tudi ključno vlogo, ki jo ima država Turčija v našem sodobnem času. Pergamon ali Pergamum je bilo starogrško mesto v današnji Turčiji, ki je v helenističnem obdobju pod dinastijo Attalidov v letih 281-133 pred našim štetjem postalo prestolnica Pergamonskega kraljestva. Mesto stoji na hribu, kjer je tempelj njihovega glavnega boga Asklepija. Tam je kip sedečega Asklepija, ki drži palico, okoli katere se vije kača. Knjiga Razodetja govori o Pergamu, eni od sedmih cerkva. Janez s Patmosa ga je v svoji knjigi Razodetja imenoval "Satanov sedež".

*"In angelu cerkve v Pergamu piši: To pravi tisti, ki ima oster meč z dvema robovoma: Poznam tvoja dela in vem, kje prebivaš, tudi tam, kjer je **satanov sedež**, in se držiš mojega imena in nisi zanikal moje vere, tudi v tistih dneh, ko je bil Antipa moj zvesti mučenec, ki je bil ubit med vami, kjer prebiva satan. Nekaj pa imam proti tebi, ker imaš tam tiste, ki se držijo Balaamovega nauka, ki je učil Balaka, naj vrže kamen spotike pred Izraelove sinove, naj jedo malikom žrtvovane stvari in se smilijo." (Razodetje 2:12-14)*

Zakaj je to mesto danes tako pomembno? Ko je Kir Veliki leta 457 pred našim štetjem zavzel Babilon, je kralj Kir prisilil pogansko babilonsko duhovščino, da je pobegnila na zahod v PERGAMOS v današnji Turčiji.

"{Pomnilnik: Ozreti se moramo na Izrael in izpolnitev prerokbe. Ali ni ~udno, da je sirski predsednik Asad 6. julija 2010 v Madridu v Španiji opozoril, da sta Izrael in Tur~ija blizu vojni? Božji ljubljeni Izrael in satanov (sedež) prestol se v današnjih novicah združujeta"

Po pogovoru o Pergamu z gostiteljico letala sem začel poučevati o novem rojstvu. Nikoli ni slišala nikogar govoriti v jezikih (Svetega Duha). Dal sem ji vse informacije, Sveto pismo in seznam, kje lahko najde cerkev, ki veruje v Sveto pismo. Bila je tako navdušena nad to resnico in razodetjem. Zdaj sem razumel, zakaj sem na nepojasnjen način kupil neusmerjen let v Kalifornijo. Bog vedno ve, kaj počne, in naučil sem se, da ne poznam vedno njegovega namena, vendar lahko pozneje pogledam nazaj in vidim, da je imel ves čas načrt. Takoj ko sem prispel v Kalifornijo, sem izstopil iz letala brez bolečin in brez vročine.

Vprašanje: Kaj je apostolsko?

Bil sem na drugem letu iz Dallasa-Ft. Wortha v Ontario v Kaliforniji. Po kratkem dremežu sem opazila, da gospa poleg mene bere. S težavo je poskušala pogledati ven, zato sem dvignil žaluzijo na oknu in bila je zadovoljna. Iskal sem priložnost za pogovor z njo, zato se je s to gesto začel najin pogovor, ki je trajal skoraj eno uro. Začel sem ji pripovedovati o svojem pričevanju.

Rekla je, da si ga bo ogledala, ko se bo nastanila v hotelski sobi. Začela sva se pogovarjati o cerkvi, ko je priznala, da je šla v cerkev le občasno. Povedala mi je tudi, da je poročena in da ima dve hčerki. Nato sem ji povedal, da hodim v apostolsko binkoštno cerkev. Takrat sem opazil, da se ji je na široko odprl pogled. Povedala mi je, da sta z možem pred kratkim videla oglasni pano o apostolski cerkvi. Rekla je, da nisva vedela, kaj ta beseda (apostolska) pomeni. Razložil sem ji, da je to nauk, ki ga je Jezus določil v Jn 3,5 in je uporabljen v Apostolskih delih, ki opisujejo zgodnjo Cerkev v apostolski dobi. Trdno verjamem, da me je Bog postavil poleg te gospe, da bi odgovoril prav na to vprašanje. To je bilo preveliko naključje, da bi bilo naključno.

Apostolska doba:

Domneva se, da se je Kristus rodil pred letom 4 pred našim štetjem ali po letu 6 našega štetja in da je bil križan med letoma 30 in 36 našega štetja, star 33 let. Tako naj bi bila krščanska Cerkev ustanovljena na binkoštni praznik maja 30 n. št.

Apostolska doba zajema približno sedemdeset let (30-100 n. št.), od binkošti do smrti apostola Janeza.

To sem storil "Njegova pot"

Od pisanja Janezovih pisem dalje se je prvo stoletje oddaljevalo od resnice. V cerkve v prvem stoletju je vstopila tema. Razen tega o tem obdobju cerkvene zgodovine vemo zelo malo. V Apostolskih delih (2,41) je zapisano binkoštno spreobrnjenje tri tisoč ljudi v enem dnevu v Jeruzalemu. Zgodovina pravi, da so bili pod Neronom množični umori. Spreobrnjeni kristjani so večinoma prihajali iz srednjega in nižjega razreda, kot so bili nepismeni, sužnji, trgovci itd. Ocenjuje se, da je ob Konstantinovi spreobrnitvi število kristjanov po tem rimskem odloku morda doseglo več kot enajst milijonov, desetino celotnega prebivalstva rimskega cesarstva, kar je za krščanstvo velik in hiter uspeh. Posledica tega je bilo kruto ravnanje s kristjani, ki so živeli v sovražnem svetu.

Jezus je učil, da moramo drug drugega ljubiti kot sebe in da bosta v njegovem imenu prišla odrešenje in spreobrnjenje od greha.

"In da bi se v njegovem imenu oznanjalo spreobrnjenje in odpuščanje grehov med vsemi narodi, začenši v Jeruzalemu." (Luka 24:47)

Apostoli so sprejeli Jezusov nauk in ga uporabili na binkoštni dan, nato pa šli oznanjat Jezusa najprej Judom, nato pa še poganom.

"Pazite torej nase in na vso čredo, nad katero vas je Sveti Duh postavil za nadzornike, da **bi pasli Božjo Cerkev, ki jo je pridobil s svojo krvjo***. Vem namreč, da bodo po mojem odhodu med vas vstopili hudobni volkovi, ki ne bodo varčevali črede. Tudi od vas samih se bodo pojavili ljudje, ki bodo govorili sprevržene stvari, da bi za seboj odvrnili učence. Zato bedite in se spomnite, da v treh letih nisem nehal vsakega opozarjati noč in dan s solzami."*
(Apostolska dela 20:28-31)

Vsi se niso podredili Konstantinovemu odloku o Rimskem cesarstvu.

Bili so tisti, ki so sledili prvotnemu nauku apostolov in niso sprejeli "spreobrnjenja" ,ki ga je določil Konstantinov odlok. Odlok je vključeval verska izročila, ki so nastala med rimskimi cerkvenimi koncili, skupaj s spremembami, ki so izkrivljale resnico zgodnje

Cerkve. Ti ljudje, ki so sestavljali koncile, ki so oblikovali Konstantinov odlok, niso bili pravi prerojeni verniki.

Zato se mnoge cerkve danes imenujejo apostolske ali binkoštne in sledijo naukom apostolov.

"Ni bilo poklicanih veliko modrih po mesu, ni bilo poklicanih veliko mogočnih, ni bilo poklicanih veliko plemenitih, ampak je Bog izbral neumne stvari sveta, da bi osramotil modre; in Bog je izbral slabotne stvari sveta, da bi osramotil močne; in Bog je izbral nizke stvari sveta in prezirljive, da bi osramotil tiste, ki so; in izbral je nizke stvari sveta in prezirljive, da bi osramotil tiste, ki so; da se nobeno meso ne bi hvalilo pred Bogom." **(1 Kor 1:26-29)**

Medverski

Danes imamo novo grožnjo Božjim načelom. Imenuje se "medverje". "Medverstvo pravi, da je pomembno spoštovati **vse bogove**. Razdeljena zvestoba in razdeljeno spoštovanje sta za medverce sprejemljiva. Lahko se spoštujemo kot posamezniki in se imamo radi, tudi če se ne strinjamo; vendar pa je Sveto pismo jasno kot kristal o "Božji ljubosumnosti", ki zahteva izključno predanost Bogu, dajanje spoštovanja drugim bogovom pa je zanka.

"Pazi nase, da ne skleneš zaveze s prebivalci dežele, kamor greš, da ti ne bo v zanko sredi tebe: uničite njihove oltarje, razbijte njihove podobe in posekate njihove gajbice: Ne boš častil nobenega drugega boga, kajti Gospod, ki mu je ime ljubosumni, je ljubosumni Bog: Da ne skleneš zaveze s prebivalci dežele in da ne bodo šli za svojimi bogovi in da ne bodo žrtvovali svojim bogovom in da te ne bo eden poklical in boš jedel od njegove žrtve;" **(2 Mz 34:12-15)**

Hudič si je izmislil zavajajočo vero "medverje", da bi ogoljufal izbrance. Zna manipulirati s sodobnim človekom s svojo napravo politične korektnosti, ko se v resnici sklepa zaveza s priznavanjem ali čaščenjem njihovih lažnih bogov, malikov in podob.

Poglavje 18

Služba v Mumbaju, Indija "Človek velike vere"

S nekje pred letom 1980 sem šel v Mumbaj v Indiji po vizum, da bi lahko potoval zunaj države. Ko sem z vlakom potoval skozi Bombaj, sem opazil, da se peljemo skozi slum, v katerem živijo zelo revni ljudje. Še nikoli nisem videl tako bednih življenjskih razmer z ljudmi, ki so živeli v strašni revščini.

Na začetku sem povedal, da sem odraščal v strogi verski družini. Moj oče je bil zdravnik, mama pa medicinska sestra. Čeprav smo bili verni in sem prebral veliko Svetega pisma, v tistem obdobju svojega življenja nisem imel Svetega Duha. Moje srce je bilo žalostno, ko je na mene padlo Gospodovo breme. Od tistega dne naprej sem nosil to breme za ljudi, ki so bili v teh slumih brez upanja. Nisem želel, da bi kdo videl moje solze, zato sem sklonil glavo in skril svoj obraz. Želel sem samo zaspati, vendar se mi je zdelo, da je moje breme za te ljudi večje od naroda. Molil sem in Boga vprašal: "Kdo bo šel oznanjat evangelij tem ljudem?" Razmišljal sem, da bi se sam bal priti na to območje. Takrat še nisem razumel, da je Božja roka tako velika, da lahko doseže kogar koli in kjer koli. Takrat nisem vedel, da me bo Bog v prihodnjih letih ponovno pripeljal na ta kraj. V Ameriki in 12 let pozneje je bilo moje breme za ljudi, ki živijo v slumih Mumbaja, še vedno v mojem srcu.

Indijska navada in navada naše družine je bila, da smo duhovnike vedno sprejeli v svoj dom, jih nahranili, poskrbeli za njihove potrebe in jim dali darilo. Včasih sem bil metodist, zdaj pa sem prejel razodetje resnice in ni bilo nobenega kompromisa. Moja družina je pričakovala prihod indijskega ministra, ki je bil na obisku v Ameriki. Čakali smo ga, vendar ni prišel pravočasno. Moral sem iti v službo in zamudil priložnost, da bi ga spoznal, vendar mi je mama pozneje povedala, da je bil zelo pristen. Naslednje leto, 1993, je isti minister drugič prišel na naš dom v West Covina v Kaliforniji. Tokrat mu je moj brat rekel, da mora spoznati njegovo sestro, ker je zvesta Božji besedi, družina pa spoštuje njeno vero in prepričanje v Boga. To je bil dan, ko sem spoznal pastorja Chacka. Začela sva se pogovarjati o krstu in njegovi veri v Božjo besedo. Pastor Chacko mi je povedal, da krsti s popolnim potopom v Jezusovem imenu in da ne bi pristal na noben kompromis pri nobeni drugi vrsti krsta. Zelo sem bil vesel in navdušen, ko sem vedel, da ta Božji človek to počne na svetopisemski način apostolske zgodnje Cerkve. Nato me je povabil, naj obiščem Mumbaj v Indiji, kjer živi.

Svojemu pastorju sem povedal o trdnem prepričanju pastorja Chacka o Božji besedi in njegovem obisku na našem domu. Tistega večera je pastor Chacko prišel na obisk v našo cerkev in moj pastor ga je prosil, naj pred zborom pove nekaj besed. Za delo, ki ga je pastor Chacko opravljal v Mumbaju, je bilo veliko zanimanje, zato ga je moja cerkev začela finančno in z molitvami podpirati. Naša cerkev je bila misijonsko usmerjena. Vedno smo plačevali misijon kot desetino. To je bilo neverjetno, kako se je vse začelo postavljati na svoje mesto in Mumbaj je zdaj imel podporo moje lokalne cerkve v Kaliforniji.

Naslednje leto me je Bog poslal v Indijo, zato sem sprejel ponudbo pastorja Chaca, da obiščem cerkev in njegovo družino v Mumbaju. Ko sem prvič prispel, me je pastor Chacko prišel pobrat z letališča.

Odpeljal me je v hotel. V njem so se tudi zbirali za cerkev in je bil v istem slumu, skozi katerega sem se leta 1980 peljal z vlakom. Pisalo se je leto 1996 in moja srčna molitev upanja za te čudovite duše je bila uslišana. Pastor Chacko je bil zelo gostoljuben in je z mano delil svoje breme in željo, da bi zgradil cerkev. Obiskal sem lahko tudi druge cerkve in pred odhodom v ciljno mesto, Ahmadabad, me je prosil, naj spregovorim pred zborom. Zelo sem bil žalosten zaradi življenjskih razmer v cerkvi v Mumbaju. Neki katoliški oče je pastorju Chacku za nedeljsko bogoslužje odstopil učilnico.

Ljudje so bili zelo revni, vendar sem z veseljem opazoval majhne, čudovite otroke, ki so hvalili in služili Bogu. Jedli so skupaj samo z majhnim koščkom kruha, ki so ga podajali, in vodo za pitje. Prevzet od sočutja sem jim kupil hrano in jih prosil, naj mi dajo seznam stvari, ki jih potrebujejo. Naredil sem, kar sem lahko, da bi zadovoljil potrebe s tega seznama. Po dolgem letu v Indijo so me obdarili s svojimi molitvami. Brat iz cerkve je molil nad menoj in začutil sem, da je moč Svetega Duha kot elektrika v trenutku prešla moje oslabljeno in neprespano telo. Počutil sem se osveženega, saj se mi je vrnila moč in bolečine so izginile po vsem telesu. Njune molitve so bile tako močne, da sem bil blagoslovljen, da tega ne morem razložiti. Dali so mi več, kot sem jim dal jaz. Preden sem odletel nazaj v Ameriko, sem zapustil Ahmadabad in se vrnil v Mumbaj, da bi še enkrat obiskal pastorja Chacka. Vse rupije, ki so mi ostale, sem mu dal kot donacijo zanj in njegovo družino.

Na srečo mi je pričeval o svoji ženi, ki jo je bilo zelo sram, ko je šla mimo trgovine, kjer sta bila dolžna denar. Hodila je z glavo, ki je sramotno gledala navzdol, ker tega dolga nista mogla plačati. Pastor Chacko mi je pripovedoval tudi o izobrazbi svojega sina. Šolnina, ki jo je bil dolžan plačati šoli, je zapadla in njegov sin ne bo mogel nadaljevati šolanja. Videl sem, da je bil položaj za družino pretresljiv. Bog me je spodbudil k darovanju in donacija, ki sem jo dal, je bila več kot zadostna, da bi poskrbela za obe zadevi in še veliko več. Slava Bogu!

"Branite uboge in siromašne, delajte pravičnost trpečim in potrebnim. Rešite revne in uboge, iztrgajte jih iz rok hudobnežev."
(Psalmi 82:3-4)

Ko sem se vrnil v Kalifornijo, sem molil in jokal zaradi te majhne cerkve in njenih ljudi. Bil sem tako zlomljen, da sem Boga prosil za soglasje dveh ali treh, da bi se dotaknili vsega, za kar prosijo.

"Resnično, povem vam: Karkoli boste zvezali na zemlji, bo zvezano v nebesih, in karkoli boste razvezali na zemlji, bo razvezano v nebesih. Ponovno vam pravim, da če se dva izmed vas na zemlji sporazumeta o čemer koli, kar bi prosila, se jima bo zgodilo od mojega Očeta, ki je v nebesih. Kjer sta namreč dva ali trije zbrani v mojem imenu, tam sem jaz sredi med njimi." (Evangelij po Mateju 18:18-20)

Moje breme in skrb sta bila pomagati Božji cerkvi v Mumbaju, vendar sem moral svoje breme z nekom deliti. Nekega dne me je sodelavka Karen vprašala, kako lahko tako dolgo molim? Karen sem vprašal, ali bi se tudi ona želela naučiti, kako moliti dlje časa, graditi svoje molitveno življenje in se skupaj z mano postiti. Milostno je privolila in postala moja molitvena partnerica. Karen je tudi delila moje breme za Bombaj. Ko sva začela moliti in se postiti, je postala željna moliti dlje in se še bolj postiti. Takrat ni hodila v nobeno cerkev, vendar je bila zelo resna in iskrena v tem, kar je počela duhovno. Molili smo med kosilom, po službi pa smo se sestajali in molili uro in pol v avtu. Nekaj mesecev pozneje mi je Karen povedala, da je prišla do nekaj denarja iz zavarovanja, ker ji je umrl stric. Karen je zelo dobrosrčna in radodarna ter je dejala, da želi iz tega denarja plačati desetino tako, da ga nameni služenju v Bombaju. Denar je bil poslan pastorju Chacku za nakup objekta, v katerem bodo lahko imeli svojo cerkev. Kupili so majhno sobo, ki so jo uporabljali za satanistično čaščenje. Počistili so jo in jo obnovili za svojo cerkev. Naslednje leto sva s Karen odšla v Bombaj na posvetitev cerkve. To je bila uslišana molitev, saj je Karen, ki zdaj služi Gospodu, močna v veri. Slava Bogu!

Ker je cerkev v Mumbaju rasla, je pastor Chacko prosil za pomoč z donacijo za nakup majhnega zemljišča poleg cerkve. Pastor Chacko je zelo verjel v rast cerkve in v Božje delo. To zemljišče je bilo v lasti katoliške cerkve. Pastor Chacko in duhovnik sta imela prijateljske odnose in duhovnik je bil pripravljen to zemljišče prodati pastorju Chacku. Pastor Chacko ni prejel donacije, za katero je verjel, da jo bo zagotovil Bog. Bog vse ve in stvari dela po svoje in bolje, kot si lahko sploh predstavljamo!

Nekaj let pozneje je po vsej Indiji prišlo do nemirov med hindujci in kristjani. Hindujci so se skušali znebiti kristjanov iz Indije. Uporniki so zjutraj prišli v cerkev, kjer jih je podpirala policija. Začeli so uničevati cerkev, vendar so jih pastor Chacko in člani cerkve prosili, naj tega zaradi njih samih ne počnejo, ker je to za njih nevarno, da uničujejo hišo vsemogočnega Boga. Uporniki so nadaljevali z uničevanjem vsega, kar jim je prišlo pod roke, pri tem pa niso upoštevali opozoril in prošenj ljudi, dokler cerkev ni bila popolnoma porušena. Preostanek dneva so se člani cerkve bali te zelo zloglasne in zlobne skupine, saj so vedeli, da so v nevarnosti njihova lastna življenja.

Občutili so žalost, da nimajo več svoje cerkve, potem ko so tako dolgo molili, da bi imeli svoj prostor za čaščenje Boga. To je bil kraj, kjer so videli, kako je Bog delal čudeže, kako so bili izganjani demoni in kako je bila grešnikom oznanjena odrešitev. Tistega večera okoli polnoči je nekdo potrkal na vrata pastorja Chacka. Ko je videl, da je to vodja zloglasne skupine, ki je prej uničila cerkev, ga je zajel strah. Pastor Chacko je mislil, da ga bodo zagotovo ubili in da je to njegov konec. Molil je in prosil Boga, naj mu da pogum, da bo odprl vrata, in naj ga zaščiti. Ko je odprl vrata, je na svoje presenečenje zagledal moškega, ki je s solzami v očeh prosil pastorja Chacka, naj jim odpusti za to, kar so prej tistega dne storili njegovi cerkvi.

Moški je pastorju Chacku povedal, da je po uničenju cerkve umrla voditeljeva žena. Enemu od upornikov je stroj odrezal roko. Proti ljudem, ki so uničili cerkev, so se začele dogajati stvari. Med uporniki je bilo strah zaradi tega, kar so storili proti pastorju Chacku in njegovemu Bogu! Bog je rekel, da bo vodil naše bitke, in tako je tudi storil. Verni hindujci in kristjani v Indiji so bogaboječi ljudje, ki bodo storili vse, da bi stvari popravili. Zaradi tega, kar se je zgodilo hindujcem, ker so sodelovali pri uničenju cerkve, so se isti uporniki vrnili in iz strahu ponovno zgradili cerkev. Prav tako so si prisvojili premoženje, ki je pripadalo katoliški cerkvi. Nihče jim ni nasprotoval ali se pritožil. Uporniki so sami obnovili cerkev, zagotovili material in vse delo brez pomoči cerkve. Ko je bila cerkev dokončana, je bila večja, saj je imela dve nadstropji namesto enega.

Bog je odgovoril na molitev pastorja Chacka, ki pravi: "Jezus nikoli ne odpove." Še naprej molimo za Bombaj. Danes je tam 52 cerkva, sirotišnica in dva vrtca, zahvaljujoč veri in molitvam mnogih, ki imajo breme za Indijo. Začel sem razmišljati o tem, kako globoko se je moje srce dotaknilo, ko sem bil leta 1980 na vlaku. Nisem vedel, da je Bog uprl svoje oči v ta del moje dežele in ljudem v slumih Mumbaja prinesel ljubezen in upanje z neomajnimi molitvami in Bogom, ki prisluhne srcu. Na začetku sem dejal, da je moje breme tako veliko kot narod. Bogu sem hvaležen, da mi je dal to breme. Bog je velik strateg. To se ni zgodilo takoj, ampak so se v šestnajstih letih dogajale meni neznane stvari, saj je On postavljal temelje za rezultate odgovorjene molitve, in to ves čas, ko sem živel v Ameriki.

Sveto pismo pravi, da molite brez prestanka. Vztrajno sem molil in se postil za preporod po vsej Indiji. Moja dežela je doživljala duhovno metamorfozo za Gospoda Jezusa.

Spletna stran pastorja Chacka je: http://www.cjcindia.org/index.html

To sem storil "Njegova pot"

Poglavje 19

Ministrstvo v Gudžaratu!

Konec devetdesetih let prejšnjega stoletja sem obiskal mesto Ahmedabad v zvezni državi Gudžarat. Med zadnjim obiskom Mumbaja v Indiji sem začutil občutek zadovoljstva nad tamkajšnjim delom. Kasneje sem na tem potovanju obiskal mesto Ahmedabad in bil priča. Vedel sem, da je večina ljudi trinitaristov. Vsi moji stiki so bili trinitaristi. Več let sem molil, da bi to resnico prinesel v Indijo. Moja prva molitev je bila: želim si pridobiti nekoga, kot sta Pavel ali Peter, da bo moje delo lažje in se bo nadaljevalo. Vedno sem molil z načrtom in vizijo. Preden obiščem katerikoli kraj, molim in se postim, še posebej, ko grem v Indijo. Vedno molim in se postim tri dni in tri noči brez hrane in vode ali dokler nisem napolnjen z Duhom. To je svetopisemski način posta.

> *"Estera 4:16 Pojdite, zberite vse Jude, ki so v Šušanu, in se postite zame ter tri dni ne jejte ne pijte, ne podnevi ne ponoči: Tudi jaz in moje dekle se bomo postile; tako bom šla h kralju, kar ni v skladu z zakonom, in če se bom pogubila, se bom pogubila."*

> *" Jona 3:5 Tako je ljudstvo Ninive verjelo Bogu, razglasilo post in se obleklo v vreče, od največjega do najmanjšega. 6 Do ninivskega kralja je namreč prišla beseda, da je vstal s svojega prestola, odložil*

Elizabeth Das

s sebe plašč, se pokril z vrečevino in sedel v pepelu. 7 Po Ninivah je dal razglasiti in objaviti odlok kralja in njegovih veljakov: "Niti človek niti žival, niti čreda niti čreda naj ničesar ne okusi; naj se ne hranijo in naj ne pijejo vode:

Indijo je zajela duhovna tema. Tja si ne bi upali iti, če ne bi bili polni Božjega Duha. Pred nekaj leti, v devetdesetih letih prejšnjega stoletja, so mi predstavili br. Christianom na nekem trinitaričnem bogoslovnem kolidžu. Med tem obiskom me je večina trinitaričnih pastorjev napadla. To je bilo moje prvo srečanje z bratom Christianom. Namesto da bi govorili hvalite Gospoda! sem ga vprašal: "Kaj pridigaš?" "Ali krstite v Jezusovem imenu?" Odgovoril je: "Da". Hotel sem vedeti, kako je spoznal to resnico. Rekel je: "Bog mi je razodel resnico, ko sem nekega zgodnjega jutra častil Boga na kraju, ki se imenuje stadion Maleka Sabena. Bog mi je jasno govoril o krstu z Jezusovim imenom.

Med tem obiskom sem natisnil in razdelil več kot nekaj tisoč knjižic, ki so razlagale o Jezusovem vodnem krstu. To je razjezilo verske cerkvene oblasti. Verski voditelji so začeli pridigati proti meni. Rekli so" :Vsekakor jo izženite iz svoje hiše. Ne glede na to, kam bi šla, bi vsi govorili proti meni. Resnica hudiča razjezi, toda Božja beseda pravi: 'In spoznali boste resnico in resnica vas bo osvobodila'. Srečanje z brati in sestrami, ki so se srečali z brati in sestrami. Christianom mi je pomagalo pri širjenju resnice. Hvalite Boga, da je poslal pastorja edinosti, ki bi učil in oznanjal pravi evangelij v Indijo.

Po tem obisku Indije leta 1999 sem postal invalid in se nisem mogel vrniti v Indijo. Vendar se je delo še **naprej razvijalo**. Kmalu so vsi tisti, ki so govorili proti meni, pozabili name in so zdaj že pokojni. V času te telesne invalidnosti sem posnel vse zgoščenke Iskanja resnice, enosti in nauka ter jih brezplačno razdelil. Ker sem bil na invalidskem vozičku in sem izgubil spomin, sem svojo službo razširil s snemanjem knjig. Težko je bilo sedeti, vendar sem z Gospodovo pomočjo naredil tisto, česar fizično nisem mogel. Zanašanje na Gospoda vas bo popeljalo na nove ceste in avtoceste. Soočamo se z vsemi izzivi. Božja moč je neverjetna, da maziljenja ne more nič ustaviti. Sporočilo, proti kateremu smo se tako trdo borili, se je zdaj predvajalo po domovih na posnetih zgoščenkah. Hvalite Boga! V veselje in začudenje mi je bilo, da je veliko ljudi vedelo za svetopisemski nauk in Božjo edinost.

Več let sem molil in se postil, da bi Indija vzljubila resnico. Prav tako bi v vsaki indijski državi svobodno oznanjala Jezusov evangelij. Močno sem si želel, da bi jim s prevodi svetopisemskih študij iz angleškega jezika v gudžaratski jezik prinesel spoznanje resnice. Gudžaratščina je govorjeni jezik v tej državi. V Indiji sem našel prevajalce, ki so mi z veseljem pomagali pri prevajanju teh svetopisemskih študij. Eden od takšnih prevajalcev, ki je bil tudi sam pastor, je želel spremeniti Sveto pismo iz svetopisemskega krsta apostolske zgodnje Cerkve tako, da je izpustil ime JEZUS in ga spremenil v Oče, Sin in Sveti Duh. To je naziv enega pravega Boga. Težko sem zaupal svojemu prevajalcu, da bo ohranil točno Božjo besedo. Sveto pismo nas jasno opozarja, da Svetemu pismu ne smemo ničesar dodajati ali odvzemati. Od Stare do Nove zaveze ne smemo spreminjati Božje besede na podlagi človeške razlage. Slediti moramo samo Jezusovim zgledom ter naukom apostolov in prerokov.

"Efežanom 2:20 in so zgrajeni na temelju apostolov in prerokov, Jezus Kristus pa je glavni vogelni kamen;

Učenci so bili tisti, ki so šli oznanjat in učit Jezusov evangelij. Slediti moramo apostolovemu nauku in verjeti, da je Sveto pismo nezmotljiva in avtoritativna Božja beseda.

" 5 Mz 4:1 Zdaj torej poslušaj, Izrael, zakone in sodbe, ki te jih učim, da jih boš izpolnjeval, da boš živel in vstopil v deželo, ki ti jo daje Gospod, Bog tvojih očetov. 2 Besedi, ki vam jo zapovedujem, ne smete ničesar dodati in ničesar od nje ne smete odvzeti, da bi izpolnili zapovedi Gospoda, svojega Boga, ki vam jih zapovedujem."

Na tem mestu želim povedati, da obstaja velika razlika med tem, kar danes verjamemo, da je resnica, in tem, kar je učila zgodnja Cerkev. Že v zgodnji cerkveni zgodovini so se po Pavlovih pismih cerkvam nekateri odvrnili od zdravega nauka. Številne različice Svetega pisma so se spremenile, da bi ustrezale hudičevemu nauku. Sam sem imel raje

Elizabeth Das

KJV, saj je 99:98-odstotno natančen prevod, ki je blizu izvirnim zvitkom.

Pozorno preberite in preučite naslednja besedila iz Svetega pisma:

"2Peter2:1Todamedljudstvomsobilitudilažnipreroki,kakorbodotudimv ami lažni učitelji, ki bodo zasebno prinašaliprekleteherezije inzanikali Gospoda, ki jih je kupil,ter si nakopalihitro pogubo.2 In mnogi bodo sledili njihovim škodljivim potem,zaradi katerih se bo o poti resnice govorilo zlobno.3 In zaradi požrešnosti vas bodo z lažnimi besedami ogoljufali; njihova sodba se zdaj že dolgo ne zavleče in njihova obsodba se ne razblini. "

Po razodetju Jezusove identitete je dal apostolu Petru ključe kraljestva in mu na binkoštni dan izrekel prvo pridigo. Opozoril nas je na prevarante, ki imajo videz pobožnosti, ne sledijo pa nauku apostolov in prerokov. Vernik enega Boga ne more biti Antikrist, saj so vedeli, da bo Jehova nekega dne prišel v telesu.

"2 Janez 1:7 Na svet je namreč prišlo veliko prevarantov, ki ne priznavajo, da je Jezus Kristus prišel v mesu. To je prevarant in antikrist. 8 Pazite na sebe, da ne izgubimo tistega, kar smo storili, ampak da prejmemo polno plačilo. 9 Kdor se pregrešuje in ne vztraja v Kristusovem nauku, nima Boga. Kdor vztraja v Kristusovem nauku, ima Očeta in Sina. 10 Če kdo pride k vam in ne prinese tega nauka, ga ne sprejmite v svojo hišo in mu ne privoščite zdravja, 11 kajti kdor mu privošči zdravja, je soudeležen pri njegovih hudobnih dejanjih. "

V Indiji je bilo veliko konferenc, na katere so šli pridigarji iz Svetopisemskega kolegija Stockton in drugih držav, da bi posredovali sporočilo o ponovnem rojstvu. Rev. McCoy, ki je bil poklican, da prediga v Indiji, je opravil čudovito delo in pridigal v številnih krajih v Indiji. Z mnogimi urami molitve in posta se je uspeh indijskega služenja nadaljeval od leta 2000. Spomnil sem se, da sem poklical nekega pastorja Millerja, h kateremu me je napotil direktor tuje misije v Aziji. Ko sem ga poklical na njegov dom, mi je rekel, da me bo poklical, da bi mi sporočil, da je bil pred šestimi meseci v Kalkuti in

Zahodni Bengaliji. Želel je iti tudi v Ahmedabad, vendar se je zaradi bolezni vrnil v Ameriko. Pastor Miller je milostno dejal, da bi se rad vrnil v Indijo, vendar mora o tem moliti in vprašati Boga, ali je njegova poklicanost za to državo. Drugič se je vrnil v Indijo in pridigal na dveh splošnih konferencah. Bog se je mogočno gibal z gudžarati v tej državi.

Pastor Christian je dejal, da je v tej državi zelo težko uveljaviti Božje delo. Prosimo, molite za pridigarje, ki se soočajo z velikim bojem. Gospod opravlja veliko delo v državi Gudžarat. Hudič se ne bori proti nevernikom, saj jih je že dobil! Napada tiste, ki imajo resnico; zveste Gospodove izbrance. Jezus je s svojo krvjo plačal ceno, da bi mi dobili odpuščanje ali odpustek naših grehov. Hudič se bo še močneje boril proti službi (ministrom), saj bo napadal tako moške kot ženske. Hudič uporablja vsa sprevržena sredstva, da bi jih spravil v padlo stanje greha in obsodbe.

"Janez 15:16 Vi niste izvolili mene, ampak sem jaz izvolil vas in vas določil, da greste in obrodite sad in da vaš sad ostane, da bi vam dal vse, za kar boste prosili Očeta v mojem imenu. "

Enkrat rešeni, vedno rešeni je prav tako hudičeva laž. Med letoma 1980 in 2015 sem nekajkrat obiskal Indijo. V tej državi se je zgodilo veliko sprememb. Ko začnete neko Božje delo, ne pozabite, da ustvarjate Jezusove učence, kar je nadaljevanje dela, ki so ga začeli Jezus in njegovi učenci. Če bi še naprej sledili evangeliju Jezusa Kristusa, bi do zdaj osvojili ves svet.

Leta 2013 me je po Božjem načrtu premestil v cerkev v Dallasu v davčni upravi. Sedel sem pod resničnim Božjim prerokom. Imel je devet darov Božjega Duha. S Svetim Duhom je natančno dobil znanje o vašem imenu, naslovu, telefonski številki itd. To je bilo zame nekaj novega. Leta 2015 me je nekega nedeljskega jutra moj pastor v Dallasu v Teksasu pogledal in rekel: Vidim angela, ki odpira velika vrata, ki jih noben človek ne more zapreti. Poklical me je ven in me vprašal: Ali greš na Filipine? Rekel je, da tam ne vidim ne črnih ne belih ljudi. Ko je od Svetega Duha prejel dodatne informacije, je nato vprašal, ali greš v Indijo? Sveti Duh mu je rekel, da bom služil hindujcem. V tistem času so bili kristjani v Indiji v nevarnosti. Hindujci so kristjane napadali tako, da so zažigali njihova svetišča ter pretepali Jezusove pastirje in svetnike.

Verjamem v prerokbo, zato sem ubogal Božji glas in odšel v Indijo. Ko sem prišel na kolidž Badlapur, je bilo 98 % študentov hindujcev, ki so se spreobrnili v krščanstvo. Presenetilo me je, ko sem slišal njihova pričevanja o tem, kako Bog pripelje ljudi iz teme v svetlobo. Prek njihovih pričevanj sem se veliko naučil o hinduizmu. Presenetilo me je, ko sem slišal, da verjamejo v 33 milijonov in več bogov in boginj. Nisem mogel razumeti, kako lahko nekdo verjame, da obstaja toliko bogov in boginj.

Leta 2015 sem se po 23 letih vrnil v Badlapur v Bombaju, da bi poučeval na svetopisemski šoli. Tam služim prevajalcu biblične šole, bratu Sunilu. Brat Sunil je bil v prehodnem obdobju. Brat Sunil je bil obupan, saj ni vedel, da Bog spreminja njegovo smer, in je bil obupan. Med delom z njim sem spoznal, da ima resnico in ljubezen do nje. Nikoli ne odstopajte od resnice Svetega pisma. Naj vas Sveti Duh vodi, usmerja, uči in opolnomoči, da boste priče čudežev in ozdravljenj. Indija še vedno potrebuje veliko delavcev, resničnih prerokov in učiteljev. Prosimo, molite, da Bog v Indijo pošlje veliko delavcev.

Med tem misijonskim potovanjem sem obiskal mesto Vyara v južnem Gudžaratu. Slišal sem, da se v južnem Gudžaratu dogaja veliko prebujenje. Bog mi je odprl vrata, da sem ga obiskal. Bil sem zelo navdušen nad obiskom in srečal sem veliko častilcev malikov, ki se zdaj obračajo k edinemu resničnemu Bogu. To pa zato, ker so prejeli ozdravljenje, osvoboditev in odrešitev po Jezusovem imenu. Kako velik je naš Bog!

Veliko ljudi moli in se posti za Indijo. Prosimo, molite za prebujenje. Med obiskom v Vyari me je pastor povabil na svoj dom. Molil sem nad njim in mnogi oviralni duhovi so se razblinili. Po tem je bil prost skrbi, dvomov, teže in strahu. Bog je po meni prerokoval, da bo zgradil hišo za molitev. Pastor je rekel, da nimamo denarja. Bog mi je rekel, da bo poskrbel. V enem letu so imeli velik in lep molitveni prostor, ki smo ga poplačali. Božja beseda se ne vrne neveljavna.

Med svojim zadnjim obiskom v Indiji leta 2015 sem služil številnim hindujcem, ki so se spreobrnili v krščanstvo v različnih državah. Služil sem tudi številnim nekristjanom, ki so doživeli znamenja in čudeže, storjene v Jezusovem imenu, in se čudili. Videl sem večletne molitve s postnimi odgovori za Indijo. Hvalite Boga! Odkar sem prejel razodetje te resnice, si neprestano prizadevam, da bi te informacije prek zgoščenk, avdio in video posnetkov, kanala YouTube in knjig zagotovil za državo Indijo. Naše trdo delo ni zaman!

Pozneje sem slišal, da je brat Sunil sprejel poklic pastorja v Bombaju in okoliških mestih. Zdaj sodelujem s pastorjem Sunilom in drugimi kraji, ki sem jih obiskal leta 2015. V zvezni državi Maharaštra in Gudžarat smo ustanovili številna svetišča. Še danes nadaljujem z discipliniranjem novo spreobrnjenih v teh državah. Podpiram jih z molitvami in poučevanjem. Finančno podpiram Božje delo v Indiji.

Mnogi od teh ljudi gredo k čarovnikom, ko zbolijo, vendar niso ozdravljeni. Zato me vsako jutro pokličejo in jaz jim služim, molim in izganjam demone v Jezusovem imenu. V Jezusovem imenu so ozdravljeni in osvobojeni. Imamo veliko novih spreobrnjencev v različnih državah. Ko so ozdravljeni in osvobojeni, gredo pričevati svojim družinam, prijateljem in v svoje vasi, da bi druge pripeljali h Kristusu. Mnogi med njimi me prosijo, naj jim pošljem Jezusovo sliko. Rekli so, da bi radi videli Boga, ki ozdravlja, osvobaja osvobaja in daje odrešitev zastonj. Božje delo se lahko nadaljuje, če imamo delavce. Veliko jih dela na kmetiji. Mnogi so nepismeni, zato poslušajo posnetke Nove zaveze in svetopisemske študije. To jim pomaga, da spoznajo Jezusa in se o njem učijo.

Na zadnjo soboto v novembru 2015 sem v Indiji prišel domov pozno po služenju. Bil sem odločen, da bom v nedeljo in ponedeljek ostal doma, da spakiram in se pripravim na nadaljnje potovanje v Združene arabske emirate. Kot je nad menoj prerokoval pastor v Dallasu: "Videl sem angela, ki je odprl ogromna vrata, ki jih nihče ne more zapreti. Izkazalo se je, da teh vrat ne morem zapreti niti jaz. V soboto pozno zvečer sem prejel telefonski klic s povabilom, naj se udeležim nedeljskega bogoslužja, vendar se to ne bi ujemalo z mojim urnikom, zato sem jim poskušal to razložiti, vendar niso hoteli sprejeti NE kot odgovor. Ni mi preostalo drugega, kot da grem. Naslednje jutro so me pripeljali v svetišče ob 9. uri zjutraj, vendar se bogoslužje začne ob 10. uri. Bila sem sama in neki glasbenik je vadil svoje pesmi.

Ko sem molil, sem v svetišču videl številne duhove hindujskih bogov in boginj. Spraševal sem se, zakaj jih je toliko na tem mestu. Okoli desete ure so začeli prihajati pastor in člani. Pozdravili so me s stiskom roke. Ko mi je pastor stisnil roko, sem se v srcu takoj počutil smešno. Zdelo se mi je, da se bom zgrudil. Kasneje mi je Sveti Duh povedal, da so pastorja napadli tisti demoni, ki ste jih videli prej. Začel sem moliti in prositi Boga, naj mi dovoli služiti temu pastorju. Sredi bogoslužja so me prosili, naj pridem in spregovorim. Ko sem hodil proti prižnici, sem molil in prosil Gospoda, naj govori po meni. Ko sem dobil mikrofon, sem pastorju razložil, kaj mi je Bog pokazal in kaj se je dogajalo. Ko je pastor pokleknil, sem prosil vernike, naj iztegnejo roko proti njemu in molijo. Medtem sem položil roko nanj in molil ter vsi demoni so odšli. Pričeval je, da je bil prejšnjo noč na urgenci. Postil se je in molil za mlade. Zato je bil deležen tega napada. Slava Bogu! Kako pomembno je biti v skladu z Božjim Duhom! Njegov duh nam govori.

Od tam sem 1. decembra 2015 odpotoval v Združene arabske emirate. V Dubaju in Abu Dabiju sem služil hindujcem in tudi oni so izkusili Božjo moč. Po končani nalogi sem se vrnil v Dallas v Teksasu.

Hvalite Boga!

Moji kanali na YouTubu: Dnevna duhovna prehrana:

1. youtube.com/@dailyspiritualdietelizabet7777/videos
2. youtube.com/@newtestamentkjv9666/videos mp3
3. Spletna stran: https://waytoheavenministry.org

To sem storil "Njegova pot"

Poglavje 20

Pastir naše duše: Zvok trobente

"Jaz sem dobri pastir, poznam svoje ovce in moje me poznajo. "
(Janez 10:14)

Jezus je pastir naše duše. Smo meso in kri z živo dušo. Na tej zemlji smo le za trenutek v Božjem času. Čez trenutek, v trenutku, se bo vse končalo z zvokom "trobente", ko bomo spremenjeni.

"Ne želim pa, bratje, da bi bili nevedni glede tistih, ki so zaspali, da ne bi žalovali kot drugi, ki nimajo upanja. Če namreč verujemo, da jeJezus umrl in vstal, bo tudi tiste, ki v Jezusu spijo, Bog pripeljal s seboj. To vam namreč govorimo po Gospodovi besedi, dami,kismoživi in ostajamo do Gospodovega prihoda, ne bomo prepričilitistim,kiso zaspali. Sam Gospod se bo namreč spustil z neba z vzklikom,zglasom nadangela in z Božjo trobento; in mrtvi v Kristusu bodo vstaliprvi: Potem bomo mi, ki smo živi in ostajamo, skupaj z njimi v oblakih ujeti, da se srečamo z Gospodom v zraku, in tako bomo večnoz Gospodom. Zato se med seboj tolažite s temi besedami."
(1 Tesaloničanom 4 :13-18)

Samo tisti, ki imajo Božjega Duha (Svetega Duha), bodo oživljeni in dvignjeni, da bodo z Gospodom. Najprej bodo poklicani mrtvi v Kristusu, nato pa bodo živi ujeti v zrak, da se srečajo z našim Gospodom Jezusom na oblakih. Naša smrtna telesa se bodo spremenila, da bodo z Gospodom. Ko se bo izpolnil čas poganov, bodo tisti, ki nimajo Svetega Duha, prepuščeni času velike žalosti in stiske.

"V tistih dneh, po tisti stiski, pa bo sonce potemnelo in luna ne bo dajala luči, zvezde na nebu bodo padale in moči, ki so v nebesih, se bodo zatresle. In tedaj bodo videli Sina človekovega, ki prihaja na oblakih z veliko močjo in slavo. Intakrat bo poslal svoje angele in zbral svoje izvoljene s štirih vetrov, od skrajnega konca zemlje do skrajnega konca neba." (Evangelij po Marku 13:24-27)

Mnogi bodo izgubljeni, ker niso imeli strahu (spoštovanja) pred Bogom, da bi verjeli v njegovo besedo in bili rešeni. Gospodov strah je začetek modrosti. Kralj David je zapisal: "Gospod je moja luč in moje odrešenje; koga naj se bojim? Gospod je moč mojega življenja; koga naj se bojim? David je bil resnično človek po Božjem srcu. Ko je Bog iz prahu zemlje oblikoval človeka, je v njegove nosnice vdihnil dih življenja in človek je postal živa duša. Boj poteka za dušo; človekova duša je lahko usmerjena k Bogu ali v pekel.

*"In ne bojte se tistih, ki ubijajo telo, **duše** pa ne morejo ubiti, ampak se bojte tistega, ki lahko v **peklu** uniči dušo in telo."*
(Evangelij po Mateju 10:28)

Mnogi bodo tisti dan vedeli, kaj jim je bilo danes pretežko sprejeti. Prepozno bo, da bi obrnili strani življenja nazaj, saj bodo mnogi stali pred živim Bogom, da bi izstavili račun.

"To pa pravim, bratje, da meso in kri ne moreta podedovati Božjega kraljestva in da gniloba ne podeduje neokrnjenosti. Glejte, razodevam vam skrivnost: Ne bomo vsi zaspali, ampak bomo vsi spremenjeni, V hipu, v hipu, ob poslednji trobenti; kajti trobenta bo zadonela in mrtvi bodo vstali neomadeževani, mi pa bomo spremenjeni. Kajti tominljivo

mora obleči neminljivo in to smrtno mora oblečinesmrtnost.Ko se bo to minljivo obleklo v neminljivo in to smrtnoobleklo v nesmrtnost, se bo uresničil zapisani rek: "Smrt je pogoltnjena v zmagi". O, smrt, kje je tvoje želo? O, grob, kje je tvoja zmaga? Želo smrti je greh in moč greha je zakon. Toda hvala Bogu, ki nam daje zmago po našem Gospodu Jezusu Kristusu." (Prvo pismo Korinčanom 15:50-57)

Pred čim bomo "rešeni"? Pred večnim peklom v jezeru, ki gori z ognjem. Duše jemljemo iz hudičevih krempljev. To je duhovni boj, ki ga bijemo na tej zemlji. Sodila nam bo Božja beseda (66 knjig Svetega pisma) in odprla se bo knjiga življenja.

"In videl sem velik belprestolintistega,kijesedelnanjem,predkaterimsta zemlja in nebopobegnilainnibiloprostorazanju. Invidelsem mrtve, majhne in velike,statipredBogom;in odprle so seknjige; in odprla se je druga knjiga,kijeknjiga življenja; in sodili somrtvim po njihovih delih iz tistega,karjebilo zapisano v knjigah. Inmorje je izdalo mrtve, ki so bili v njem,insmrt in pekel sta izdala mrtve, ki so bili v njiju; in sodilo se je vsakemu po njegovih delih. In smrt in pekel sta bila vržena v ognjeno jezero. To je druga smrt. In kogar niso našli zapisanega v knjigi življenja, je bil vržen v ognjeno jezero."
(Razodetje 20:11-15)

Začel sem razmišljati o moških, kot so Mojzes, kralj David, Jožef, Job in še bi lahko našteval. V vseh bolečinah, ki sem jih doživljal, nisem užival in ne razumem, zakaj je v krščanstvu toliko trpljenja. Daleč sem od tega, da bi bil podoben tem možem, ki so nam zgled in nam prinašajo navdih za hojo po poti vere. Božja beseda prevlada tudi sredi trpljenja in bolečine. V času preizkušenj, bolezni in stiske najbolj kličemo Boga. To je nenavadna, a čudovita vera, za katero samo Bog ve, zakaj se je odločil prav za to pot. Tako zelo nas ljubi, pa vendar nam je dal možnost, da sami izberemo, ali mu bomo služili in ga ljubili. On išče strastno nevesto. Ali bi se poročili z nekom, ki ne bi bil strasten do vas? To poglavje je napisano kot spodbuda za premagovanje tistih stvari, ki vas bodo ovirale pri doseganju večnega življenja. Bog ljubezni, usmiljenja in milosti bo postal Bog sodbe. Zdaj je čas, da si zagotovite odrešitev in se izognete peklenščku. Izbrati moramo, kot je izbral Jozue v Jozuetovi knjigi.

"InčesevamzdislaboslužitiGospodu,sidanesizberite,komubosteslužili:a ogovom, ki so jim služili vaši očetjenadrugi stranipotopa, ali bogovom Amorejcev, v katerih deželi prebivate; jaz in moja hiša pa bova služila Gospodu." (Jozue 24:15)

"In glej, hitro prihajam in moja nagrada je z menoj, da dam vsakemu po njegovem delu. Jaz sem Alfa in Omega, začetek in konec, prvi in zadnji. Blagor tistim, ki izpolnjujejo njegove zapovedi, da bodo imeli pravico do drevesa življenja in bodo skozi vrata vstopili v mesto." (Razodetje 22:12-14)

Vsakdo si želi skozi vrata v mesto, ki ga je Bog pripravil za nas, vendar moramo imeti obleko brez madeža in pomanjkljivosti, da lahko vstopimo. To je duhovni boj, ki ga "bijemo in zmagujemo" na kolenih v molitvi. Na tej zemlji imamo samo eno življenje in samo en dober boj! Edina stvar, ki jo lahko odnesemo s seboj v to Mesto, so duše tistih, ki smo jim pričevali, ki so sprejeli evangelij našega Gospoda in Odrešenika Jezusa Kristusa in ki so ubogali Kristusov nauk. Da bi spoznali Besedo, jo moramo brati, brati Besedo pomeni zaljubiti se v avtorja naše odrešitve. Zahvaljujem se svojemu Gospodu in Odrešeniku, da je usmerjal moje korake iz Indije v Ameriko in mi pokazal svoje poti, saj so popolne.

"Tvoja beseda je svetilka mojim nogam in luč na moji poti. "
(Psalm 119:105)

To sem storil "Njegova pot"

Poglavje 21

Služba na delovnem mestu

Odkar sem prejel Svetega Duha, so se v mojem življenju zgodile velike spremembe.

"Ko pa bo Sveti Duh prišel na vas, boste prejeli moč in mi boste priče v Jeruzalemu in po vsej Judeji, Samariji in do skrajnih mej zemlje. "(Apd 1:8)

Na svojem delovnem mestu sem poskušal služiti sodelavcem; pričeval sem in če so imeli težave, sem zanje molil. Velikokrat so prišli k meni in mi povedali svojo situacijo, jaz pa sem molil nad njimi. Če so bili bolni, sem nanje položil roke in molil zanje. Več let sem jim pričeval. Moje lastno življenje je bilo veliko pričevanje in Bog je deloval z menoj, potrjeval z ozdravljanjem, osvobajanjem, svetovanjem in jih tolažil.

In rekelji mje:"Pojditepovsemsvetuinoznaniteevangelijvsemustvarstvu Keruje in se da krstiti, bo rešen, kdorpaneveruje,bopreklet.Intaznamenja bodo spremljala tiste, ki verujejo:vmojemimenu bodoizganjali hudiče; govorili bodo nove

Elizabeth Das

> *jezike; zajemali bodo kače; in čebodo pili kaj smrtonosnega, jim ne bo škodovalo; na bolne bodo polagali roke in ozdraveli bodo. Ko jim je Gospod spregovoril, je bil sprejet v nebesa in sedel na Božjo desnico. In šli so ter povsod oznanjali; Gospod je deloval z njimi in potrjeval besedo z znamenji, ki so jim sledila. Amen.*
> *"(Marko 16:15-20)*

Kjerkoli sem molil, če so bili ozdravljeni ali rešeni, sem jim govoril o evangeliju. Evangelij je Jezusova smrt, pokop in vstajenje. To pomeni, da se moramo pokesati vseh grehov ali pa s kesanjem umreti svojemu mesu. Drugi korak je, da se v Jezusovem imenu pokopljemo v vodah krsta, da bi prejeli odpuščanje naših grehov ali odpuščanje naših grehov. Iz vode pridemo in govorimo v novih jezikih, saj prejmemo njegovega Duha, kar imenujemo tudi krst Duha ali Svetega Duha.

Mnogi so ga slišali in ubogali.

Rad bi vas spodbudil s pričevanjem o tem, kako je Jezus mogočno deloval na mojem delovnem mestu. Naše delovno mesto, kjer živimo ali kjer koli drugje, je polje, kjer lahko sejemo seme Božje besede.

Prijateljica, ozdravljena zaradi raka, in njena mama se ob smrti obrneta k Gospodu.

V službi sem imela dragoceno prijateljico Lindo. Leta 2000 sem bila zelo bolna. Nekega dne me je poklicala prijateljica in povedala, da je tudi ona zelo bolna in da je bila operirana. V začetnem letu najinega prijateljstva je zavrnila evangelij in mi rekla, da ne želim tvojega Svetega pisma ali tvojih molitev, da imam svojega boga. To me ni prizadelo, toda kadarkoli se je pritoževala zaradi bolezni in sem ji ponudil molitev, je vedno rekla: "Ne". Nekega dne pa jo je neznosno bolelo v hrbtu in nenadoma jo je začelo boleti tudi koleno. To je bila še večja bolečina, kot jo je imela v hrbtu. Pritoževala se je in vprašala sem jo, ali lahko molim zanjo. Rekla je: "Naredite vse, kar je potrebno." Izkoristil sem to priložnost, da sem jo naučil, kako naj to bolečino odpravi v imenu Gospoda Jezusa. Njena bolečina je bila neznosna;

To sem storil "Njegova pot"

takoj jo je začela grajati v imenu Gospoda Jezusa in bolečina je takoj odšla.

Vendar to zdravljenje ni spremenilo njenega srca. Bog uporablja stiske in težave, da nam omehča srce. To je vzgojna palica, ki jo uporablja za svoje otroke. Nekega dne me je Linda poklicala in jokala, da ima veliko rano na vratu in da je zelo boleča. Prosila me je, naj molim. Z veseljem sem molila za svojo dobro prijateljico. Vsako uro me je klicala po tolažbo in rekla: "Ali lahko prideš k meni domov in moliš"? Tistega popoldneva je prejela telefonski klic, ki ji je sporočil, da so ji diagnosticirali raka na ščitnici. Zelo je jokala, in ko je njena mama slišala, da ima njena hči raka, se je sesula. Linda je bila ločena in je imela mladega sina.

Vztrajala je, da pridem in molim nad njo. Tudi mene je to poročilo zelo prizadelo. Iskreno sem začel iskati nekoga, ki bi me lahko odpeljal do njene hiše, da bi lahko molil nad njo. Slava Bogu, če je volja, potem je tudi pot.

Moja molitvena partnerica je prišla iz službe in me odpeljala na svoj dom. Linda, njena mati in sin so sedeli in jokali. Začela sva moliti in nisem čutila veliko, vendar sem verjela, da bo Bog nekaj storil. Ponovno sem se ponudil za molitev. Rekla je: "**Da, moli celo noč**, ne bom imela nič proti." Med drugo molitvijo sem videla svetlo svetlobo, ki je prihajala od vrat, čeprav so bila vrata zaprta in sem imela zaprte oči. Videl sem Jezusa, ki je prišel skozi ta vrata, in hotel sem odpreti oči, vendar mi je rekel: "***Še naprej moli***".

Ko smo končali molitev, se je Linda nasmehnila. Nisem vedel, kaj se je zgodilo, da se je njen obraz spremenil. Vprašal sem jo: "*Kaj se je zgodilo?*" Rekla je: "*Liz, Jezus je pravi Bog.*" Rekel sem: "*Da, to ti govorim že deset let, vendar želim vedeti, kaj se je zgodilo.*" Rekla je: "*Moje bolečine so popolnoma izginile.*" "*Prosim, dajte mi naslov cerkve, rada bi se dala krstiti.*" Linda je privolila, da bo z mano opravila svetopisemski študij, nato pa se je dala krstiti. Jezus je uporabil to stisko, da bi pritegnil njeno pozornost.

"Poglej mojo stisko in mojo bolečino ter odpustivsemojegrehe."
(Psalm 25:18).

Hvalite Boga!! Prosim, ne obupajte nad svojim ljubljenim. Še naprej molite dan in noč, nekega dne bo Jezus odgovoril, če mi ne bomo omagali.

"In ne utrujajmo se v dobrem delu, kajti ob pravem času bomo žanjeli, če ne bomo omahovali." (Galačanom 6:9)

Linda me je na smrtni postelji svoje matere poklicala, naj jo obiščem. Na invalidskem vozičku me je potisnila v njeno bolniško sobo. Ko sva služila njeni mami, se je pokesala in klicala Gospoda Jezusa za odpuščanje. Naslednji dan ji je popolnoma izginil glas in tretji dan je umrla.

Moja prijateljica Linda je zdaj dobra kristjanka. Hvalite Gospoda!!

Moj sodelavec iz Vietnama:

Bila je prijetna gospa in vedno je bila zelo lepega duha. Nekega dne je zbolela in prosila sem jo, če lahko molim zanjo. Takoj je sprejela mojo ponudbo. Molila sem in bila je ozdravljena. Naslednji dan je dejala : "Če ni prevelik problem, zmoli za mojega očeta." Njen oče je bil zadnjih nekaj mesecev nenehno bolan. Rekel sem ji, da bom z veseljem molil za njenega očeta. Jezus se ga je v svojem usmiljenju dotaknil in ga popolnoma ozdravil.

Pozneje sem jo videl bolno in ji ponudil molitev. Rekla je: "*Ne trudite se moliti zame.*" Vendar njen prijatelj, ki dela kot mehanik v drugi izmeni, potrebuje molitev. Ni mogel spati ne podnevi ne ponoči; ta bolezen se imenuje usodna nespečnost. Še naprej mi je dajala informacije in bila zelo zaskrbljena za tega gospoda. Zdravnik mu je dajal visoke odmerke zdravil, a nič ni pomagalo. Rekel sem: "*Z veseljem bom molil.*" Vsak večer po službi sem skoraj uro in pol molil za vse molitvene prošnje in zase. Ko sem začel moliti za tega moškega, sem opazil, da ne spim trdno. Odkar sem začel moliti zanj, sem nenadoma zaslišal, da mi nekdo ploska v uho, ali glasen zvok, ki me je skoraj vsako noč zbudil.

Nekaj dni pozneje, ko sem se postil, sem prišel iz cerkve in legel v posteljo. Na moje presenečenje je nenadoma nekaj prišlo skozi steno nad mojo glavo in vstopilo v mojo sobo. Hvala Bogu za Svetega Duha. V trenutku je Sveti Duh spregovoril skozi moja usta: "Povezujem te v Jezusovem imenu." V duhu sem vedel, da je bilo nekaj zvezano in moč je bila zlomljena v Jezusovem imenu.

"Resnično, povem vam: Karkoli boste zvezali na zemlji, bo zvezano v nebesih, in karkoli boste razvezali na zemlji, bo razvezano v nebesih. "(Evangelij po Mateju 18:18)

Nisem vedel, kaj je to, kasneje pa mi je med delom Sveti Duh začel razkrivati, kaj se je zgodilo. Takrat sem vedel, da so tega mehanika nadzorovali demoni in mu niso pustili spati. Prijateljico v službi sem prosil, naj prosim izve za prijateljevo stanje spanja. Kasneje se je vrnila na moje delovno mesto z mehanikom. Povedal mi je, da dobro spi, in se mi želel zahvaliti. Rekel sem: **"Prosim, zahvali se Jezusu."** **"On je tisti, ki te je rešil."** Kasneje sem mu dal Sveto pismo in ga prosil, naj vsak dan bere in moli.

Pri mojem delu se je k Jezusu obrnilo veliko ljudi iz njihove družine. To je bil zame odličen čas, ko sem lahko pričeval ljudem različnih narodnosti.

"Zahvalil se ti bom v velikem zboru: hvalil tebommedvelikimljudstvom." (Psalm 35:18)

"Slavil te bom, moj Bog, kralj, in blagoslavljal tvoje ime na veke vekov." (Psalm 145:1)

Poglavje 22

Učenje njegovih poti s poslušanjem njegovega glasu

I leta 1982 našel to čudovito resnico. Nekaj let pozneje sem se odločil obiskati Indijo. Ko sem bila tam, sva se s prijateljico Dinah odločili, da greva na ogled mesta Udaipur. Ob koncu dneva sva se vrnili v hotelsko sobo, ki sva si jo delili. V naši sobi je bila na steni slika lažnega boga, ki so ga častili v Indiji. Kot veste, ima Indija veliko bogov. Sveto pismo govori o enem pravem Bogu in njegovem imenu je Jezus.

"Jezus mu je rekel: "Jaz sem pot, resnica in življenje; nihče ne pride k Očetu, razen po meni." (Janez 14:6)

Nenadoma sem zaslišal glas, ki mi je rekel: "*Odstranite sliko s stene.*" Ker imam Svetega Duha, sem pomislil" :*Ničesar se ne bojim in nič mi ne more škoditi.*" Zato sem bil neposlušen temu glasu in slike nisem odstranil.

Ko sva spala, sem se nepričakovano znašel v postelji; vedel sem, da me je nastavil angel. Bog je odprl moje duhovne oči in videl sem ogromnega črnega pajka, ki je prihajal skozi vrata. Plazil se je čez mene, mojo prijateljico in njenega sina. Šel je proti moji obleki, ki je visela ob steni, in izginil tik pred mojimi očmi. V tistem trenutku me je Gospod spomnil na pismo, ki pravi, da nikoli ne smemo dati prostora hudiču.

"Prav tako se ne prepustite hudiču." (Pismo Efežanom 4:27)

Takoj sem vstal, slekel sliko in jo obrnil. Od tistega dne naprej sem spoznal, da je Bog sveti Bog. Njegove zapovedi, ki nam jih je dal, nas bodo varovale in blagoslavljale, če jih bomo vedno ubogali in izpolnjevali.

V času, ko sem delal, sem se domov vedno vračal duhovno izčrpan. Nekega dne me je Jezus nagovoril in mi rekel: *"Pol ure govori v jezikih, pol ure hvali in časti, nato položi roko nad glavo in pol ure govori v jezikih."* To je bila moja vsakodnevna molitev.

Nekega dne sem se po polnoči vrnil iz službe. Začel sem hoditi po hiši in moliti. Prišel sem do nekega kotička hiše in z duhovnimi očmi zagledal demona. Prižgal sem luč in si nataknil očala, da bi videl, zakaj bi bil ta demon tukaj? Nenadoma sem se spomnil, da sem prej tistega dne prekril odtise in imena bogov, ki so bili na škatli s koruznim oljem. Nekako sem spregledal odtis tega lažnega boga. Takoj sem vzel trajni marker in ga prekril.

Sveto pismo pravi, da nam je Jezus dal oblast, da zvežemo in izženemo zle duhove. Tisto noč sem uporabil to moč, odprl vrata in rekel tistemu demonu" :*V Jezusovem imenu ti zapovedujem, da odideš iz moje hiše in se nikoli več ne vrneš!"* Demon je takoj odšel.

Hvalite Boga! Če ne poznamo Božje besede, lahko dovolimo, da demoni pridejo v našo hišo prek revij, časopisov, televizije ali celo igrač. Zelo pomembno je vedeti, kaj prinašamo v svoje domove.

Drug primer: bil sem zelo bolan in nisem mogel hoditi, zato sem bil odvisen od družine in prijateljev, ki so mi prinašali in odlagali živila. Nekega jutra sem se zbudila in začutila, da mi nekdo zakriva usta, bila sem zvezana.

Vprašal sem Boga, zakaj se tako počutim. Pokazal mi je simbol svastike. Vprašal sem se, kje bom našel ta simbol. Odšel sem do hladilnika in takoj, ko sem odprl vrata, sem videl simbol svastike na živilu, ki ga je prejšnji dan prinesla moja sestra. Zahvalil sem se Bogu za njegovo vodstvo in ga takoj odstranil.

"Zaupaj v Gospoda z vsem svojim srcem in ne naslanjaj se na svoj razum. Na vseh svojih poteh ga spoznaj in on bo usmerjal tvoje poti.
"(Pregovori 3,5-6)

Rad bi z vami delil še eno izkušnjo, ki sem jo doživel med obiskom svojega domačega mesta v Indiji. Prenočil sem pri prijatelju, ki je bil častilec idolov.

Dolga leta sem ji pričeval o Jezusu in moči. Poznala je tudi Moč molitve in številne čudeže, ki so se zgodili v njenem domu. Pričevala je o čudežih, ko sem molil v Jezusovem imenu.

Med spanjem me je zbudil hrup. Na drugi strani sobe sem zagledal postavo, ki je bila videti kot moj prijatelj. Slika je zlobno kazala name. Njegova roka je začela rasti proti meni in se mi približala na razdaljo enega metra, nato pa je izginila. Ta postava se je ponovno pojavila, vendar je bil tokrat to obraz njenega dečka. Njena roka je ponovno začela rasti in kazati proti meni. Približala se je na razdaljo enega metra od mene in izginila. Spomnil sem se, da Sveto pismo pravi, da so angeli okoli nas.

"Kdor prebiva v skrivnem prostoru Najvišjega, bo ostal v senci Vsemogočnega. O Gospodu bom rekel: "On je moje zatočišče in mojatrdnjava, moj Bog, vanj bom zaupal. Zagotovo te bo rešil iz pastiptičarja in iz hrupne kuge. Pokril te bo s svojim perjem in pod

njegovimi krili boš zaupal; njegova resnica bo tvoj ščit in opasač. Ne boš se ustrašil nočne groze, ne puščice, ki leti podnevi, ne kuge, ki hodi v temi, ne uničenja, ki pustoši opoldne. Tisoč jih bo padlo natvojistrani in deset tisoč na tvoji desnici, vendar se ti ne bodo približali.Les svojimi očmi boš gledal in videl nagrado brezbožnih. Ker si Gospoda, ki je moje zatočišče, Najvišjega, postavil za svoje bivališče, te ne bo doletelo nič hudega in nobena nadloga se ne bo približala tvojemu bivališču. Kajti svojim angelom bo dal nad teboj nadzor, da te bodo varovali na vseh tvojih poteh." (Psalmi 91:1-11)

Ko sem se zjutraj zbudila, sem videla prijateljico in njenega sina, kako se priklanjata malikom. In spomnila sem se, kaj mi je Bog pokazal ponoči. Zato sem prijateljici povedala, da sem imela videnje prej tisto noč. Rekla mi je, da je tudi ona videla in čutila to v svoji hiši. Vprašala me je, kako je bil videti demon, ki sem ga videla. Povedala sem ji, da je bila ena oblika podobna njej, druga pa njenemu sinu. Povedala mi je, da se s sinom ne moreta razumeti. Vprašala me je, kaj je treba storiti, da bi se znebila teh demonov, ki so mučili njo in njeno družino. Razložil sem ji to besedilo iz Svetega pisma.

"Vrag ne pride, ampak da bi kradel, ubijal in uničeval; jaz sem prišel, da bi imeli življenje in da bi ga imeli v obilju. "(Janez 10:10)

Dal sem ji Sveto pismo in jo prosil, naj ga vsak dan glasno bere v svoji hiši, zlasti Janez 3,20 in 21.

"Kajti vsak, ki dela zlo, sovraži luč in ne pride k luči, da ne bi bila njegova dejanja razkrinkana. Kdor pa dela resnico, prihaja k luči, da bi se razkrila njegova dejanja, da so storjena v Bogu."
(Janez 3:20-21)

Naučila sem jo tudi molitev duhovnega boja, v kateri v Jezusovem imenu zavežete vse zle duhove in sprostite Svetega Duha ali angele. Prosil sem jo tudi, naj v svoji hiši nenehno govori Jezusovo ime in prosi za Jezusovo kri.

Nekaj mesecev po tem potovanju sem prejel pismo, v katerem je pričevala, da so demoni zapustili njeno hišo, da se s sinom dobro razumeta in da imajo v svojem domu popoln mir.

"Nato je sklical svojih dvanajst učencev ter jim dal moč in oblast nad vsemi hudiči in nad zdravljenjem bolezni. Poslal jih je oznanjat Božje kraljestvo in ozdravljat bolnike." (Luka 9:1.2)

Ko je pričevala drugim sorodnikom, so se ti začeli zanimati za Sveto pismo in želeli izvedeti več o Gospodu Jezusu.

Ob naslednjem obisku v Indiji sem se srečal s celotno družino in odgovarjal na njihova vprašanja. Naučil sem jih moliti in jim dal Sveto pismo. Za te rezultate dajemo Bogu vso slavo.

Moja želja je, da bi se ljudje naučili uporabljati Jezusovo ime in Božjo besedo kot meč proti sovražniku. Ko bomo postali "ponovno rojeni kristjani", bomo imeli to moč.

"Duh Gospoda Boga je nad menoj, ker me je Gospod mazilil, da oznanjam veselo novico krotkim; poslal me je, da povijem zlomljeno srce, oznanim ujetnikom svobodo in zvezanim odpremo ječo."
(Izaija 61:1)

To sem storil "Njegova pot"

Poglavje 23

Premikanje v medijih

Ileta 1999 sem se poškodoval na delovnem mestu, kasneje pa se je poškodba še poslabšala. Poškodba je bila tako huda, da sem zaradi bolečin izgubil spomin. Nisem mogel brati in se spomniti, kaj sem prebral. 48 ur nisem mogel spati. Če sem spala, sem se po nekaj urah zbudila zaradi otrplosti rok, bolečin v hrbtu, vratu in nogah. To je bila ognjena preizkušnja moje vere. Nisem imel pojma o tem, kaj sem mislil. Velikokrat sem omedlel in zaspal. To je bil edini način, kako sem večino časa spala. Nisem želel zapravljati časa, zato sem razmišljal, kaj naj storim? Pomislil sem, da bi naredil zgoščenko vseh svojih knjig, ki so bile že prevedene. Pomislil sem, da če bi vse te knjige prenesel na zvočni trak, bi bilo to odlično za ta čas in dobo.

"da bi bila preizkušnja vaše vere, ki je veliko dragocenejša od zlata, ki propade, čeprav je preizkušeno z ognjem, najdena v hvalo, čast in slavo ob prihodu Jezusa Kristusa" (1 Pt 1:7).

Za širjenje te resnice sem bil pripravljen storiti vse. Nobena cena ni večja od tiste, ki jo je plačal Jezus. Bog mi je v svojem usmiljenju pomagal doseči cilj.

Nedvomno je za to potreboval več kot leto dni. Nisem imel dovolj denarja, da bi kupil vso opremo, niti nisem imel dovolj znanja, da bi vedel, kako snemati. Za nakup vsega, kar sem potreboval za ta novi projekt, sem začel uporabljati kreditno kartico. Pomislil sem, da lahko, ker ne morem brati in si zapomniti, knjigo preprosto preberem na glas in posnamem zvočno zgoščenko, tako ne bom potreboval spomina za branje.

Ker sem hodil v angleško cerkev, sem skoraj pozabil, kako pravilno brati guajarati, in nisem hotel opustiti svojega jezika. Velikokrat, kot veste, zaradi zdravja nisem mogel sedeti več dni ali celo tednov. Pozabil sem, kako snemati in uporabljati svojo snemalno opremo. Ogledal bi si svoje zapiske in začel znova, vendar tega nisem želel opustiti.

Nekaj si moramo zapomniti: hudič nikoli ne obupa! Iz tega se moramo učiti in nikoli ne smemo obupati!

Prišel je dan, ko sem končal svojo šeststransko knjižico. Na moje presenečenje sem jo dokončal v enem letu. Bil sem tako srečen, da sem si predvajal zgoščenko in počasi sem obrnil svoj invalidski voziček, da bi slišal svojo zgoščenko.

Ko sem pogledal, moje oči nenadoma niso imele vida. Bila sem zelo prestrašena in si rekla: "Tako trdo sem se trudila v svojem slabem zdravju. Želim si, da bi bolje skrbela za svoje zdravje, saj zdaj ne vidim." Nisem videla svoje kuhinje, stereo sistema, stene ali pohištva. Ničesar ni bilo razen gostega belega oblaka. Rekel sem: "Bil sem strog do sebe, zdaj sem slep." Nenadoma sem v tem gostem belem oblaku v svoji sobi zagledal Gospoda Jezusa, ki je stal v beli obleki in se mi nasmehnil. V kratkem času je izginil in spoznal sem, da je bila to vizija. Vedel sem, da je prišla Njegova slava Shekina. Bil sem tako srečen in spoznal sem, da je bil Gospod Jezus zadovoljen z mojim trudom.

Vedno želim prositi Boga za njegovo vodstvo, da bi svoj čas uporabil na najboljši način in mu tako dal slavo. Nobena situacija nas ne more ustaviti pri opravljanju njegove službe. To zgoščenko sem brezplačno dal ljudem in jo naložil tudi na svoj http://www.gujubible.org/web_site.htm. in https://waytoheavenministry.org

"KdonasboločilodKristusoveljubezni?alistiska,alistiska,alipreganjana li lakota, ali golota, ali nevarnost, ali meč?Kakorjezapisano" :Zaradi tebe nas ubijajo ves dan; štejemo se zaovcezazakol. Ne,vvsem tem smo več kot zmagovalci po tistem, ki nasjevzljubil. Prepričan sem namreč, da nas ne smrt ne življenje ne angeline kneževine ne oblasti ne moči ne sedanje ne prihodnje stvari ne višina ne globina ne katero koli drugo bitje ne bo moglo ločiti od Božje ljubezni, ki je v Kristusu Jezusu, našem Gospodu."(Rim 8:35-39)

Elizabeth Das

Poglavje 24

Študija, ki raziskuje

M večkrat sem imel priložnost voditi svetopisemske študije v drugih jezikih, ne le v angleščini. Ko sem jih učil Božjo besedo, niso mogli najti pravega svetopisemskega besedila. Vedno sem uporabljal verzijo Kralja Jakoba. Toda nekateri med njimi so imeli različne različice in jezike Svetega pisma.

Nekega večera sem učil o enem Bogu, monoteizmu (Mono izhaja iz grške besede Monos, theos pa pomeni Bog) in bral sem 1 Jn 5,7. Ko so v Svetem pismu poiskali ta odlomek, ga niso mogli najti. Bilo je že po polnoči, zato sem mislil, da ne razumejo, kaj berejo, in ko smo prevajali iz angleščine v njihov jezik, so rekli, da tega ni v našem Svetem pismu.

*"Trije so namreč tisti, ki v nebesih pričujejo: Oče, Beseda in Sveti Duh, in ti **trije so eno**." (1 Jn 5:7)*

Bila sem šokirana. Zato sva poiskala drugo pismo.

*"(KJV) 1. Timoteju 3:16: "**Bog** se je razodel v mesu"*

V njihovem Svetem pismu je pisalo: "*Pojavil se je v telesu*" (to laž imajo vse Biblije, prevedene iz poškodovanega aleksandrijskega rokopisa. Rimskokatoliška Vulgata, Sveto pismo Guajarati, Sveto pismo NIV, španska in druge sodobne različice Svetega pisma)

{ΘC=Bog} v grškem jeziku, vendar se z odstranitvijo majhne črtice iz ΘC "Bog" spremeni {OC = "kdo" ali "on"} v kdo, kar ima v grškem jeziku drugačen pomen. Gre za dve različni besedi, saj bi "on" lahko pomenil kogar koli, vendar Bog govori o Jezusu Kristusu v mesu.

Kako enostavno je odvzeti božanstvo Jezusa Kristusa?!?!?

Razodetje 1:8

KJV: Jaz sem Alfa in Omega, <u>začetek in konec</u>, govori Gospod, ki je, ki je bil in ki pride, Vsemogočni

"Prevod NIV: Razodetje 1:8 "Jaz sem Alfa in Omega," pravi Gospod Bog, "ki je, ki je bil in ki prihaja, Vsemogočni".

(Gujarati Biblija, NIV in drugi prevodi so odstranili "<u>Začetek in konec</u>")

Razodetje 1:11

"KJV: in rekel: "<u>Jaz sem Alfa in Omega, prvi in zadnji,</u> in kar vidiš, zapiši v knjigo in pošlji sedmim cerkvam, ki so v Aziji: Efezu, Smirni, Pergamu, Tiatiri, Sardi, Filadelfiji in Laodikeji." (Razodetje 1:11)

NIV: V tem času je bilo v Cerkvi veliko število ljudi, ki so se odločili, da jo bodo poslali v Efez, Smirno, Pergamon, Tiatiro, Sardis, Filadelfijo in Laodikejo."

(Sodobne različice Svetega pisma, Guajarati in Biblija NIV so vse odstranile <u>Jaz sem Alfa in Omega, prvi in zadnji</u>.)

Iz njihovega Svetega pisma nisem mogel dokazati, da obstaja 'en Bog'.

Moje poučevanje je trajalo dolgo in na njihovo presenečenje jim nisem mogel predložiti svetopisemskih dokazov, da obstaja en sam Bog iz njihovega Svetega pisma. To me je spodbudilo k poglobljenemu študiju.

> "Spomnim se, da je Pavel rekel: *Vem namreč, da bodo po mojem odhodu med vas vstopili hudobni volkovi, ki ne bodo varčevali črede.*
> *(Apostolska dela 20:29)*

Apostol Janez, ki je bil zadnji živeči Kristusov učenec, nas je v enem od svojih pisem opozoril:

> *"Preljubi, ne verjemite vsakemu duhu, ampak preizkušajte duhove," aliso iz Boga, kajti veliko lažnih prerokov je šlo po svetu. Po tem spoznavate Božjega Duha: Vsak duh, ki izpoveduje, da je Jezus Kristus prišel v mesu, je iz Boga: In vsak duh, ki ne priznava, da je Jezus Kristus prišel v mesu, ni iz Boga; in to je tisti duh antikrista, o katerem ste slišali, da naj bi prišel, in zdaj je že na svetu."*
> *(1 Jn 4:1-3)*

Rad bi z vami delil to dejstvo, ki sem ga odkril pri iskanju resnice o potvarjanju 'Božje besede'.

Aleksandrijski rokopis je bil poškodovana različica prvotnega pravega rokopisa Svetega pisma. Iz prvotnega rokopisa so odstranili številne besede, kot so: sodomit, pekel, kri, ustvaril jih je Jezus Kristus, Gospod Jezus, Kristus, aleluja in Jehova, ter številne druge besede in verze.

V Aleksandriji v Egiptu pismouki, ki so bili antikrist, niso imeli razodetja edinega pravega Boga, ker je bilo Sveto pismo spremenjeno glede na prvotni rokopis. Ta korupcija se je začela v prvem stoletju.

Sprva so bile grške in hebrejske Biblije napisane na papirusnih zvitkih, ki so bili hitro pokvarljivi. Zato so vsakih 200 let v različnih državah ročno napisali 50 izvodov, da bi jih ohranili še nadaljnjih 200 let. To so prakticirali tudi naši predniki, ki so imeli pravo kopijo izvirnega rokopisa. Isti sistem so sprejeli tudi aleksandrijci, da bi ohranili pokvarjeni rokopis.

V zgodnjih letih našega štetja so škofje prevzeli položaj in od leta 130 do 444 našega štetja postopoma uvedli korupcijo. Prvotnemu izvodu grškega in hebrejskega rokopisa so dodajali in odvzemali. Vsi naslednji škofje so zatrjevali, da so prejeli sporočila neposredno od Jezusa in da se ne smejo zmeniti za apostole, učence, preroke in učitelje. Vsi škofje so tudi trdili, da so edini razsvetljeni.

Aleksandrijski škof Origen (185-254): Tertulijan je bil pokvarjen škof, ki je dodal še več teme. Umrl je okoli leta 216. Klement je prevzel njegovo mesto in postal aleksandrijski škof. Ciril, jeruzalemski škof, se je rodil leta 315 in umrl leta 386. Avguštin, škof v Hiponu, ustanovitelj katolištva, se je rodil leta 347 in umrl leta 430. Odstranil je ljudi, ki so resnično verjeli v Božjo besedo. Krizostom je bil še en škof v Konstantinoplu, kjer je nastala pokvarjena različica. Rodil se je leta 354 in umrl leta 417. Sveti Ciril Aleksandrijski je postal škof leta 412 in umrl leta 444.

Ti škofje so pokvarili pravi rokopis, naši predniki, ki so poznali dejstva, kje in kako je bil prvotni rokopis pokvarjen, pa so jih zavrnili.

Ta korupcija se je začela, ko sta bila Pavel in Janez še živa. Aleksandrijci niso upoštevali Božje besede in so v Niceji, leta 325, vzpostavili nauk o Trojici. Niceja je današnja Turčija, v Svetem pismu pa je znana kot Pergamum.

> *"In angelu cerkve v **Pergamu** piši: "To pravi tisti, ki ima oster meč z dvema ostrinama: Poznam tvoja dela in vem, kje prebivaš, tudi **tam, kjer je** satanov **sedež**, in se držiš mojega imena in nisi zanikal moje vere, tudi v tistih dneh, ko je bil Antipa moj zvesti mučenec, ki je bil ubit med vami, kjer prebiva satan." (Razodetje 2:12-13).*

Niceja

Leta 325 n. št. je Satan odstranil Božjo edinost in dodal Trojico ter razdelil Boga. Iz krstne formule so odstranili ime Jezus in dodali Oče, Sin in Sveti Duh.

"Vrag ne pride, ampak da bi kradel,ubijalinuničeval;jazsemprišel,da bi imeli življenje in da bi ga imeli več.obilno" (Jn 10:10).

Pergamum (pozneje imenovan Nikeja, zdaj pa Turčija) je mesto, zgrajeno 1000 čevljev nad morjem. Na tem mestu so častili štiri različne bogove. Glavni bog je bil Asklepij, katerega simbol je kača.

Razodetje pravi:

*"In veliki **zmaj** je bil izgnan, tista stara **kača**,imenovanahudičinsatan, ki zavaja ves svet; izgnan je bil na zemljo in z njim njegovi angeli "(Razodetje 12:9).*

*"In prijel je zmaja, staro **kačo**, ki je hudič in satan, in ga zvezal za tisoč let" (Razodetje 20:2).*

V tem templju je bilo veliko velikih kač; tudi okoli tega območja je bilo na tisoče kač. Ljudje so prihajali v tempelj v Pergamu in iskali ozdravitev. Asklepij se je imenoval bog zdravljenja in je bil glavni bog med štirimi bogovi. Ker so ga imenovali bog zdravljenja, so na tem mestu uvedli zelišča in zdravila za zdravljenje. Da bi lahko odstranil rane in Jezusovo ime za ozdravitev. Njegov načrt je zavzeti Jezusovo mesto in odstraniti Kristusa kot Odrešenika, saj se je tudi sam razglašal za Odrešenika. Sodobna medicinska znanost je simbol kače prevzela od Asklepija (kače).

Sveto pismo pravi: *"Vi ste moje priče, govori Gospod, in moj služabnik, ki sem si ga izbral, da bi me spoznali in verjeli ter razumeli, da **sem jaz**: pred menoj ni bilo Boga, ki bi bil ustvarjen, in* *tudi po meni ga ne bo. Jaz, jaz sem Gospod, in razen mene ni* **rešitelja**.*"(Izaija 43:10-11)*

To je kraj, kjer je Satan ustanovil trojico.

Danes so našli izvirno kopijo aleksandrijskega rokopisa, pri čemer so podčrtali besedo in pisavo, da bi jo odstranili iz izvirnega pravega hebrejskega in grškega rokopisa. To dokazuje, da so bili oni tisti, ki so pokvarili resnično Božjo besedo.

Temna doba je nastopila tako, da je preprosto odstranila resnico in spremenila resnični dokument Svetega pisma.

Božja beseda je meč, luč in resnica. Božja beseda je trdna za vse večne čase.

Sveto pismo NIV, sodobno Sveto pismo in mnogi drugi jeziki Svetega pisma so bili prevedeni iz poškodovanega starega aleksandrijskega izvoda. Zdaj je večina drugih izvodov Svetega pisma nastala iz različice NIV in je prevedena v druge jezike. Pravica do kopiranja Satanove Biblije in Biblije NIV je v lasti človeka z imenom Rupert Murdoch.

Ko je kralj Jakob leta 1603 prevzel oblast po deviški kraljici Elizabeti, se je lotil projekta prevajanja Svetega pisma iz izvirnega hebrejskega in grškega rokopisa. Pri tem projektu so sodelovali številni hebrejski, grški in latinski teologi, učenjaki in ljudje, ki so bili v očeh drugih zelo spoštovani. Arheologi so našli stare prave izvirne hebrejske in grške rokopise, ki se v 99 % ujemajo z Biblijo KJV. En odstotek predstavljajo manjše napake, kot so ločila.

Hvalite Boga! KJV je javna last in vsakdo lahko uporabi Sveto pismo KJV ter ga prevede v svoj materni jezik. Moj predlog je, da moramo prevajati iz Svetega pisma KJV, saj je v javni lasti in je najnatančnejše Sveto pismo.

Z odstranitvijo resnice iz izvirnega Svetega pisma je izginilo ime "Jezus Kristus", ki je moč, ki osvobaja ljudi.

To je povzročilo nastanek številnih denominacij. Zdaj boste razumeli, zakaj Sveto pismo pravi, naj ne dodajamo ali odvzemamo.

Gre za napad na utelešenega Enega Boga.

Sveto pismo pravi.

> *"In Gospod bo kralj nad vso zemljo; tistega dne bo en Gospod in njegovo ime eno." (Zaharija 14:9)*

Njegovo ime je JEZUS!!!

To sem storil "Njegova pot"

Poglavje 25

Osebna pričevanja, ki spreminjajo življenje

Pozdrav v Jezusovem imenu:

Ta osebna pričevanja, ki spreminjajo življenje, so vključena kot spodbuda moči vsemogočnega Boga. Iskreno upam, da se bo vaša vera ob branju teh navdihujočih pričevanj ponižnih vernikov in duhovnikov, ki imajo poklic in strast do Boga, okrepila. "Spoznajte ga v intimnosti njegove ljubezni po veri, molitvi in Božji besedi." Znanost in medicina ne moreta razložiti teh čudežev, prav tako tisti, ki se imajo za modre, ne morejo razumeti Božjih stvari.

"Indaltibomzakladetemeinskritobogastvoskrivnihprostorov,dabošspoznal, da sem jaz, Gospod, ki te kličem po tvojem imenu, Izraelov Bog."
(Izaija 45:3)

"To je pot vere, ki je ni mogoče razčleniti in si je ni mogoče predstavljati."

Elizabeth Das

> *"Modreci so osramočeni, zgroženi in prevzeti; glej, zavrgli so Gospodovo besedo in kakšna modrost je v njih?" (Jeremija 8:9)*

> *"Gorje tistim, ki so modri v svojih očeh in preudarni v svojih očeh!"*
> *(Izaija 5:21)*

> *"Kajti vidite, bratje, svojo poklicanost, da ni poklicanih veliko modrih po mesu, ne veliko mogočnih, ne veliko plemenitih: ampak je Bog izbral neumne stvari sveta, da bi osramotil modre; in Bog je izbral slabotne stvari sveta, da bi osramotil mogočne;"*
> *(1 Korinčanom 1:26-27)*

> *"Pokliči me, pa ti bom odgovoril in ti pokazal velike in mogočne stvari, ki jih ne poznaš." (Jeremija 33:3)*

Iskreno se zahvaljujem vsem, ki so prispevali svoja osebna pričevanja in čas za to knjigo v Božjo slavo.

Naj vas Bog blagoslovi
Elizabeth Das, Teksas

To sem storil "Njegova pot"

Pričevanja

ljudi

Vsa pričevanja so dana prostovoljno, da bi dala Bogu slavo, slava pripada samo Bogu

Terry Baughman, pastor
Gilbert, Arizona, ZDA

Elizabeth Das je vplivna ženska. Apostola Pavla in njegovega misijonarskega spremljevalca Sila je pritegnila ženska molitvena skupina v bližini Tiatire ob reki. Na tem molitvenem srečanju je Lidija slišala nauk Pavla in Sile in nato vztrajala, da bi med svojim služenjem v regiji prišla k njej domov. (Glej Apostolska dela 16,13-15) Gostoljubnost in ... služenje te ženske je zapisano v Svetem pismu, da se ga bomo spominjali za vse čase.

Elizabeth Das je takšna Božja ženska, podobno kot vplivna ženska Lidija v Apostolskih delih. S svojim prizadevanjem in strastjo je druge vodila k spoznanju resnice, koordinirala molitvene skupine in bila orodje za pošiljanje služabnikov evangelija v svojo domovino Gudžarat v Indiji. Ko sem prvič slišal za Elizabeth Das, sem bil inštruktor in akademski dekan na Christian Life College v Stocktonu v Kaliforniji. Daryl Rash, naš vodja misijonov, mi je povedal o njenem dobrem delu pri nagovarjanju služabnikov, da bi šli v Ahmadabad v Indiji poučevat in pridigat na konference, ki jih je sponzoriral pastor Jaiprakash Christian and Faith Church, skupina več kot 60 cerkva v državi Gudžarat v Indiji. Poklicala je Christian Life College in prosila za govornike na prihajajoči konferenci za cerkve v Indiji. Poslali smo dva naša inštruktorja, da bi na konferenci poučevala in pridigala. Naslednjič je poklicala Elizabeth Das; Daryl Rash me je vprašal, ali bi želel iti poučevat na eno od konferenc. Z veseljem sem šel in takoj sem se začel pripravljati na potovanje. Spremljal me je še en inštruktor, Brian Henry, ki je na konferenci pridigal pri nočnih bogoslužjih. Takrat sem bil izvršni podpredsednik Christian Life College in inštruktor za polni delovni čas, zato sva se dogovorila za nadomeščanje pri pouku in drugih obveznostih ter odletela čez pol sveta, da bi delila svoje službe s čudovitimi ljudmi v Gudžaratu v zahodni Indiji. Na drugem potovanju v Gudžarat leta 2008 me je spremljal sin, ki je na konferenci Duh in resnica v Anandu doživel dogodek, ki mu je spremenil življenje. Letenje po svetu in sodelovanje na teh konferencah in službenih potovanjih je drago, vendar se nagrada ne more meriti z denarjem. Moj sin se je na tem potovanju v Indijo na novo zavezal Gospodu, kar je spremenilo smer njegovega življenja. Zdaj vodi bogoslužje in je glasbeni vodja v cerkvi, kjer zdaj služim kot pastor v Gilbertu v Arizoni. Služba v Indiji ne blagoslavlja le ljudi, ampak tudi tiste, ki tja odidejo, včasih na presenetljive načine.

Vpliv Elizabeth Das se dobesedno čuti po vsem svetu. Ne le, da ima pomembno vlogo pri pošiljanju duhovnikov iz Združenih držav Amerike v Indijo, temveč tudi pri prevajanju gradiva v gudžaratski jezik, ki je jezik njenega doma. Kadarkoli sem se z njo pogovarjal po telefonu, je nenehno iskala nove načine, kako deliti resnico evangelija. Dejavna je v molitveni službi in dejavno išče načine za služenje s svetopisemskimi urami v tiskani obliki in na internetu prek svojih posnetkov na YouTubu. Elizabeth Das je živ dokaz, kako lahko ena oseba s strastjo, vztrajnostjo in molitvijo spremeni svet.

Veneda Ing
Milan, Tennesee, ZDA

Živim v majhnem mestu v zahodnem Tennesseeju in pripadam lokalni binkoštni cerkvi. Pred nekaj leti sem se udeležila molitvene konference v St. Louisu, MO, kjer sem spoznala gospo po imenu Tammy in takoj sva postali prijateljici. Ko sva se spoznali, mi je povedala o molitveni skupini, ki ji je pripadala in jo je vodila sestra Elizabeth Das iz svojega doma v Teksasu. V majhni skupini so bili ljudje iz različnih delov Združenih držav, ki so se ji pridružili prek telefonske konference.

Ko sem se vrnil domov, sem začel klicati v molitveno skupino in Bog me je takoj blagoslovil. Ko sem se pridružil tej skupini, sem bil v cerkvi približno 13 let, zato molitev zame ni bila nekaj novega, vendar je bila moč "dogovorjene molitve" osupljiva! Takoj sem začel dobivati rezultate svojih molitvenih prošenj in vsak dan sem poslušal poročila o hvalnicah. Ne le, da je raslo moje molitveno življenje, rasla je tudi moja služba zapora in drugi darovi Duha, s katerimi me je Bog blagoslovil. Do takrat še nikoli nisem spoznal sestre Dase. Njena velika želja po molitvi in pomoči drugim, da izkoristijo darove, ki so v njih, me je vedno znova gnala k molitvi. Je zelo spodbudna in zelo pogumna, ne boji se dvomiti o stvareh in vsekakor se ne boji povedati, če od Boga čuti, da je nekaj narobe. Jezus je vedno njen odgovor. Ko se mi je ponudila priložnost, da pridem v Teksas in se udeležim posebnega molitvenega srečanja na domu sestre Dase, sem se ga najbolj veselila.

Vkrcal sem se na letalo in v nekaj urah sem bil na letališču Dallas-Ft Worth, kjer sva se prvič srečala po več kot letu dni skupne molitve.

Znan glas, a zdelo se je, kot da se poznamo že leta. Tudi drugi so prišli iz drugih držav, da bi se pridružili temu srečanju.

Domače molitveno srečanje je bilo nekaj, česar še nikoli prej nisem doživel. Bil sem tako navdušen, da je Bog dovolil, da me uporabi v korist drugih. Na tem srečanju smo videli mnoge ozdravljene zaradi težav s hrbtom in vratom. Videli in doživeli smo rast nog in rok ter bili priča ozdravljenju nekoga od sladkorne bolezni, skupaj s številnimi drugimi čudeži in dogodki, ki so spremenili življenje, kot je izganjanje demonov. Zaradi tega sem še bolj hrepenel po Božjih stvareh in po tem, da bi ga spoznal na višjem mestu. Naj se za trenutek ustavim in povem, da je Bog te čudeže storil v imenu Jezusa in samo Njega. Bog uporablja sestro Das, ker je pripravljena pomagati in učiti druge, da bi se naučili, kako dovoliti Bogu, da uporabi tudi njih. Je draga prijateljica in mentorica, ki me je naučila, da sem bolj odgovoren pred Bogom. Bogu se zahvaljujem, da so se najini življenji križali in da sva postali molitveni partnerici. V trinajstih letih življenja za Boga nisem nikoli spoznala prave moči molitve. Spodbujam vas, da oblikujete enotno molitveno skupino in preprosto vidite, kaj bo Bog storil. On je neverjeten Bog.

Diana Guevara
Kalifornija El Monte

Ko sem se rodil, sem bil vzgojen v katoliški veri svoje družine. Ko sem postal starejši, nisem prakticiral svoje vere. Ime mi je Diana Guevara in kot majhna deklica sem vedno vedela, da bi morala nekaj čutiti, ko sem hodila v cerkev, vendar tega nikoli nisem čutila. Moja rutina je bila molitev Oče naš in Zdrava Marija, kot sem se naučila kot majhen otrok. Resnica je, da Boga v resnici nisem poznala. Februarja 2007 sem izvedela, da ima moj petnajstletni fant afero in da je na različnih spletnih straneh za zmenke. Bila sem tako prizadeta in uničena, da sem padla v depresivno stanje in ves čas ležala na kavču ter jokala. Bila sem tako prizadeta, da sem v 21 dneh shujšala za 25 kilogramov, saj sem imela občutek, da se je moj svet končal. Nekega dne me je poklicala sestra Elizabeth Das, gospa, ki je nisem nikoli poznala. Spodbujala me je, molila nad menoj in mi navajala svetopisemske odlomke iz Svetega pisma. Dva meseca sva se pogovarjali in ona je še naprej molila nad menoj in vsakič sem začutila Božji mir in ljubezen. Aprila 2007 mi je nekaj reklo, da moram iti v Teksas na dom sestre Elizabete. Naredil sem rezervacijo in bil na poti v Teksas za pet dni. V tem času je sestra Elizabeth in jaz molila in imela svetopisemske študije. Pokazala mi je Sveto pismo o krstu v Jezusovem imenu. Postavila sem veliko vprašanj o Bogu in vedela, da se moram čim prej krstiti v Jezusovem imenu. Ko sem bil krščen, sem vedel, da je bil to razlog, zakaj sem čutil nujnost, da grem v Teksas. Končno sem našel tisto, kar sem kot otrok pogrešal, prisotnost vsemogočnega Boga! Ko sem se vrnil v Kalifornijo, sem začel obiskovati cerkev Life.

Tu sem prejel dar Svetega Duha z dokazom govorjenja v jezikih. Resnično lahko rečem, da obstaja razlika med resnico in religijo. Po Božji ljubezni je uporabil sestro Elizabeto, da me je učila svetopisemske študije in mi pokazala načrt odrešitve v skladu z Božjo besedo. Rodil sem se v religijo in to je bilo vse, kar sem vedel, ne da bi sam raziskoval Sveto pismo. Ker so me naučili ponavljati molitve, moje molitve zdaj niso nikoli rutinske ali dolgočasne. Rad se pogovarjam z Gospodom. Vedno sem vedel, da Bog obstaja, vendar takrat nisem vedel, da lahko čutim njegovo prisotnost in ljubezen, kot to počutim zdaj. Ne le, da je prisoten v mojem življenju, dal mi je mir in popravil moje srce, ko sem mislila, da je moj svet končan. Gospod Jezus mi je dal Ljubezen, ki mi je v življenju vedno manjkala. Nikoli si ne morem predstavljati svojega življenja brez Jezusa, saj brez njega nisem nič. Ker je prazne prostore v mojem srcu napolnil s svojo ljubeznijo, živim zanj in samo zanj. Jezus je vse in lahko ozdravi tudi vaše srce. Vso čast in slavo dajem samo našemu Gospodu Jezusu Kristusu.

Jairo Pina Moje pričevanje

Moje ime je Jairo Pina in trenutno sem star 24 let ter živim v Dallasu, TX. Ko sem odraščal, smo z družino hodili v cerkev le enkrat na leto in verjeli v katoliško vero. Vedel sem za Boga, vendar ga nisem poznal. Ko sem bil star 16 let, so mi diagnosticirali maligni tumor na desni fibuli, znan kot osteosarkom (kostni rak). Leto dni sem bil podvržen kemoterapiji in operacijam, da bi se s tem spopadel. V tem času sem se najhitreje spomnil, da se mi je Bog razodel. S prijateljem in njegovo mamo me je potegnil v majhno stavbo v Garlandu v Teksasu. Prijateljeva mati je prijateljevala s krščanskim parom, ki naju je peljal k pastorju, ki je bil afriškega porekla. Pozneje sem odkril, da je imel ta pastor dar prerokovanja.

Pastor je prerokoval nad posamezniki, ki so šli z nami v to majhno stavbo, vendar mi je za vedno ostalo v spominu to, kar je prerokoval nad mano. Dejal je: "Uau! Imeli boste veliko pričevanje in z njim pripeljali veliko ljudi k Bogu!". Bil sem skeptičen in sem ga kar odvrnil, saj nisem vedel, kaj se bo zgodilo pozneje v mojem življenju. Hitro naprej, približno dve leti po tem, ko sem končal svoj prvi boj z rakom, se mi je ponovila bolezen na istem mestu, kot je bilo prej omenjeno. To me je izredno prizadelo, ker sem imel več načrtovane kemoterapije in ker mi je bilo treba amputirati desno nogo. V tem času sem si vzela veliko časa, da sem bila sama, v upanju, da se bom psihično pripravila. Nekega dne sem parkiral ob jezeru in začel iz srca moliti k Bogu. Nisem vedel, kaj resnično pomeni moliti, zato sem mu začel govoriti iz tega, kar sem imel v mislih in srcu. Rekel sem: "Bog, če si resnično pristen, mi pokaži in če ti je mar zame, mi pokaži".

Približno 15 minut pozneje sem šla preklicat članarino za fitnes v LA Fitness, kjer sem videla delati enega od svojih prijateljev. Razložil sem mu, zakaj prekinjam članstvo, on pa me je vprašal, zakaj ga želim preklicati. Nato je rekel: "Človek! Moral bi iti v mojo cerkev. Tam sem videl veliko čudežev in ljudi, ki so bili ozdravljeni." Ničesar nisem imel za izgubiti, zato sem začel hoditi. Začel mi je kazati verze iz Apostolskih del o krstu in napolnitvi s Svetim Duhom. Povedal mi je tudi o govorjenju v jezikih, kar se mi je zdelo čudno, vendar me je usmeril na svetopisemske dokaze. Naslednja stvar, ki sem jo vedel, je bila, da sem bil v njegovi cerkvi, ko so vprašali, kdo želi izročiti svoje življenje Kristusu in se krstiti. Približal sem se prižnici, ko je pastor položil roko nad mojo glavo. Začel je moliti zame in še isti dan, ko so me krstili, sem začel govoriti v jezikih. To je pristalo v znamenju moje izkušnje rojstva, ne da bi vedel, da sem zdaj v duhovni vojni.

Tudi po tej izkušnji so me začeli napadati in odvračati od Boga. Prav tako bi rad omenil, da so me še pred krstom duhovno napadali demoni, nekaj sem jih celo slišal. Slišal sem enega, ki se je ob treh zjutraj pred mojim oknom smejal z otroškim glasom, enega, ki se je smejal, ko se me je spolno dotikal, in enega, ki mi je rekel, da me bo odpeljal v pekel. Doživela sem še nekaj drugih napadov, vendar so ti najbolj izstopali. Zdaj pa se vrnimo k tistemu, kar sem že povedal o tem, da sem se oddaljil od Boga. Imel sem razmerje z dekletom, ki me je nazadnje prevaralo in mi razbilo srce na koščke. Skupaj sva bila približno eno leto in končalo se je tragično. Ko sem se poskušal spopasti s praznino, sem začel piti in kaditi. Nato sem med jokom začel prositi Boga, naj mi pomaga in me spet pripelje k njemu. To sem resnično mislil resno in začel sem doživljati Božje usmiljenje, ne da bi vedel, kaj to v resnici je.

S prijateljem in njegovo mamo sem spet začel hoditi v cerkev, kjer sem bil krščen v binkoštni cerkvi. Takrat se je moje poznavanje Svetega pisma začelo zelo poglabljati. Hodil sem na tečaje o temeljih in se z branjem Božje besede veliko naučil. Prijateljeva mama mi je sčasoma dala knjigo Elizabeth Das "I did it His Way "in mi povedala, da je to vplivna knjiga o njeni hoji z Bogom. Ko sem knjigo končala, sem opazila, da je na njej njen elektronski naslov. Povezala sem se z Elizabeth in prijateljič inamama ji je prav tako povedala o meni. Začela sem se z njo pogovarjati po telefonu in jo sčasoma srečala tudi osebno. Odkar sem jo spoznala, sem opazila, da resnično ljubi Božjo besedo in jo uporablja v svojem življenju. Vlagala je roke na bolnike in v svojem času molila za mnoge ljudi. Imam jo za svojo duhovno mentorico, saj me je veliko naučila o Bogu in njegovi besedi, za kar sem ji izredno hvaležna. Rekla bi, da sva postali celo prijateljici in se še danes preverjamo.

Januarja 2017 sem imel v najemu stanovanje, ki je pripadalo univerzi, na kateri sem študiral. Pravzaprav sem si prizadeval, da bi zaradi finančnih težav nekdo prevzel moj najem. Nisem delal in nisem imel denarja, da bi še naprej plačeval najemnino za stanovanje. Na žalost nisem mogel najti nikogar, ki bi prevzel najemno pogodbo, zaradi česar bi moral še naprej plačevati najemnino. Poklical sem Elizabeth Das, kot to pogosto počnem, za molitev o tem vprašanju prekinitve čiste pogodbe. Januarja istega leta sem opravil računalniško tomografijo prsnega koša, ki je pokazala, da imam na desnem spodnjem pljučnem režnju madež. Moral sem prestati operacijo za odstranitev mesta, ki se je pokazalo na posnetku in se je izkazalo za maligno. Čeprav je bilo to hudo, sem lahko zaradi tega še isti mesec prekinil pogodbo o najemu stanovanja. Pravijo, da Bog deluje na skrivnostne načine, zato sem mu zaupal, kar se je dogajalo. V tem času sem opravljala pripravljalne predmete v upanju, da jih bom končala in se vpisala na zdravstveno šolo. Elizabeth je molila zame, da bi dobila dobro službo in se vpisala na zdravstveno šolo v skladu z Božjo voljo za moje življenje.

Približno tri mesece pozneje sem bil naročen na novo računalniško tomografijo prsnega koša, da bi preveril, ali je z mano vse v redu. Vendar je preiskava pokazala še eno točko na pljučih, blizu tiste, ki je bila tam januarja 2017. Onkolog je dejal, da je prepričan, da se rak ponovno vrača in da ga moramo odstraniti z operacijo. Nisem mogel verjeti, da se to dogaja. Mislila sem, da je to zame konec. O tem sem povedal Elizabeti in v tem času je začelo zame moliti še veliko drugih ljudi. Čeprav se je to dogajalo, sem še vedno malo verjel, da bo vse v redu in da bo Bog poskrbel zame. Spomnim se, da sem se nekega dne ponoči vozil in prosil Boga: "Če me boš spravil iz te zagate, obljubim, da bom to, kar si storil zame, delil z drugimi."

Nekaj tednov pozneje sem šel na operacijo, kjer so mi odstranili večji premer desnega spodnjega pljučnega režnja. Elizabeth in njena prijateljica sta celo prišli v bolnišnico, da bi položili roke name in molili, da bi mi Bog prinesel ozdravljenje. Približno dva tedna po operaciji sem se vrnil v bolnišnico, da bi dobil izvide. Da ne omenjam, da sem v tem času še vedno iskala službo v bolnišnici, da bi si izboljšala možnosti za vpis na šolo za medicinske sestre. Ko sem se istega dne približala prijavni službi, da bi dobila rezultate operacije, sem vprašala, ali zaposlujejo. Ko sem se prijavljala, je bila na vhodu ena od menedžerk in mi dala svoje podatke, da ji sporočim, ko bom oddala svojo prošnjo prek spleta. Naslednja stvar, ki jo veste, je bila, da sem čakala v sobi, da se je onkolog pojavil z mojimi rezultati. Bila sem izjemno živčna in prestrašena, kaj mi bo povedal.

Onkolog je vstopil v sobo in najprej je rekel: "Ali vam je kdo že povedal rezultate?". Rekel sem mu, da ne, in želel sem, da mi na mizo položi možnosti, kaj moram storiti naprej. Nato mi je rekel: "Vaši izvidi so torej pokazali, da je šlo le za kopičenje kalcija, to ni rak." Bil sem popolnoma v šoku, saj sem se zavedal, da je bil Bog tisti, ki je to storil zame. Odšel sem do avta in začel jokati solze veselja! Poklical sem Elizabeth in ji povedal dobro novico. Oba sva skupaj praznovala. Nekaj dni pozneje sem bil na razgovoru za službo v bolnišnici in že čez teden dni so mi ponudili službo. Nekaj tednov po tem, ko sem dobila službo, so me sprejeli v šolo za medicinske sestre. Slava Bogu, da je vse to združil, saj me še vedno veseli, ko o tem govorim.

Trenutno sem v zadnjem semestru šole za medicinske sestre, diplomirala pa bom maja 2019. Doživela sem že veliko in hvaležna sem za vsa vrata, ki mi jih je Bog odprl in zaprl. Znašla sem se celo v odnosu z drugo osebo in bila je neverjetna, da mi je bila ob strani, odkar je rak januarja 2017 metastaziral v moja pljuča, do današnjega trenutka. Elizabeta me je veliko naučila in velikokrat molila zame, kar mi kaže moč molitve in polaganja rok na bolnike. Bralec, nikakor nisem bolj poseben od tebe. Bog te enako ljubi in Jezus Kristus je umrl za tvoje in moje grehe. Če ga boš iskal z vsem srcem, ga boš našel.

"Poznam namreč misli, ki jih mislim na vas, govori Gospod, misli miru in ne zla, da bi vam dal pričakovani konec. Tedaj me boste klicali in hodili k meni ter me prosili, in uslišal vas bom. Iskali me boste in me našli, ko me boste iskali z vsem srcem" Jeremija " 29:11-13 KJV.

Madalyn Ascencio
El Monte, Kalifornija, ZDA

Včasih sem verjela, da me bo moški dopolnil. Ko sem se zaljubila v Jezusa, sem ugotovila, da me dopolnjuje On in samo On. Ustvarjena sem bila, da ga častim in obožujem! Moje ime je Madalyn Ascencio in to je moje pričevanje.

Marca 2005 sem začela trpeti zaradi anksioznosti in napadov panike, ki so trajali 3 leta. Večkrat sem bila v bolnišnici, kjer so mi ponudili le antidepresive in valium, vendar nisem hotela biti odvisna od zdravil, da bi se počutila normalno. Molila sem, da bi mi Bog pomagal. Nekega sobotnega jutra sredi oktobra 2008 sem imela zelo hud napad panike, zato sem poklicala sestro Elizabeto. Vprašala me je, kaj se dogaja, in molila zame. Ko sem se počutila bolje, mi je dala prebrati nekaj besed iz Svetega pisma. Molila sem in prosila Boga, naj mi da modrost in razumevanje. Ko sem brala Sveto pismo,

"Janez 3:5-7: Jezus je odgovoril: "Resnično, resnično, povem ti: **<u>Če se kdo ne rodi iz vode in Duha, ne more priti v Božje kraljestvo.</u>** *Kar je rojeno iz mesa, je meso, kar pa je rojeno iz Duha, je duh. Ne čudite se, da sem vam rekel: "Morate se ponovno roditi. "*

"Janez 8:32: In spoznali boste resnico in resnica vas bo osvobodila."

"Janez 10:10: Vrag ne pride, ampak da bi kradel, ubijal in uničeval; jaz sem prišel, da bi imeli življenje in da bi ga imeli v obilju."

To sem storil "Njegova pot"

Vedel sem, da mi govori Bog. Bolj ko sem molila in se pogovarjala s sestro Elizabeto, bolj sem vedela, da se moram ponovno krstiti. Toliko sem molila, da bi me Bog približal. Od leta 2001 do leta 2008 sem obiskoval krščansko nedominantno cerkev in aprila 2007 sem bil krščen. Sestra Elizabeta me je vprašala, kaj sem čutila, ko sem se dala krstiti, in rekla sem ji: "Dobro sem se počutila." Njen odgovor je bil: "In to je to?" Vprašala me je, ali sem bil krščen v Jezusovem imenu, in odgovoril sem ji, da sem bil krščen v imenu Očeta, Sina in Svetega Duha. Rekla mi je, naj berem in študiram.

*"Apostolska dela 2:38: Peter jim je rekel: "Spreobrnite se in se vsak izmed vas krstite **v imenu Jezusa Kristusa v odpuščanje grehov**, pa boste prejeli dar Svetega Duha."*

*"Apd8:1217:KosoverjeliFilipu,kijeoznanjalBožjekraljestvoinimeJezusa Kristusa, sose dali krstiti, moški in ženske. Tudi Simonjeveroval in ko je bil krščen, je ostal s Filipom in se čudil, ko je gledalčudeže in znamenja, ki so se dogajali. Ko so apostoli, ki so bili v Jeruzalemu, slišali, da je Samarija sprejela Božjo besedo, so k njim poslali Petra in Janeza, ki sta, ko sta prišla dol, molila zanje, da bi prejeli Svetega Duha (saj še ni padel na nobenega od njih; le oni so bili **krščeni v imenu Gospoda Jezusa)**. Nato so nanje položili roke in prejeli so Svetega Duha."*

*"Apostolska dela 10:43-48: Vsi preroki pričajo, da bo vnjegovemimenuvsak, kdor vanj veruje, prejel odpuščanje grehov.Koje Peter še govoril te besede, je Sveti Duh padel na vse,kisotobesedo slišali.In tisti od obrezanih, ki so verovali, so sečudili,vsi,kisoprišli s Petrom, ker se je tudi na pogane izlil dar Svetega Duha.Slišalisojih namreč govoriti z jeziki in poveličevati Boga. Tedaj je Peter odgovoril: "Ali lahko kdo prepove vodo, da se ne bi krstili ti, ki so prejeli Svetega Duha tako kot mi? In **ukazal jim je, naj se krstijo v Gospodovo ime."***

"Apostolska dela 19:1-6: Ko je bil Apolon v Korintu, je Pavel po prehodu skozi zgornje kraje prišel v Efez in našel nekatere učence ter

*jim rekel: "Ali ste prejeli Svetega Duha, odkar ste verovali? Odgovorili so mu: "Nismo niti slišali, ali je Sveti Duh. Rekel jim je: "V kaj ste bili krščeni? Rekli so: "V Janezov krst. Tedaj je Pavelrekel: "Janez je res krščeval s krstom spreobrnjenja in ljudem govoril, naj verujejo v tistega, ki bo prišel za njim, to je v Jezusa Kristusa. Ko so to slišali, **so se dali krstiti v imenu Gospoda Jezusa**. In ko je Pavel položil roke nanje, je nanje prišel Sveti Duh; govorili so z jeziki in prerokovali."*

*"Apostolska dela 22:16 Zakaj pa zdaj zamujaš? vstani, daj se **krstiti in sprati svoje grehe ter kliči Gospodovo ime.**"*

Gospod mi je razodel, da je Sveti Duh na voljo tudi zame in da bom ozdravljen in osvobojen tega strašnega trpljenja, če se **krstim v Jezusovem imenu.** Ob dnevih, ko je bilo res hudo, sem poklicala sestro Elizabeto in ona je molila nad menoj. Spoznal sem, da me je napadel sovražnik, navsezadnje je njegovo poslanstvo krasti, ubijati in uničevati, kot piše v Jn 10,10. Pred mnogimi leti sem prebral Pismo Efežanom 6,10-18 in spoznal, da moram vsak dan nositi celoten Božji oklep. Vsakič, ko sem začutil, da me je prevzela tesnoba, sem se začel boriti in ne bati. 2. novembra 2008 sem bil krščen v Jezusovem imenu v cerkvi Life Church v Pasadeni v Kaliforniji. Občutil sem neverjeten mir, ki ga še nikoli prej nisem poznal, in to še preden sem stopil v vodo, da bi se dal krstiti. Ko sem prišla iz vode, sem se počutila lahka kot pero, kot da hodim po oblakih, in nisem se mogla nehati smejati. Čutil sem Božjo navzočnost, mir in ljubezen kot še nikoli prej. 16. novembra 2008 sem prejel dar Svetega Duha z dokazom govorjenja v drugih jezikih. Vrzel, ki sem jo vedno čutil že od otroštva, je bila zdaj zapolnjena. Vedel sem, da me Bog ljubi in ima velik namen za moje življenje, in bolj ko ga iščem in molim, bolj se mi razkriva. Bog mi je pokazal, da moram deliti svojo vero, dajati upanje in ljubezen. Od mojega novega apostolskega rojstva in osvoboditve od tesnobe je Jezus v moje življenje pripeljal veliko ljudi, ki prav tako trpijo zaradi tesnobe. Zdaj imam v svojem pričevanju službo, ki jo lahko delim z njimi.

Zelo sem hvaležna Jezusu za sestro Elizabeto Das. Po njenih molitvah in poučevanju zdaj tudi jaz delam za Jezusa. S svojimi molitvami in služenjem je k Gospodu pripeljala tudi mojo mamo, hčer, teto in nekaj prijateljev. Ustvarjen sem bil, da bi Jezusu izročil vso slavo! Naj bo blagoslovljeno njegovo sveto ime.

Martin Razo
Santa Ana, Kalifornija, ZDA

Kot otrok sem živel v žalosti. Čeprav so me obkrožali ljudje, sem imel občutek globoke osamljenosti. Ime mi je Martin Razo in to je bilo moje odraščanje. V srednji šoli so vsi vedeli, kdo sem, tudi če niso bili v krogu tistih, ki sem jih imel za "kul ljudi". Imel sem nekaj prijateljic, užival sem droge in živel, kot da je to nekaj normalnega, saj so to počeli skoraj vsi drugi. Ob petkih in sobotah zvečer sem se s prijatelji opijal in hodil v klube po punce. Oče mi je bil vedno za petami in je pazil, kaj in kje počnem.

Družinska prijateljica, sestra Elizabeth, je z mano delila svoje pričevanje. Pravzaprav ni bilo dolgočasno, pravzaprav je bilo njeno pripovedovanje zelo zanimivo. Včasih sem mislila, da dejansko verjame v to, kar govori. Potem pa je šlo doma nenadoma vse narobe. Zdelo se je, kot da me je Gospod opozarjal in klical skozi strah. Imel sem tri zelo strašljive izkušnje, zaradi katerih sem v to verjel. Najprej so me ujeli z drogami in pobegnil sem od doma, vendar ne za dolgo. Teta me je prisilila, da sem poklical mamo, in ko sem izvedel, da ima mama sladkorno bolezen, sem se vrnil domov. Drugič, ob dveh zjutraj sem se vračal iz nočnega kluba in se zapletel v prometno nesrečo, v kateri je avto eksplodiral in šel v zrak. V tistem času sem obiskovala študij Svetega pisma s sestro Das. Tretjič, prijatelja sem prosil za prevoz in ko sva se začela pogovarjati, mi je povedal, da je prodal svojo dušo hudiču in da ima moč prižigati in ugašati luči. To mi je demonstriral na uličnih svetilkah, tako da je z mežikanjem z očmi prižigal in ugašal luči. Videl sem njegov obraz, kot da se spreminja v demona. Skočil sem iz avta in tekel domov, kolikor hitro sem mogel.

Čez nekaj ur sem začel razmišljati o tem, kar je povedala sestra Elizabeta, in pomislil, da mora biti tudi to resnično. Sestra Das mi je po telefonu dala svetopisemski študij o krstu v Jezusovem imenu, o katerem govorijo Apostolska dela in zgodnja Cerkev. Takrat še ni vedela za moje samomorilsko nagnjenje, vendar ji je nekaj govorilo, da moram to slišati takoj, ker me morda ne bo več videla. Krstil sem se, ko sem obiskoval cerkev, ki je verjela, da je Bog sveta trojica treh oseb. Iz te cerkve sem prehajal k nauku apostolov. Bog je eden! Bog je Duh, Jezus je bil Bog, ki je prišel v mesu, da bi prebival med ljudmi, in Sveti Duh je Bog v nas. To je bil in je nauk apostolov. Kot resnico sem sprejel le to, kar so me učili. Nisem vedel, kdaj in od kod je to prepričanje prišlo.

Teden dni pozneje me je sestra Elizabeta povabila, naj grem k stricu na študij Svetega pisma. Z njo je prišel brat James Min, ki ima dar ozdravljanja in osvobajanja. Tisto noč so se dogajali čudeži in po študiju Svetega pisma so nas vprašali, ali želimo prejeti Svetega Duha. Večina nas je odgovorila pritrdilno. Še vedno sem mislil, da je to noro in nemogoče, vendar sem vseeno stopil naprej.

Ko sta brat James in sestra Elizabeta molila zame, me je prevzela moč. Nisem vedel, kako naj se odzovem na ta močan občutek veselja. Najprej sem občutek te moči zatrl. Nato je drugič prišel še močnejši kot prvič, postajal je še močnejši, ko sem ga spet poskušal zatreti.

Tretjič nisem mogel zatreti Duha in začel sem govoriti v drugem jeziku ali jeziku, ki ga nisem poznal. Mislil sem, da je govorjenje v jezikih laž, zato sem ob prvem veselju Svetega Duha, ki me je zajel, poskušal govoriti, vendar sem se skušal ustaviti, ker me je bilo strah. Tisti dan me je Jezus ozdravil vseh depresij in samomorilskih misli.

Zdaj sem star 28 let in Gospod je resnično spremenil moje življenje na bolje. Končal sem svetopisemsko šolo in Gospod me je blagoslovil s čudovito ženo. V naši cerkvi imamo mladinsko službo in tudi sam si prizadevam za službo Božjega služabnika. Sestra Das ni nikoli obupala nad družino Razo in mano. Zaradi njenih številnih molitev in deljenja pričevanj o Božji moči je dobro prišlo do celotne družine Razo. Tudi mnogi naši sorodniki in sosedje so se obrnili k Gospodu Jezusu Kristusu. Zdaj imam pričevanje tudi jaz. Naj povem, da nikoli ne smete nehati moliti za ljubljene osebe in ljudi na splošno. Morda nikoli ne boste vedeli, kaj Bog počne in kako načrtuje strategijo, da bi to uresničil po svoji poti!!!

Tammy Alford
Gora. Herman, Louisiana, ZDA.

V bistvu sem bil vse življenje v cerkvi. Moje breme je za ljudi, ki trpijo, in želim jih doseči z besedo resnice, da bi vedeli, da je Jezus njihovo upanje. Ko mi je Gospod dal to breme, sem na molitveno krpo napisal "Ljudje" in jo delil s svojo cerkvijo. Začeli smo moliti in posredovati in posledično je vsak dobil molitveno krpo, ki jo je lahko odnesel domov in molil nad njo.

Prek našega nekdanjega pastorja in njegove družine (ki so zdaj poklicani v Indijo kot misijonarji) sem prvič spoznala sestro. Elizabeth Das. Naša podeželska cerkev v Franklintonu v Louisiani jo je sprejela, ko je delila svoje močno pričevanje. Vsi so bili blagoslovljeni. Nekaj mesecev pozneje sva s sestro Elizabeth postala molitvena partnerja. Sijajna dama, ki ne le da rada moli, ampak to tudi živi! Neverjetno resnično živi: "V sezoni in izven sezone." Najina molitev je potekala zgodaj zjutraj po telefonu, ko se je Teksas povezal z Louisiano. Imeli smo Gospodov blagoslov. On je dal rast in kmalu smo imeli molitveno skupino iz različnih držav.

Prek skupne telefonske linije konference smo začeli moliti in se postiti, nato pa so začela prihajati poročila o hvalnicah. Naš Bog je tako neverjeten! Sestra Elizabeta je tista sijoča ženska, ki ima tako gorečo željo, da bi videla rešene duše. Njen goreči plamen je spodbudil in prižgal mnoge druge, da molijo in imajo vizijo. Nobena bolezen, bolečina ali hudič v peklu je ne bo ustavil. Že več let dosega in moli za izgubljene in umirajoče; le večnost bo povedala. Bogu se zahvaljujem za njeno buldogovo odločnost in ljubezen do "ljudstva". Videl sem, da je Bog po njej delal neverjetna dela, čudeže in odgovarjal na molitve. Moji prijatelji tukaj in ljudje, ki jih poznam, lahko vsi pričajo, da ko pokličemo s. Elizabeta, se moli molitev vere. Stvari se zgodijo! Gospa, ki občasno obiskuje našo cerkev, je na primer morala na večjo operacijo. Čeprav je živela zunaj mesta, sem ji rekel, da bom poklical sestro Elizabeto in po telefonu bova molila za njeno bolezen. Molili sva in bolečine so izginile. Sestra Elizabeta ji je rekla: "Ni potrebe po operaciji, ozdravljena si." Ostala je naročena na operacijo, dokler je iz bolnišnice niso poklicali in odpovedali operacijo, ona pa je šla naprej in jo prestavila. Bolnišnica ni več opravila predoperativnega testiranja in je operacijo opravila. Po operaciji so ji sporočili, da z njo niso našli ničesar narobe, niti sledu o hudi bolezni.

Drugi čudež se je zgodil z mojo prijateljico, ki ima majhnega dečka. Ta je imel vročino in je zaspal. Poklicali smo sestro. Elizabeto in molila po telefonu z zvočnikom. Deček se je nenadoma prebudil, vstal, normalno tekal in bil ozdravljen. Velikokrat smo molili nad domovi z demonskimi duhovi in dejansko smo čutili, da se je nekaj zgodilo. Veselili smo se poročila, ko so nam povedali, da so nenadoma začutili mir ali da so lahko dobro spali, ne da bi jih mučili.

Vem, da se je moja vera okrepila, odkar sem del te molitvene skupine. Sestra Elizabeta mi je bila učiteljica v mnogih pogledih. Z Božjo besedo mi je dala duhovno vodstvo. Njeno življenje je čudovit zgled, ki prikazuje prispodobe iz Svetega pisma, kjer je govora o "luči na hribu, ki je ni mogoče skriti", in tudi o "drevesu, zasajenem ob vodnih rekah". Njene korenine so globoko zakoreninjene v Jezusu, zato lahko drugim daje moč in modrost, ki ju potrebujejo. Skozi temne preizkušnje, ki sem jih prehodila, vem, da je sestra. Elizabeth molila zame in hvaležna sem ji za njeno služenje. Ona je resnično tisti bleščeči dragulj, izbran v Kristusu, ki ga mogočno uporablja za njegovo kraljestvo. Vsako jutro zgodaj zjutraj prinese te prazne posode pred Jezusa in On jih vedno znova napolni. Zahvaljujem se sestri Elizabeti, ker se je resnično, a čisto predala Jezusu in njegovemu kraljestvu. Bogu bodi slava!

To sem storil "Njegova pot"

Rhonda Callahan
Fort Worth, Teksas
20. maj 2011

Nekje leta 2007 sem se vozil skozi mesto Dallas po prelazu in opazil nekaj brezdomcev, ki so spali pod mostom. Bil sem ganjen od sočutja in rekel Gospodu" :Gospod, če bi bil danes na tej zemlji, bi se dotaknil teh moških, ozdravil njihove misli in jih ozdravil! Postali bi produktivni ljudje v skupnosti, ki bi živeli normalno življenje.".... Jezus je takoj spregovoril mojemu srcu in rekel: "Vi ste moje roke in vi ste moje noge." V tistem trenutku sem vedel, kaj mi govori Bog. Začel sem jokati in ga slaviti. Imel sem moč, da sem se dotaknil teh ljudi in jih ozdravil. Ne iz svoje moči, ampak iz Njegove moči.

"Po Apostolskih delih 1:8 "Ko pa bo Sveti Duh prišel na vas, boste prejeli moč in mi boste priče v Jeruzalemu in po vsej Judeji, Samariji in do skrajnih mej zemlje."

Poleg tega nam Pismo Efežanom 1:13-14 pravi;

"V katerega ste tudi vizaupali,kosteslišalibesedoresnice,evangelijvaše odrešitve, v katerem ste bili tudi zapečateni s svetimDuhom obljube, ki je zapriseženec naše dediščine do odkupitve kupljene lastnine, v hvalo njegove slave."

Leta 1986 sem prejel moč in bil zapečaten, ko me je Bog slavno krstil s Svetim Duhom. Tolikokrat imamo miselnost, da če bi bil Bog danes tukaj, bi se med nami dogajali čudeži. Razumeti moramo, da ko vas On napolni s svojim Svetim Duhom. vam je dal moč, da lahko delate čudeže. Postanemo Njegove roke in noge, poklicani smo, da oznanjamo to čudovito sporočilo vsem, ki so v stiski.

Luka 4:18

"Gospodov Duh je nad menoj, ker me je mazilil, da oznanjam evangelij ubogim; poslal me je, da ozdravim zlomljenega srca, da

ujetnikom oznanim osvoboditev in slepim povrnem vid, da osvobodim potolčene, da oznanim sprejemljivo Gospodovo leto."

Čeprav sem bil od leta 1986 napolnjen s Svetim Duhom, sem v zadnjih nekaj letih doživel nekaj hudih udarcev. Zvesto sem obiskoval cerkev, bil sem učitelj v nedeljski šoli in pravkar sem končal štiriletno biblično šolo. V cerkvi sem prostovoljno delala vse, kar so od mene zahtevali.

Kljub temu sem postal zelo utesnjen. Še vedno sem verjel, da Bog lahko stori vse, kar je obljubil, vendar sem bil razbita posoda. Nekoč sem se trudil pred Gospodom v molitvi in priprošnji, vsak dan sem bral Sveto pismo in pričeval ob vsaki priložnosti, zdaj pa sem ugotovil, da sploh ne molim veliko. Bil sem obupan in depresiven, preplavljen z nenehnim duševnim trpljenjem. Moja hči je pred kratkim zapustila moža in vložila zahtevo za ločitev. Moj vnuk je bil takrat star štiri leta in videl sem, kako trpi zaradi razbitega doma. Vse bolj so me mučile misli na to, kako bo živel, ko bo odraščal v razpadlem domu. Skrbelo me je, da ga bo zlorabljal posvojenec, ki ga ne bo imel rad, ali da bo odraščal brez občutka, da ga oče ali mati ljubita zaradi te ločitve. V glavi so se mi vrstile grozne misli in vsak dan sem jokala. Te misli sem izrazila nekaj bližnjim prijateljem. Vedno so mi odgovorili enako: "Zaupaj Bogu! Vedel sem, da je Bog sposoben, vendar sem izgubil zaupanje vase. Ko sem molila, sem se zalotila, da prosim, jokam in si želim, da bi ga Bog ohranil na varnem. Vedela sem, da lahko, toda ali bi to storil zame?

Borila sem se s prehranjevanjem in nenehno sem se morala najedati. Moje meso je postalo vladar mojega življenja. Nisem več hodil v duhu, ampak bolj v mesu in sem nenehno izpolnjeval poželenje mesa ali vsaj tako sem se počutil.

27. marca 2011 smo imeli po cerkvi kosilo za ženske. Prosili so me, naj spregovorim. Spomnite se, da sem še vedno normalno delala v cerkvi, vendar sem bila zlomljena in le redki, če sploh kdo, so razumeli globino mojega zlomljenja. Po kosilu je k meni pristopila sestra Elizabeth Das s sladkim nasmehom in mi dala svojo telefonsko številko. Rekla je:

To sem storil "Njegova pot"

"Pokliči me, če boš po cerkvi potrebovala prostor, kamor bi lahko šla, lahko ostaneš pri meni doma." Povedala mi je, da lahko ostanem pri njej zato, ker je zame do cerkve 65 milj vožnje v eno smer in je zelo težko iti domov in se spet vrniti za večerno bogoslužje, zato sem se poskušala zadržati do večernega bogoslužja, namesto da bi se med bogoslužji vozila domov.

Minila sta približno dva tedna in zdelo se mi je, da sem še bolj depresiven. Nekega jutra sem na poti v službo pobrskala po torbici in našla številko sestre Elizabete. Poklicala sem jo in jo prosila, naj moli zame.

Pričakujem, da bo rekla ok in končala telefonski klic. Toda na moje presenečenje je rekla, da bo zdaj molila zate. Avto sem ustavil ob cesti in ona je molila zame.

Naslednji teden sem šel po cerkvi z njo domov. Po kratkem pogovoru me je prosila, naj moli zame. Položila je roke na mojo glavo in začela moliti. Z močjo in avtoriteto v glasu je molila, naj me Bog osvobodi. Preganjala je temo, ki me je obdajala; prenajedanje, duševne muke, depresijo in zatiranje.

Vem, da je tistega dne Bog uporabil te roke, da bi me rešil strašnega zatiranja, ki sem ga trpel. V trenutku, ko se je sestra Elizabeta predala Bogu, me je osvobodil!

"Marko 16:17-18 nam pravi: "In ta znamenja bodo spremljala tiste, ki verujejo: v mojem imenu bodo izganjali hudiče; govorili bodo nove jezike; zajemali bodo kače; in če bodo pili kaj smrtonosnega, jim ne bo škodovalo; na bolne bodo polagali roke in bodo ozdraveli."

"Izaija 61:1 Duh Gospoda Boga je nad menoj, ker me je Gospod mazilil, da oznanjam dobro novico krotkim, poslal me je, da povijem zlomljeno srce, oznanim ujetnikom svobodo in vezanim odpiranje ječe."

Elizabeth Das

Jezus nas potrebuje, da smo njegove roke in noge. Sestra. Elizabeta je resnična Božja služabnica. Napolnjena je z njegovo močjo in poslušna njegovemu glasu. Zelo sem hvaležna, da obstajajo ženske, kot je s. Elizabeth hodijo med nami, ki še vedno verjamejo v osvobajajočo moč Jezusove dragocene krvi, ki so bile maziljene z Njegovim Duhom in izpolnjujejo ta čudoviti poklic, h kateremu jo je poklical. Tistega dne je Bog mojo bolečino spremenil v lepoto in odstranil duha teže ter ga nadomestil z oljem veselja.

"Izaija 61:3 "Da idoločilžalujočimnaSionu,dabijimdallepotonamesto pepela, olje veselja namesto žalovanja, oblačilo hvale namesto duha teže, da bi se imenovali drevesa pravičnosti, zasaditev Gospodova, da bi bil poveličan."

Danes vas izzivam: iščite Boga z vsem srcem, da boste hodili v polnosti njegove moči. On vas potrebuje, da delite Jezusa z drugimi in ste njegove roke in noge. Amen!

Vicky Franzen Josephine Texas

Moje ime je Vicki Franzen, večino svojega odraslega življenja sem obiskovala katoliško cerkev, vendar sem vedno čutila, da mi nekaj manjka. Pred nekaj leti sem začela poslušati radijsko oddajo, ki je učila o poslednjem času. Na mnoga vprašanja, ki sem jih imela vse življenje, sem dobila odgovore. To me je pripeljalo v apostolsko cerkev, da bi nadaljeval z iskanjem resnice. Tam sem bil krščen v Jezusovem imenu in prejel krst Svetega Duha z dokazom govorjenja v jezikih, kot je opisano v Apostolskih delih.

Naslednja štiri leta se je zdelo, da mi sposobnost govorjenja v jezikih ni več na voljo, čeprav sem redno obiskoval cerkev, molil, študiral in bil vključen v različne službe. Počutil sem se zelo "suh" in brez Svetega Duha. Druga članica moje cerkve mi je povedala, da je sestra Liz položila roke nanjo in molila, ko je iz nje "nekaj" izšlo; počutila se je popolnoma osvobojena zatiranja, depresije itd.

Več žensk iz naše cerkve se je zbralo na kosilu, zato sem imela priložnost spoznati sestro Elizabeto. Začel se je pogovor o demonih in duhovnem svetu. Ta tema me je vedno zelo zanimala, vendar o njej še nikoli nisem slišala nobenega nauka. Izmenjala sva si telefonski številki in začela sva s študijem Svetega pisma na njenem domu. Spraševal sem se, kako ima lahko oseba, ki je bila krščena v Jezusovem imenu in pokristjanjena s Svetim Duhom, demona. Povedala mi je, da moraš živeti pravično sveto življenje z molitvijo, postom, branjem Božje besede in ostati poln Svetega Duha z vsakodnevnim govorjenjem v jezikih. Takrat sem z njo delil svojo izkušnjo, ko sem se počutil suhega in nisem mogel govoriti v jezikih. Položila je roke name in molila. Počutil sem se dobro, vendar zelo utrujeno. Liz mi je razložila, da ko zli duh pride iz telesa, se počutiš utrujenega in izčrpanega. Še naprej je molila nad menoj in začel sem govoriti v jezikih. Bil sem tako navdušen in poln veselja. To, da sem lahko govoril jezike, mi je dalo vedeti, da imam še vedno Svetega Duha.

Liz in jaz sva postali dobri prijateljici, skupaj sva molili. Sestra Elizabeta ima tako sladkega in nežnega duha, a ko moli, jo Bog mazili z božansko drznostjo, da ozdravlja bolne in izžene demone. Moli z avtoriteto in skoraj vedno takoj vidi odgovor. Bog ji je dal talent za poučevanje Svetega pisma, zaradi česar mi je njegov pomen zelo jasen.

Liz sem pripovedovala o hčerki svoje prijateljice Valerie, Mary. Diagnosticirali so ji ADD in KOPB. Imela je tudi raztrgane diske, ki so jih poskušali zdraviti brez operacije. Nenehno je bila v bolnišnici zaradi različnih telesnih težav. Jemala je veliko različnih zdravil brez dobrih rezultatov. Mary je bila tako prizadeta, da ni mogla delati, poleg tega je morala skrbeti za štiri otroke, pri čemer ji bivši mož ni nudil nobene podpore.

Sestra Liz mi je začela pripovedovati, da so nekatere od teh stvari demoni in da jih je mogoče pregnati v Jezusovem imenu. O tem sem imel nekaj pomislekov, ker nikoli nisem slišal, da bi se o tej bolezni govorilo kot o bolezni, ki jo povzročajo demoni. Ko smo se s prijateljico in njeno taščo pred kratkim usedle na kavo, so mi začele pripovedovati o tem, kako zelo močno jim je Marija govorila. Kričala, vpila in preklinjala ju je. Vedela sta, da je doživljala velike bolečine zaradi težav s hrbtom in hudih glavobolov, za katere se je zdelo, da jih zdravila ne blažijo; vendar je bilo to drugače. Govorili so, kako sovražne so bile včasih njene oči in kako zelo jih je to prestrašilo.

Nekaj dni pozneje je prijateljica poklicala in rekla, da tega ne more več prenašati! Opisi ravnanja njene hčerke so začeli potrjevati stvari, ki jih je s. Liz pripovedovala o demonih. Vse, kar mi je povedala, je Bog potrdil po drugih. Marijino stanje se je slabšalo in začela je govoriti o tem, da bi končala svoje življenje. Začeli smo sporazumno moliti za izganjanje demonov v Mary in njenem domu. Bog je sestro Liz zbudil dve noči zapored, da bi posredovala za Marijo. Liz je posebej prosila Boga, naj Mariji pokaže, kaj se tam dogaja.

Ko je Marija ponoči molila, je imela videnje, da je njen mož (ki jo je zapustil in živel z drugo žensko) v njeni hiši. Mislila je, da je videnje Božji odgovor na njeno molitev, da se bo za božič vrnil k njim domov. Sestra Liz mi je povedala, da je sumila, da so proti Mariji uporabili čarovništvo. Verjetno je to storil njen bivši mož ali ženska, s katero je živel. Res nisem razumela, kako je lahko to vedela. Nič od tega, kar mi je Liz povedala, nisem delila z nikomer. V nekaj dneh mi je Valerie povedala, da njena hči Mary prejema čudna grda besedilna sporočila od ženske, ki živi z njenim bivšim možem. Mary je vedela, da je bil jezik zagotovo uporabljen za čarovništvo. To je bila potrditev tega, kar mi je povedala sestra Liz.

V zadnjih nekaj mesecih, ko smo vedeli za Marijino stanje, smo poskušali iti k njej in moliti zanjo. To se ni nikoli posrečilo. Sestra Liz je rekla: "Čeprav ne moremo priti do njene hiše, bo Bog šel in poskrbel za situacijo."

"Ko je Jezus vstopil v Kafarnaum, je k njemu prišel stotnikingaprosil:"Gospod, moj služabnik leži doma bolan od ohromelostiinjehudoizmučen. Jezus mu je rekel: "Prišel bom in ga ozdravil.Stotnikjeodgovoril in rekel: "Gospod, nisem vreden, da

prideš pod mojo streho, ampak reci samo besedo, in moj služabnik bo ozdravel. Kajti jaz sem človek pod oblastjo in imam pod seboj vojake; in rečem temu: Pojdi, in gre; in drugemu: Pridi, in pride; in svojemu služabniku: Naredi to, in naredi. Ko je Jezus to slišal, se je začudil in rekel tistim, ki so šli za njim: "Resnično, povem vam: Tako velike vere nisem našel, ne v Izraelu." (Matej 8:5-10)

V dveh dneh po tem, ko smo molili za izgon demonov iz Marije in njenega doma, je poročala svoji materi, da bolje spi in da nima več sanj. To je ena od mnogih stvari, ki jih je sestra. Liz povedala, da ko imaš veliko sanj in nočnih mor, je to lahko znamenje hudobnih duhov v tvoji hiši. Naslednji dan ji je Valerijina sodelavka povedala o sanjah, ki jih je imela prejšnjo noč. Ploska črna kača se je plazila stran od Marijine hiše. Tistega dne je Mary poklicala svojo mamo in ji povedala, da se počuti tako srečno in veselo. S svojima 15-mesečnima dvojčkoma je bila v trgovini, česar že dolgo ni počela. To je bila še ena potrditev, da so ADD, ADHD, bipolarna motnja in shizofrenija napadi sovražnika. Imamo moč nad škorpijoni in kačami (To so vsi zli duhovi, ki so omenjeni v Svetem pismu), ki jih lahko izženemo samo v Jezusovem imenu.

"Glejte, jaz vam dajem moč, da teptate kače in škorpijone in vso sovražnikovo moč, in nič vam ne bo škodovalo. Luka 10:19"

Sestra Liz mi je tudi povedala, da moramo svojo družino, domove in sebe vsak dan maziliti z blagoslovljenim oljčnim oljem pred sovražnikovimi napadi. Prav tako moramo dovoliti, da Božja beseda prežema naš dom.

Ta izkušnja mi je pomagala videti nekatere situacije, ki jih definitivno obvladujejo demoni, o katerih govori Sveto pismo.

"Ne borimo se namreč z mesom in krvjo, ampak z oblastmi, z močmi, z vladarji teme tega sveta, z duhovno zlobo na višavah"
    . (Pismo Efežanom 6:12)

Govorim lahko samo zase. Odraščal sem v prepričanju, da so čudeži, govorjenje v jezikih, ozdravljanje bolnih in izganjanje demonov veljali le v svetopisemskih časih, ko so bili na zemlji Jezus in njegovi apostoli. O obsedenosti z demoni v današnjem času nisem nikoli veliko razmišljal. Zdaj vem in razumem, da smo še vedno v svetopisemskih časih! Njegova beseda je bila vedno namenjena sedanjosti. "Sedanjost" je bila včeraj, "sedanjost" je zdaj in "sedanjost" bo za jutri!

"Jezus Kristus je isti včeraj in danes in na veke. "(Hebrej 13:8)

Satanu je uspelo, da nas je prevaral in odvrnil od moči, ki jo je Bog dal svoji Cerkvi. Božja Cerkev so tisti, ki se pokesajo, so krščeni v Jezusovem imenu in prejmejo dar Svetega Duha z dokazom govorjenja v jezikih. Nato bodo prejeli moč od zgoraj.

"Ko pa bo Sveti Duh prišel na vas, boste prejeli moč in mi boste priče v Jeruzalemu in po vsej Judeji, Samariji in do skrajnih mej zemlje.
"(Apostolska dela 1:8)

"In moj govor in moje oznanjevanje nista bila z vabljivimi besedami človeške modrosti, ampak v dokazovanju Duha in moči."
(1 Korinčanom 2:4)

"Naš evangelij namreč ni prišel k vam samo v besedi, ampak tudi v moči in Svetem Duhu ter v velikem zagotovilu; saj veste, kakšni ljudje smo bili med vami zaradi vas." (1 Tesaloničanom 1:5)

Božja beseda je za nas ZDAJ!

To sem storil "Njegova pot"

Oddelek II

Elizabeth Das

I nikoli nisem pomislil, da bi ta drugi del vključil v svojo knjigo. Vendar sem si vzel čas in ga dodal, ker je veliko ljudi zahtevalo te informacije. Odkar sem začel voditi svetopisemske študije za različne narodnosti, smo naleteli na spremembe v sodobnih Biblijah. Začel sem se poglabljati v zgodovino in našel nekaj zelo šokantnih informacij. Ker imam te informacije, verjamem, da je moja odgovornost, da svojim bratom in sestram sporočim to resnico in zaustavim sovražnika na njegovi poti, da ne bo več zavajal ljudi.

A.

Jeziki, ki jih je uporabljal Bog

O v stoletjih je Sveto pismo dobivalo različne oblike in, kar je še bolj opazno, različne jezike. Skozi zgodovino smo videli štiri glavne jezike, v katere je bilo Sveto pismo prevedeno: najprej v hebrejščino, nato v grščino, nato v latinščino in nazadnje v angleščino. V naslednjih odstavkih so na kratko predstavljene te različne faze.

Od leta 2000 pr. n. št., Abrahamovega časa, do približno leta 70 n. št., ko je bil porušen drugi tempelj v Jeruzalemu, je Bog svojemu ljudstvu govoril v semitskih jezikih, predvsem v hebrejščini. V tem jeziku je svojemu izbranemu ljudstvu pokazal pot in tudi to, da dejansko potrebuje Odrešenika, ki ga bo popravil, ko bodo grešili.

Z razvojem sveta se je pojavila velesila, ki se je sporazumevala predvsem v grškem jeziku. Grščina je bila tri stoletja pomemben jezik in je bila logična izbira Boga. Bog se je odločil, da bo Novo zavezo posredoval prek grščine, in kot dokazuje zgodovina, se je ta razširila kot požar. Satan se je zavedal, da bi besedilo, napisano v jeziku množic, predstavljalo veliko grožnjo, zato se je odločil uničiti verodostojnost

Svetega pisma. To "lažno" Sveto pismo je bilo napisano v grščini, nastalo pa je v Aleksandriji v Egiptu; stara zaveza se je imenovala "Septuaginta", nova zaveza pa "aleksandrijsko besedilo". Informacije so bile izkrivljene s človeškimi idejami in izbrisane mnoge Božje besede. Očitno je tudi, da so se danes ti apokrifi (v grščini pomenijo "skriti", nikoli niso veljali za Božjo besedo) prelili v naše sodobno Sveto pismo.

Do leta 120 n. št. je latinščina postala splošni jezik, Sveto pismo pa je bilo ponovno prevedeno leta 1500. Ker je bila latinščina takrat tako razširjen jezik, je bilo Sveto pismo zlahka berljivo po vsej Evropi. Latinščina je takrat veljala za "mednarodni" jezik. To je omogočilo, da je Sveto pismo potovalo po državah in se nadalje prevajalo v regionalna narečja. Ta zgodnja različica se je imenovala Vulgata, kar pomeni "splošno Sveto pismo". Hudič se je na to grožnjo odzval tako, da je v Rimu ustvaril sestrsko knjigo. Rimljani so trdili, da je njihova Biblija, ki je bila polna "zavrženih knjig" apokrifov in besedil, ki naj bi bila podobna pravi Bibliji, v resnici prava Biblija. Na tej točki smo imeli dve Bibliji, ki sta se med seboj dramatično razlikovali; da bi hudič zaščitil svojo lažno Biblijo, se je moral odpraviti na pot in uničiti prava besedila. Rimski katoliki so poslali plačance, da bi uničili in mučili tiste, ki so imeli pravo latinsko Vulgato. Plačanci so bili večinoma uspešni, vendar je na koncu niso mogli popolnoma izkoreniniti in Božja beseda se je ohranila.

Med letoma 600 in 700 našega štetja se je razvil nov svetovni jezik, angleščina. Bog je začel postavljati temelje, ki so nato sprožili množično misijonarsko gibanje. Najprej je William Tyndale leta 1500 začel prevajati izvirna hebrejska in grška besedila v novi jezik. Mnogi za njim so poskušali storiti enako in se po svojih najboljših močeh približali prejšnjim hebrejskim in grškim besedilom. Med temi ljudmi je bil tudi kralj Jakob VI, ki je leta 1604 naročil svetu, naj pripravi najnatančnejšo angleško različico besedil. Do leta 1611 je bila v obtoku avtorizirana različica, splošno znana kot Sveto pismo kralja Jakoba. Misijonarji so začeli prevajati iz te Biblije po vsem svetu.

Satanov nenehni napad na Božjo besedo:

Zdaj se soočamo z novim hudičevim napadom. Sveto pismo, ki je izšlo leta 2011 in trdi, da je KJV iz leta 1611, vsebuje apokrife, ki nikoli niso veljali za Božjo besedo. Avtorizirani učenjaki so apokrife odstranili iz KJV, saj so se zavedali, da to ni Božja beseda.

Satan nikoli ne obupa!

Elizabeth Das

B.

Kako je Bog ohranil svojo besedo?

Bog daje največji pomen svoji pisani besedi, kar je povsem jasno.

"Gospodove besede so čiste besede, kakor srebro, ki se preizkuša v zemeljski peči, sedemkrat prečiščeno. Ohranil jih boš, Gospod, ohranil jih boš pred tem rodom za vedno" (Ps 12:6-7).

Božja beseda je nad vsemi imeni:

*"Klanjal se bom v tvojem svetem templju in hvalil tvoje ime zaradi tvoje milosti in tvoje resnice, **saj si svojo besedo povzdignil nad vse svoje ime**." (Psalmi 138:2)*

Gospod nas je opozoril tudi na svoj pogled na svojo besedo. Resno je posvaril tiste, ki bi želeli pokvariti Sveto pismo. Bog je svaril pred dodajanjem k njegovi besedi:

***Vsaka Božja beseda je čista**; on je ščit tistim, ki vanj zaupajo. Ne dodaj k njegovim besedam, da te ne bi grajal in bi bil spoznan za lažnivca. (Pregovor 30:5-6)*

Bog je ohranil svoje besede za vse generacije, in to neprekinjeno!

Številni pobožni ljudje so se junaško trudili zadržati naraščajočo plimo odpadništva in nevere, ki je bila deloma posledica zmanjševanja avtoritete Božje besede. Katoliška cerkev je v temnem srednjem veku nadzorovala ljudi tako, da je Sveto pismo pisala samo v latinščini. Preprosto ljudstvo ni znalo brati ali govoriti v latinščini.

Do leta 400 našega štetja je bilo Sveto pismo prevedeno v 500 jezikov iz prvotnih rokopisov, ki so bili resnični. Katoliška cerkev je zaradi nadzora nad ljudmi sprejela strog zakon, da se Sveto pismo lahko piše in bere samo v latinskem jeziku. Ta latinska različica ni bila prevedena iz izvirnih rokopisov.

John Wycliffe:

John Wycliffe je bil znan kot pastor, učenjak, oxfordski profesor in teolog. Leta 1371 je J. W. s pomočjo številnih zvestih pisarjev in privržencev začel ročno pisati rokopise v angleščino. Prvi rokopis Svetega pisma v angleškem jeziku, ki ga je Wycliffe ročno napisal, je bil preveden iz latinske Vulgate. S tem je pomagal zaustaviti napačne nauke Rimskokatoliške cerkve. Pisanje in distribucija samo enega izvoda Svetega pisma je trajalo deset mesecev in stalo štirideset funtov. Božja roka je bila nad Wycliffom. Rimskokatoliška cerkev se je jezno znesla nad gospodom Wycliffom. Njegovi številni pomembni prijatelji so mu pomagali, da ni bil prizadet. Čeprav je Katoliška cerkev storila vse, kar je bilo v njeni moči, da bi zbrala in zažgala vsak izvod, to ni ustavilo Wycliffa. Nikoli ni obupal, saj je vedel, da njegovo delo ni bilo zaman. Katoliški cerkvi ni uspelo pridobiti vseh izvodov. Ostalo je sto sedemdeset izvodov. Bogu bodi slava!

Rimskokatoliška cerkev je nadaljevala s svojo jezo. Štiriinštirideset let po smrti Johna Wycliffa je papež ukazal izkopati njegove kosti, jih zdrobiti in vreči v reko. Približno sto let po smrti J. Wycliffa se je Evropa začela učiti grščine.

Janez Hus:

Eden od privržencev Johna Wycliffa, John Hus, je nadaljeval delo, ki ga je začel Wycliffe; tudi on je nasprotoval lažnim naukom. Katoliška cerkev je bila odločena, da bo preprečila kakršne koli spremembe, ki bi bile drugačne od njenih, in je grozila z usmrtitvijo vsakomur, ki bi bral Sveto pismo, ki ne bi bilo v latinščini. Viklifova zamisel, da je treba Sveto pismo prevesti v lastni jezik, je bila uspešna. Janeza Husa so leta 1415 sežgali na grmadi skupaj z rokopisom gospoda Wycliffa, ki je bil uporabljen za podžiganje ognja. Njegove zadnje besede so bile: "Čez sto let bo Bog obudil človeka, ki ne bo mogel zatreti pozivov k reformi!". Leta 1517 se je njegova prerokba uresničila, ko je Martin Luter v Wittenbergu objavil svojo znamenito tezo o sporu s Katoliško cerkvijo. Istega leta je v Foxovi knjigi Mučenci zapisano, da je Rimskokatoliška cerkev na grmadi sežgala sedem ljudi zaradi zločina, ker so "učili svoje otroke moliti Gospodovo molitev v angleščini namesto v latinščini".

Johannes Guttenberg:

Prva knjiga, natisnjena v tiskarskem stroju, je bila Biblija v latinskem jeziku, ki jo je leta 1440 izumil Johannes Guttenberg.

Ta izum je omogočil tiskanje velikega števila knjig v zelo kratkem času. Izkazalo se je, da je bil to ključni instrument pri spodbujanju protestantske reformacije.

Dr. Thomas Linacre:

Dr. Thomas Linacre, oxfordski profesor, se je leta 1490 odločil, da se bo naučil grščine. Prebral in dokončal je Sveto pismo v izvirnem grškem jeziku. Po končanem študiju je izjavil" :Ali to ni evangelij ali pa nismo kristjani".

Rimskokatoliške različice latinske Vulgate so bile tako pokvarjene, da je bila resnica skrita. Katoliška cerkev je še naprej poskušala uveljaviti svoj strogi zakon, ki je od ljudi zahteval, da Sveto pismo berejo samo v latinskem jeziku.

John Colet:

Leta 1496 je John Colet, še en profesor iz Oxforda, začel prevajati Sveto pismo iz grščine v angleščino za svoje študente in pozneje za javnost v katedrali svetega Pavla v Londonu. V šestih mesecih je izbruhnil preporod in njegove maše se je udeležilo več kot 40.000 ljudi. Ljudi je spodbujal, naj se borijo za Kristusa in naj se ne vpletajo v verske vojne. Ker je imel veliko prijateljev na visokih položajih, se je izognil usmrtitvi.

Desiderius Erasmus, 1466-1536:

Desiderius Erazem, velik učenjak, je opazoval dogodke gospoda Coleta in gospoda Linacra. Bil je navdušen, da je latinsko Vulgato spremenil nazaj v resnico. To mu je uspelo s pomočjo gospoda J. Frobena, ki je rokopis natisnil in objavil leta 1516.

Erazem je želel, da bi vsi vedeli, kako pokvarjena je postala latinska Vulgata. Spodbujal jih je, naj se osredotočijo na resnico. Poudaril je, da bo z uporabo izvirnih rokopisov, ki so bili v grščini in hebrejščini, človek ostal na pravi poti in nadaljeval v zvestobi in svobodi.

Eden najbolj znanih in zabavnih citatov znanega učenjaka in prevajalca Erazma je bil,

> "Ko dobim nekaj denarja, si kupim knjige, če pa mi kaj ostane, si kupim hrano in oblačila."

Katoliška cerkev je še naprej napadala vse, ki so sodelovali pri katerem koli drugem prevodu Svetega pisma, razen latinskega.

Elizabeth Das

William Tyndale (1494-1536):

William Tyndale se je rodil leta 1494 in umrl pri 42 letih. Gospod Tyndale ni bil le poveljnik vojske reformatorjev, temveč tudi njihov duhovni vodja. Bil je velik človek z integriteto in spoštovanjem. Tyndale je obiskoval univerzo v Oxfordu, kjer je študiral in odraščal. Ko je pri enaindvajsetih letih prejel magisterij, je odšel v London.

Bil je nadarjen za govorjenje številnih jezikov: V tem jeziku je govoril hebrejsko, grško, špansko, nemško, latinsko, francosko, italijansko in angleško. Eden od Tyndalovih sodelavcev je dejal, da ko ga je kdo slišal govoriti enega od teh jezikov, je mislil, da govori v svojem maternem jeziku. Te jezike je uporabljal za blagoslavljanje drugih. Grško Novo zavezo je prevedel v angleščino. Presenetljivo je, da je bil prvi, ki je natisnil Sveto pismo v angleščini. Ta dar mu je nedvomno omogočil uspešne pobege pred oblastmi v letih izgnanstva iz Anglije. Sčasoma so gospoda Tyndala ujeli in aretirali zaradi kaznivega dejanja herezije in izdajstva. Oktobra leta 1536 je bil Tyndale po nepravičnem sojenju in petsto dneh v zaporu z mizernimi razmerami sežgan na grmadi. Zapisano je, da je založba Tyndale House Publishers sodobno podjetje, poimenovano po tem neverjetnem junaku.

Martin Luther:

Rimskokatoliška cerkev je vladala predolgo in Martin Luther ni toleriral korupcije v cerkvi. Naveličan je bil napačnih naukov, ki so jih vsiljevali ljudem. Na noč čarovnic leta 1517, ko je na cerkvi v Wittenbergu objavil svojih 95 tez spora, ni imel pomislekov. Svet v Wormsu, ki ga je oblikovala cerkev, je načrtoval mučeništvo Martina Lutra. Katoliška cerkev se je bala morebitne izgube moči in prihodkov. Ne bi mogli več prodajati odpustkov za grehe ali izpustitev bližnjih iz "čistilnice", ki je nauk, ki si ga je izmislila katoliška cerkev.

Martin Luter je imel pred Tyndalom prednost in je septembra 1522 objavil svoj prvi prevod Erazmove grško-latinske Nove zaveze v nemščino. Tyndale je želel uporabiti isto izvirno besedilo. Začel je postopek, pri čemer so ga oblasti ustrahovale. Leta 1525 je zapustil Anglijo in odšel v Nemčijo, kjer je delal ob Martinu Luthru. Do konca leta je bila Nova zaveza prevedena v angleški jezik. Leta 1526 je Tyndaleova Nova zaveza postala prva izdaja Svetega pisma, ki je bila natisnjena v angleškem jeziku. To je bilo dobro! Če bi imeli ljudje dostop do branja Svetega pisma v svojem jeziku, Katoliška cerkev ne bi imela več vpliva ali oblasti nad njimi. Tema strahu, ki je obvladovala ljudi, ni bila več grožnja. Javnost bi lahko izpodbijala cerkveno avtoriteto zaradi vsake razkrite laži.

Končno je prišla svoboda; odrešenje je bilo brezplačno za vse po veri in ne po delih. Vedno bo resnična Božja beseda in ne človeška. Božja beseda je resnična in resnica vas bo osvobodila.

Kralj Jakob VI:

Leta 1603, ko je Jakob VI. postal kralj, je bil v pripravi osnutek novega prevoda Svetega pisma. Razlog za nov prevod je bil v tem, da so bile Velika Biblija, Matejeva Biblija, Škofova Biblija, Ženevska Biblija in Coverdaleova Biblija, ki so bile v uporabi, pokvarjene. Na konferenci v Hampton Courtu je kralj James odobril prevod Svetega pisma. Za to veliko prevajalsko delo je bilo skrbno izbranih sedeminštirideset biblicistov, teologov in jezikoslovcev. Prevajalci so bili razdeljeni v šest skupin in so delali na univerzah Westminster, Cambridge in Oxford. Različne knjige Svetega pisma so bile dodeljene tem hebrejskim, grškim, latinskim in angleškim učenjakom. Za izvedbo tega prevoda je bilo treba upoštevati določene smernice. Prevod Svetega pisma iz izvirnih jezikov je bil končan leta 1611 in se je razširil po vsem svetu.

Elizabeth Das

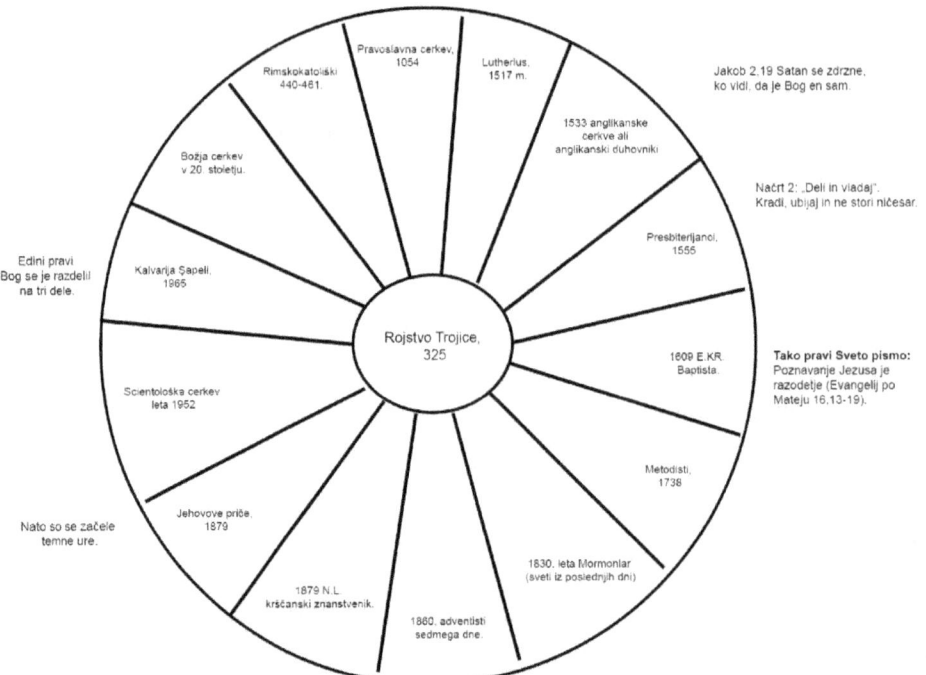

Nato so se začele temne ure.

Sedmi dan

To sem storil "Njegova pot"

C.

Svetopisemski prevodi našega časa:

Tresnica o različnih različicah Svetega pisma: Božja beseda je končna avtoriteta za naše življenje.

Trenutno poleg različice Kralja Jakoba (KJV) obstaja še veliko drugih prevodov Svetega pisma. Pravi Kristusovi privrženci bi radi vedeli, ali so vse različice Svetega pisma pravilne ali ne. Poiščimo resnico v vseh teh različnih različicah Svetega pisma. Imamo NIV, NKJV, katoliško Sveto pismo, latinsko Sveto pismo, ameriško standardno različico, revidirano standardno različico, angleško standardno različico, novo ameriško standardno različico, mednarodno standardno različico, grško in hebrejsko Sveto pismo, Sveto pismo v prevodu novega sveta (Jehovove priče) itd. Obstajajo tudi številne druge Biblije, ki so jih v različnih časih in obdobjih prevedli različni učenjaki. Kako vemo, da so vse te različice pravilne ali da so bile poškodovane? Če so bile pokvarjene, kako in kdaj se je to zgodilo?

Elizabeth Das

Začnimo pot skozi te številne različice, da bi našli resnico:

Vedeti moramo, da bi lahko ugotovili, katera različica je prava:

Nedavno odkrito Aleksandrijsko izvirno pismo ima črto, črte ali pomišljaje nad besedami in pismi. To je pomenilo, da so te določene besede in verze izpustili iz svojega prevoda. Te črte so našli nad besedami, kot so: Sveti, Kristus in Duh ter številne druge besede in verze. Pismouki, ki so bili zadolženi za urejanje teh rokopisov, niso verjeli v Gospoda Jezusa Kristusa kot Mesijo (Odrešenika). Kdorkoli je urejal rokopise, je odstranil in spremenil veliko besed in verzov iz Svetega pisma. Ta rokopis so nedavno odkrili v Aleksandriji v Egiptu.

To je čudovit dokaz, da so Sveto pismo v Aleksandriji spremenili in pokvarili pokvarjeni verski in politični voditelji.

Različica Svetega pisma Kralja Jamesa pravi:

"Vse Sveto pismo je dano po Božjem navdihu in je koristno za nauk,zagrajanje, za popravljanje, za vzgojo v pravičnosti: "
(2 Tim 3:16)

"Najprej vedite, da nobena prerokba iz Svetega pisma nima zasebne razlage. Prerokba namreč v starih časih ni prišla po človeški volji, ampak so sveti Božji možje govorili, kakor jih je gnal Sveti Duh."
(2 Peter 1:20-21)

To je resnična Božja beseda, ki jo je napisal edini Bog.

Božja beseda je večna:

"Resnično, povem vam: Dokler ne mine nebo in zemlja, ne bo iz zakona izpadla niti ena sama črka ali en sam drobec, dokler se vse ne izpolni." (Evangelij po Mateju 5:18)

"Lažje je, da mineta nebo in zemlja, kot da bi padel en sam delček zakona. "(Evangelij po Luku 16:17)

Božji besedi ne dodajajte ali odvzemajte:

Božje besede ni mogoče odvzeti, dodati ali napačno predstaviti:

"Pričujem namreč vsakemu, ki posluša besede prerokbe te knjige: Čekdo k temu kaj doda, mu bo Bog dodal rane, ki so zapisane v tej knjigi: In če kdo odvzame od besed knjige te prerokbe, mu bo Bog odvzel del iz knjige življenja, iz svetega mesta in iz tega, kar je zapisano v tej knjigi." (Razodetje 22:18-19)

"Besedi, ki vam jo zapovedujem, ne smete ničesar dodati niti ničesar odvzeti, da bi izpolnjevali zapovedi Gospoda, svojega Boga, ki vam jih zapovedujem." (5 Mz 4:2)

Božja beseda je živa in ostrejša od dvoreznega meča:

"Vsaka Božja beseda je __čista__; on je ščit tistim, ki vanj zaupajo." (Pregovor 30:5)

Psalm 119 nam pravi, da nam Božja beseda pomaga, da ostanemo čisti in rastemo v veri. Božja beseda je edino vodilo za čisto življenje.

"Tvoja beseda je __svetilka__ mojim nogam in __luč__ na moji poti." (Psalmi 119:105)

"Ponovno rojeni ne iz minljivega semena, ampak iz neminljivega, z __Božjo besedo,__ ki je živa in ostane na veke." (1 Petrovo pismo 1:23)

Od številnih angleških verzij, ki so danes na voljo, le verzija kralja Jamesa (1611) brezhibno sledi boljšemu tradicionalnemu masoretskemu hebrejskemu besedilu. To natančno metodo so uporabljali masoriti pri izdelavi kopij Stare zaveze. Zanesljiv dokaz Božje obljube, da bo ohranil svojo besedo, ni nikoli odpovedal.

Bog bo ohranil svojo besedo:

*"Gospodove besede so **čiste besede,** kakor srebro, ki se preizkuša v zemeljski peči, sedemkrat prečiščeno. Ohranil jih boš, Gospod, **ohranil jih boš iz tega rodu za vselej**. "(Psalmi 12:6.7)*

Današnja tehnologija je dokazala, kako natančna in resnična je različica Svetega pisma kralja Jakoba.

Journal of Royal Statistical Society and Statistical Science je nova raziskovalna agencija:

Hebrejska učenjaka, dva matematika s Harvarda in dva z Yala, sta uporabila ti dve statistični znanstveni tehniki in bila presenečena nad natančnostjo Biblije KJV. Opravila sta računalniško informacijsko študijo z uporabo enakomernega zaporedja črk. Vnesla sta ime iz prvih petih knjig (Tora) Biblije KJV in ob vnosu tega imena je test enakomernega zaporedja črk samodejno izpolnil datum rojstva in smrti te osebe ter mesto, kjer se je rodila in umrla. Ugotovili so, da je bilo to najbolj natančno poročilo. Osebe, ki so živele v zgodnjem stoletju, je zabeležil z lahkoto in natančnimi rezultati. To so bili preprosti testi, vendar so bile ugotovitve zelo natančne.

Ista tehnika je bila neuspešna, ko so na seznam uvrstili imena, uporabljena v NIV, New American Standard Version, The Living Bible in drugih jezikih ter prevodih iz teh različic. Ta metoda dokazuje netočnost poškodovanih izvodov Svetega pisma.

Enako matematično analizo so poskusili izvesti za Samarijanski peteroknjižni zakonik in Aleksandrijsko verzijo, vendar se tudi ta ni obnesla.

Knjiga Razodetja nam pravi, da:

"In če bi kdo odvzel besede iz knjige te prerokbe, bo Bog odvzel njegov delež iz knjige življenja, iz svetega mesta in iz tega, kar je zapisano v tej knjigi". (Razodetje 22:19)

S to študijo so prišli do zaključka, da je Sveto pismo v različici KJV najbolj resnično Sveto pismo, ki ga imamo danes.

Grško besedilo, ki temelji na masoretskem besedilu in Textus Receptus: (preprosto pomeni besedila, ki so jih sprejeli vsi), ki je bilo prvotno napisano, je osnova Svetega pisma KJV. Več kot pet tisoč rokopisov se v 99 % ujema z Biblijo KJV.

Sveto pismo KJV je v javni lasti in ne potrebuje dovoljenja za uporabo za prevajanje.

Sodobne različice Svetega pisma ne uporabljajo hebrejskega masoretskega besedila. Uporabljajo Leningrajski rokopis, ki ga je uredila Septuaginta, pokvarjena grška različica Stare zaveze. Obe lažni hebrejski besedili Biblia Hebraica v svojih opombah pod črto ponujata predlagane spremembe. Lažna hebrejska besedila, BHK ali BHS, se za Staro zavezo uporabljajo v vseh sodobnih različicah za prevode.

Tradicionalno masoretsko hebrejsko besedilo, na katerem temelji KJV, je popolnoma enako izvirnemu rokopisu. Arheologi so danes našli vse svetopisemske knjige, kar dokazuje, da je Biblija KJV natančen prevod izvirne knjige.

Božja beseda se je spremenila:

Sveto pismo pravi, da je Božja beseda naš meč in se uporablja kot edino orožje za napad na sovražnika; vendar v sodobnih prevodih Božja beseda ne more biti uporabljena kot napad ali meč proti sovražniku. V Božji besedi je bilo toliko sprememb, da ko vidimo osebo, ki uporablja sodobne prevode, je nestabilna, depresivna, zaskrbljena in ima čustvene težave.

Zato sta psihologija in medicina vstopili v cerkev; za to so odgovorni novi prevodi.

Oglejmo si nekaj sprememb in subtilne razloge zanje:

Spremembe bomo videli v naslednjih različicah Svetega pisma. Omenil sem nekaj različic, vendar obstaja še veliko drugih različic in prevodov, narejenih na podlagi tega Svetega pisma, o katerih se lahko pozanimate tudi sami. New Living Translation, English Standard Version, New American Standard Bible, International Standard Version, American Standard Version, Biblija Jehovovih prič in Biblija NIV ter drugi prevodi.

*"KJV: Luka 4:18 Gospodov Duh je nad menoj, ker me je mazilil, da oznanjam evangelij ubogim; poslal me je, da **ozdravljam zlomljene po srcu**, da oznanjam osvoboditev ujetnikom in povrnitev vida slepim, da osvobodim potolčene,"*

To pismo pravi, da ozdravlja zlomljeno srce.

"V NIV beremo Lk 4,18: "Gospodov Duh je na meni, ker me je mazilil, da oznanjam dobro novico ubogim. Poslal me je, da oznanim svobodo zapornikom in povrnitev vida slepim, da izpustim zatirane;

(V NIV in drugih različicah je izpuščeno Zdravljenje zlomljenega srca. Sodobni prevodi ne morejo ozdraviti zlomljenega srca.)

*"KJV: Marko 3:15: In da bi imel **moč ozdravljati bolezni in izganjati** hudiče:*

"NIV: Marko 3:15: In da bi imel oblast izganjati demone."

(**"In imeti moč, da ozdravlja bolezni"** je v NIV in drugih prevodih izpuščeno. Vi ste nemočni, da bi ozdravili bolnike.)

*"KJV: Apostolska dela 3:11 Ko je **hromec, ki je bil ozdravljen**, držal Petra in Janeza, je vse ljudstvo teklo k njima na dvorišče, ki se imenuje Salomonovo, in se zelo čudilo."*

NIV: Medtem ko se je berač držal Petra in Janeza, so se vsi ljudje začudili in stekli k njima na kraj, imenovan Salomonova kolonada.

Biblija NIV je odstranjena: NIV je odstranil ključni verz: "**Hromega človeka, ki je bil ozdravljen**".

Poleg tega je v NIV triinpetdesetkrat odstranjen " izrazusmiljenje". Božje usmiljenje je izpuščeno. Enainštiridesetkrat je bila izpuščena beseda kri.

Pismo Efežanom 6,4 govori o negovanju Cerkve... Beseda negovanje izhaja iz besede nega. Tako kot drži in skrbi za dojenčka nas Bog neguje in ponižuje, nekatere sodobne različice pa pravijo: "discipliniranje" in "kaznovanje".

*"KJV Daniel 3:25b pravi: in podoba četrtega je podobna **Božjemu Sinu**."*

*"NIV Daniel 3:25b: je spremenil besede, četrti pa je videti kot **sin bogov**."*

Božji sin ni sin bogov... to podpira politeizem.

S spremembo "The" v "A" boste podprli druge religije. Primer: Jezus ni edini odrešenik?!?!?

Sveto pismo pravi:

Jezus mu je rekel: "Jaz sem pot, resnica in življenje; nihče ne pride k Očetu, razen po meni. (Evangelij po Janezu 14:6)

*"KJV: Matej 25:31: Ko bo prišel Sin človekov v svoji slavi in z njim vsi **sveti angeli**, bo sedel na prestolu svoje slave."*

*"NIV: Matej 25:31: Ko pride Sin človekov v svoji slavi in z njim vsi **angeli**, bo sedel na svojem prestolu v nebeški slavi."*

(NIV je odstranil besedo "Sveti". Vemo, da Sveto pismo govori tudi o hudobnih in nesvetih angelih.)

Bog je sveti:

NIV je na nekaterih mestih odstranil tudi besedo Sveti Duh ali Sveti Duh. To je le nekaj primerov številnih sprememb NIV, NKJV, Katoliške Biblije, Latinske Biblije, American Standard Version, Revised Standard Version, Grške in Hebrejske Biblije ter tudi drugih različic Svetega pisma, ki so bile prevedene iz starega, pokvarjenega aleksandrinskega pisma in NIV.

Naslednje dokazuje, da je Biblija NIV antikrist:

Iz NIV in drugih prevodov Svetega pisma je bilo odstranjenih veliko besed, kot so Jezus Kristus ali Kristus, Mesija, Gospod itd. Sveto pismo pravi, kdo je antikrist.

Antikrist:

"Kdo je lažnivec, če ne tisti, ki zanika, da je Jezus Kristus? Antikrist je tisti, ki zanika Očeta in Sina. "(1 Jn 2:22)

*"Milost našega Gospoda **Jezusa Kristusa** naj bo z vami. Amen. "
(Razodetje 22:21)*

"Milost Gospoda Jezusa naj bo z Božjim *ljudstvom. Amen. "
(NIV: Razodetje 22:21 je odstranil **Kristusa**.)*

"KJV Janez 4,29: Pojdi, poglej človeka, ki mi je povedal vse, kar sem kdaj storil; ali ni to Kristus?"

To sem storil "Njegova pot"

"NIV pravi: Janez 4:29 "Pojdi, poglej človeka, ki mi je povedal vse, kar sem kdaj storil. Ali je to morda Kristus?"

(Kristusovo božanstvo je postavljeno pod vprašaj) Z odstranitvijo besed se spremeni pomen.

Antikrist zanika Očeta in Sina...

"*KJV: Janez 9:35: "Veruješ v **Božjega Sina**".*

*NIV: Ali verjamete v **Sina človekovega**?*

"KJV Apostolska dela 8:37 "Filip pa je rekel: "Če veruješ z vsem srcem, lahko. In on je odgovoril in rekel: "Verujem, da je Jezus Kristus Božji Sin."

"Apostolska dela 8:37; celoten verz je odstranjen iz NIV"

*KJV: Zato nisi več služabnik, ampak sin, in če sin, potem **Božji** dedič po **Kristusu***

NIV: Ker si sin, te je Bog naredil tudi za dediča.

NIV izpuščen Božji dedič po Kristusu.

*"KJV: Ef 3:9 in da bi vsi [ljudje] videli, kakšna je skupnost skrivnosti, ki je bila od začetka sveta skrita v Bogu, ki je vse ustvaril **po Jezusu Kristusu**:*

NIV:To je skrivnost, ki je bila od nekdaj skrita v Bogu, ki je vse ustvaril.

NIV je odstranil **"po Jezusu Kristusu"**. Jezus je Stvarnik vseh stvari.

Jezus Kristus pride v mesu:

*"1 Janez 4:3 KJV ...In vsak duh, ki ne izpoveduje, da **je Jezus Kristus prišel v mesu**, ni iz Boga."*

NIV pravi: Vsak duh, ki ne priznava Jezusa, ni od Boga.

("Jezus Kristus je prišel v mesu" je bilo odstranjeno)

"V Apostolskih delih 3:13,26 KJV piše, da je Božji Sin. NKJV je črtal Božjega Sina in rekel Božji služabnik."

Nove različice Svetega pisma ne želijo, da bi bil Jezus "Božji Sin". Božji sin pomeni Bog v mesu.

*"Janez 5:17-18 KJV Jezus jim je odgovoril: "**Moj Oče** dela doslej in jaz delam. Zato so ga Judje še bolj iskali, da bi ga ubili, ker je ne samo prelomil soboto, ampak je tudi rekel, da **je Bog njegov Oče**, s čimer se je **izenačil z Bogom**"*

Sveto pismo KJV opredeljuje Jezusa ali Jezusa Kristusa ali Gospoda Jezusa. Novi sodobni prevodi pa namesto tega pravijo "on ali on".

*KJV: In pojejo pesem Božjega služabnika Mojzesa in pesem Jagnjeta: "Velika in čudovita so tvoja dela, Gospod, Bog vsemogočni; pravična in resnična so tvoja pota**, Kralj svetnikov**.*
(Razodetje 15:3)

*"NIV: in peli pesem Božjega služabnika Mojzesa in pesem Jagnjeta: "Velika in čudovita so tvoja dejanja, Gospod, Bog vsemogočni. Pravična in resnična so tvoja pota, **kralj vekov**." (Razodetje 15:3)*

(On je kralj svetnikov, ki so ponovno rojeni. ki so krščeni v Jezusovem imenu in so prejeli njegovega Duha.)

*"KJV: **Bog** bo obrisal vse solze z njihovih oči;" (Razodetje 21:4)*

*"NIV: obrisal **bo** vsako solzo z njihovih oči." (Razodetje 21:4)*

To sem storil "Njegova pot"

"**Bog**" se spremeni v "On". Kdo je "On"? (To bo podprlo druge religije.)

*"KJV: In pogledal sem, in glej, Jagnje je stalo na gori Sion in z njim sto štirideset [in] štiri tisoč ljudi, ki so imeli na svojih čelih zapisano Očetovo **ime.**" (Razodetje 14:1)*

*"NIV: In zagledal sem, in pred menoj je bilo Jagnje, ki je stalo na gori Sion, in z njim 144.000 tistih, ki so imeli **njegovo ime in ime njegovega** Oč eta zapisano na svojih čelih." (Razodetje 14: 1)*

NIV je dodal "njegovo ime" z "imenom njegovega očeta", ki sta zdaj dve imeni.

"Janez 5,43b: Prišel sem v imenu svojega Očeta."

Očetovo ime je torej Jezus. Jezus v hebrejščini pomeni Jehova Odrešenik

*"Zaharija 14:9 Gospod bo kralj nad vso zemljo; tistega dne bo en Gospod in njegovo **ime eno.**"*

*"KJV Izaija 44:5 Eden bo rekel: 'Gospodov sem', drugi se bo imenoval z imenom Jakob, tretji se bo z roko podpisal Gospodu in se **oklical** z imenom Izrael."*

"NIV: Izaija 44:5 Eden bo rekel: "Gospodov sem", drugi se bo imenoval Jakob, tretji si bo na roko napisal: "Gospodov" in si bo vzel ime Izrael."

(NIV je odstranil besedo **priimek**)

Zdaj smo slišali, da bo knjiga "Pastir Herma" vključena v sodobno različico Svetega pisma. V Hermovi knjigi piše: "Sprejmite ime, prepustite se zveri, oblikujte eno svetovno vlado in pobijte tiste, ki ne sprejmejo imena. (Jezus ni ime, na katerega se tukaj sklicujejo).

"KJV Razodetje 13:17: In danebismelnihčekupovatialiprodajati,razen tisti, ki je imel znamenje ali ime zveri ali število njenega imena."

Ne bodite presenečeni, če bo knjiga Razodetja izginila iz Svetega pisma. V knjigi Razodetja so zapisani preteklost, sedanjost in prihodnji dogodki. Hermov pastir je v rokopisu Sinaiticus, ki je podlaga za Sveto pismo NIV.

Simboli:

Kakšen je pomen simbola in kdo ga uporablja:

Simbol je nekaj, kot je poseben znak, ki predstavlja določeno informacijo, na primer rdeči osmerokotnik je lahko simbol za "STOP". Na zemljevidu lahko slika šotora predstavlja kamp.

666 =

Knjiga prerokbe pravi:

"Tu je modrost. Kdor ima razum, naj prešteje število zveri, saj je to število človeka, njegovo število pa je šeststo šestinšestdeset. "(Razodetje 13:18)

Ta simbol ali logotip prepletenih 666 (starodavni simbol trojice) uporabljajo ljudje, ki verjamejo v trinitarični nauk.

Bog ni trojica ali tri različne osebe. En Bog Jehova je prišel v mesu in zdaj njegov Duh deluje v Cerkvi. Bog je eden in bo vedno eden.

"Toda Apostolska dela 17:29 pravijo: Ker smo torej Božji potomci, ne smemo misliti, da je božanstvo podobno zlatu, srebru ali kamnu, izklesanemu z umetnostjo in človeško iznajdbo."

(Ustvariti simbol, ki bi predstavljal božanstvo, je v nasprotju z Božjo besedo) Novodobniki priznavajo, da so tri prepletene šestice ali "666" znamenje Zveri.

Sveto pismo nas opozarja, da je satan ponaredek:

"In ni čudno, saj se je satan sam spremenil v angela luči. Zato ni nič hudega, če se tudi njegovi služabniki spremenijo v služabnike pravičnosti." (2 Korinčanom 11:14-15)

Satan je navsezadnje ponaredek:

"Povzdignil se bom nad višave oblakov, podoben bom Najvišjemu. "(Izaija 14:14)

Bom kot Najvišji Bog. Očitno je, da je satan skušal s spreminjanjem Božje besede odvzeti identiteto Jezusa Kristusa. Zapomnite si, da je satan prefinjen in da je njegov napad usmerjen na Božjo besedo.

Nova različica Kralja Jamesa:

Oglejmo si različico Svetega pisma, imenovano NKJV. New King James Version **ni** verzija kralja Jakoba. Biblijo po različici kralja Jakoba je leta 1611 prevedlo 54 hebrejskih, grških in latinskih teologov.

Nova različica Kralja Jakoba je bila prvič objavljena leta 1979. S preučevanjem Nove različice KJV bomo ugotovili, da ta različica ni le najbolj smrtonosna, ampak tudi zelo zavajajoča za Kristusovo telo.

Zakaj??????

Izdajatelj NKJV pravi:

.... da je to Biblija kralja Jakoba, kar ne drži. KJV nima pravice do kopiranja; lahko jo prevedete v kateri koli jezik, ne da bi za to dobili dovoljenje. NKJV ima pravico do kopiranja, ki je v lasti založbe Thomas Nelson Publishers.

.... da temelji na Textus Receptus, ki je le delna resnica. To je še en subtilen napad. Bodite previdni glede te Nove KJV. V trenutku boste izvedeli, zakaj.

Nova Biblija kralja Jakoba trdi, da je Biblija kralja Jakoba, le da je boljša. NKJV je izpustila in spremenila veliko verzov.

Dvaindvajsetkrat se " besedapekel" spremeni v "Hades" in "Sheol". New age satanistično gibanje pravi, da je "Hades" vmesno stanje očiščevanja!

Grki verjamejo, da je Hades ali Sheol podzemno bivališče mrtvih.

Veliko je izbrisanih naslednjih besed: kesanje, Bog, Gospod, nebesa in kri. Besede Jehova, hudiči in prekletstvo ter Nova zaveza so odstranjene iz NKJV.

Nesporazumi o odrešitvi:

KJV	NKJV
1. pismo Korinčanom 1,18	
"So rešeni"	Biti rešen.
Hebrejsko 10:14	
"so posvečeni"	so posvečeni.
Drugo pismo Korinčanom 10,5	
"Odvračanje domišljije"	Zavračanje argumentov.
Evangelij po Mateju 7,14	
"Ozka pot" II	Težaven način
Korinčanom 2,15	
"so rešeni"	Biti rešen

"Sodomiti" se spremeni v "sprevržene osebe". NKJV je antikristovsko izkrivljena različica

Satanov največji napad je na Jezusa kot Boga.

NIV: Izaija 14:12 je prefinjen napad na Gospoda Jezusa, ki je znan kot **Jutranja zvezda.**

> *Kako si padel z neba, o jutranja zvezda, sin zore! Vrgli so te na zemljo, ti, ki si nekoč ponižal narode!*

(NIV ima opombe za to besedilo *2 Peter 1:19*) *"Besedo prerokov pa imamo še bolj gotovo in dobro je, da ste nanjo pozorni kot na luč, ki sveti v temnem prostoru, dokler se ne zori dan in v vaših srcih ne vzide jutranja zvezda."*

*"Z dodajanjem **Jutranje zvezde** in navedbo druge reference v Razodetju 2:28 zavaja bralca, da je Jezus Jutranja zvezda, ki je padla.)*

"Toda v KJV Izaija 14:12 piše: "Kako si padel z neba, Lucifer, sin jutra! [kako] si bil posekan na tla, ki si oslabil narode!"

(V Bibliji NIV je Luciferjevo ime izbrisano, "sin jutra" pa zamenjano z "**jutranjo zvezdo**". V knjigi Razodetja je Jezus imenovan "jutranja zvezda".

"Jaz, Jezus, sem poslal svojega angela, da vam to priča v cerkvah. Jaz sem Davidova korenina in potomec ter svetla in jutranja zvezda "(KJV 22:16).

Tako različica Izaije 14:12 v NIV napačno razume svetopisemski pomen, saj pravi, da je Jezus padel z neba in ponižal narode.) Sveto pismo pravi, da je Jezus svetla in jutranja zvezda.

*"Jaz, Jezus, sem poslal svojega angela, da vam to priča v Cerkvah. Jaz sem Davidova korenina in potomec **ter svetla in jutranja zvezda**." (Razodetje 22:16)*

KJV:

"Imamo tudi zanesljivejšo preroško besedo, na katero je dobro, da pazite kot na luč, ki sveti v temnem prostoru, dokler se dan ne zori in dnevna zvezda ne vzide v vaših srcih." (2 Petrov 1:19)

*"In vladal jim bo z železno palico; kot lončarjevo posodje se bodo razbili, kakor sem jaz prejel od svojega Očeta. In dal mu bom **jutranjo zvezdo**." (Raz 2:27-28)*

Sodobni prevodi se prilagajajo vsem religijam, saj namesto besed Jezus, Kristus ali Mesija uporabljajo "on" ali "on" ter odstranjujejo številne besede in verze o Jezusu. Ti prevodi dokazujejo, da Gospod Jezus ni Stvarnik, Odrešenik ali Bog v mesu, ampak je le še en mit.

Ti odpadniki so pripravili rokopis Svetega pisma, ki je bil bolj po njihovem okusu. Napadali so božanstvo Jezusa Kristusa in druge doktrine v Svetem pismu. S tem so utrli pot Svetemu pismu nove dobe, ki je rodilo eno svetovno religijo. Združitev vseh cerkva in vseh religij bo prinesla "eno svetovno religijo".

Zdaj razumete, kakšen premeten in prefinjen načrt je zasnoval Satan. Upal si je celo spremeniti Božjo besedo. Satan je razvil prevarantski načrt, da bi zmedel ljudi!

Spomnite se, kaj je rekel Satan:

"Povzdignil se bom nad višave oblakov, podoben bom Najvišjemu. "(Izaija 14:14)

D.

KJV proti sodobnemu Svetemu pismu: Spremembe, ki so bile dodane ali odstranjene.

PREVOD NIV:

Težko besedilo Westcotta in Horta izhaja iz rokopisov Sinaiticus in Vaticanus. Zgodnja Cerkev je ugotovila, da gre za prefinjen napad na Božjo besedo z izpuščanjem in spreminjanjem svetopisemske resnice. Sinaiticus (Aleph) in Vatikanus (Codex-B) sta bila zavržena s strani zgodnje Cerkve in občudovana s strani lažnih učiteljev. Vir Svetega pisma NIV temelji na pokvarjenih verzijah Westcotta in Horta, ki jih boste našli v opombah NIV. Brez obsežnih raziskav ne moremo vedeti, kako in kje je nastalo to grško besedilo Westcotta & Horta. Ko vidimo navedbe iz Westcotta in Horta, jim navadno brez pomislekov verjamemo, preprosto zato, ker so natisnjene v Svetem pismu.

Sveto pismo NIV je občudovano, ker ljudje verjamejo, da ga je lažje razumeti, saj je stara angleščina spremenjena s sodobnimi besedami. Pravzaprav ima Sveto pismo KJV najlažji jezik, ki ga lahko razume vsaka starost. Besedišče KJV je preprostejše od besedišča NIV. Že samo zaradi spremembe besed, kot so ti, tvoj, ti in tvoj, ljudje menijo, da je lažje brati. Kot veste, Božjo besedo razlaga le Sveti Duh, ki jo je napisal Bog. Božji Duh je v KJV, ki nam pomaga razumeti njegovo razumevanje. V Božji besedi niso potrebne spremembe, vendar pa mora resnična Beseda spremeniti naše mišljenje.

Veliko cerkva zdaj sprejema različico NIV namesto različice KJV. Majhne spremembe sčasoma spremenijo naše razmišljanje in postanejo prefinjen način pranja možganov. Spremembe, ki jih je Sveto pismo NIV vneslo v svojo različico, neopazno slabijo evangelij. Te spremembe so večinoma v nasprotju z gospodovanjem Gospoda Jezusa Kristusa. Ko se to zgodi, mnoge religije lažje sprejmejo Sveto pismo NIV, ker potem podpira njihove doktrine. To pa postane "medverstvo", cilj ene svetovne religije, o kateri govori Razodetje.

KJV temelji na bizantinski družini rokopisov, ki se običajno imenujejo Textus Receptus. NKJV (New King James Version) je najslabši prevod. Od KJV se razlikuje 1200-krat. Nova različica kralja Jakoba zagotovo ni enaka različici kralja Jakoba. Tudi MKJV ni KJV. Večina prevodov Svetega pisma ni druga različica, ampak je sprevržena in se odmika od resnice.

Naslednjih verzov ni v **NIV** in **drugih sodobnih prevodih**. V nadaljevanju je seznam "izpuščenih" verzov v NIV.

Izaija 14:12

"*KJV: **Lucifer, sin jutra**: Iz 14:12: Kako si padel z neba, **Lucifer, sin jutra**! Kako si bil posekan na tla, ki si oslabil narode!*"

"*NIV Iz 14:12 Kako si padel z neba, o **jutranja zvezda**, sin zore! Na zemljo si bil vržen, ti, ki si nekoč ponižal narode!*"

(Biblija NIV je izločila Luciferja in zamenjala "sin jutranje zvezde" z "jutranjo zvezdo". To vas zavaja, da bi verjeli, da je Jezus, ki je Jutranja zvezda, padel z neba.

> *"Jaz, Jezus, sem poslal svojega angela, da vam to priča v cerkvah. Jaz sem korenina in potomec Davidov ter svetel in **jutranja zvezda**. "(Razodetje 22:16)*

(Jezus je jutranja zvezda)

Izaija 14:12 (NIV) je zelo zmeden spis. Ljudje mislijo, da je Jezus padel z neba in se posekal.

V NIV je Lucifer (satan) izenačen z Jezusom Kristusom; to je bogokletje najvišjega reda. Zato nekateri ljudje ne verjamejo v Jezusa Kristusa, saj ga vidijo enakega Satanu.

Daniel 3:25

> *"KJV: Dan.3:25 Odgovoril je in rekel: "Glejte, vidim štiri može, ki so svobodni in hodijo sredi ognja, a jim nič ne škodi, in podoba četrtega je podobna **Božjemu Sinu**."*

> *"NIV: Dan. 3:25 Rekel je: "Glej, vidim štiri može, ki hodijo v ognju, nevezani in nepoškodovani, četrti pa je videti kot **sin bogov**."*

(Če božjega sina spremenimo v **sina bogov**, se bo to prilagodilo verovanju v politeizem, kar bo podprlo druge religije.)

Evangelij po Mateju 5:22

> *"KJV Mt 5:22 Jaz pa vam pravim: Kdor **se brez razloga jezi na svojega brata**, je v nevarnosti sodbe; in kdor reče svojemu bratu: "Raca", je v nevarnosti sveta; kdor pa reče: "Ti bedak", je v nevarnosti peklenskega ognja."*

Elizabeth Das

"*NIV Mt 5:22 Jaz pa vam pravim, da bo vsakdo, ki **se jezi na** svojega brata, deležen sodbe. Vsakdo, ki reče svojemu bratu: 'Raca,' **je odgovoren pred Sanhedrinom**. Kdor pa reče: 'Ti bedak!', bo v nevarnosti peklenskega ognja.*"

(KJV Sveto pismo pravi, da **je jezen brez razloga**, NIV pravi, da je samo jezen. Resnica besede je, da se lahko **razjezimo**, če obstaja vzrok, vendar ne bomo pustili, da sonce zahaja nad tem.)

Matej 5:44

"*KJV Mt 5:44 Jaz pa vam pravim: Ljubite svoje sovražnike, **blagoslavljajte tiste, ki vas preklinjajo**, delajte dobro tistim, ki vas sovražijo, in molite **za tiste, ki vas prezirajo** in preganjajo;*

"*NIV Mt 5:44 Jaz pa vam pravim: Ljubite svoje sovražnike in molite za tiste, ki vas preganjajo,*

(Poudarjeno v KJV je odstranjeno iz Biblije NIV)

Evangelij po Mateju 6:13

"*KJV Mt 6:13 In ne vpelji nas v skušnjavo, ampak nas reši hudega: **Kajti tvoje je kraljestvo, moč in slava na veke. Amen**.*

"*NIV Mt 6:13 In ne vpelji nas v skušnjavo, ampak nas reši **zlo**.*

(**Zlo** ni zlo. **Kajti tvoje je kraljestvo, moč in slava na veke. Amen**: odstranjeno iz NIV)

Evangelij po Mateju 6:33

"*KJV Mt 6:33 Iščite najprej **Božje kraljestvo** in njegovo pravičnost, pa vam bo vse to dodano.*"

"*NIV Mt 6:33 Iščite najprej njegovo kraljestvo in **njegovo** pravičnost in vse to vam bo dano.*"

(**Božje kraljestvo** je zamenjano z "njegovim" kraljestvom ... NIV je zamenjala Boga za njegovega. Kdo je "njegov"?)

Evangelij po Mateju 8:29

*"KJV Mt.8:29 In glej, zavpili so: "Kaj imamo opraviti s teboj, **Jezus, Božji Sin**, ali si prišel sem, da bi nas mučil pred časom?"* (Posebno)

*"NIV Mt 8:29 "Kaj hočeš od nas, **Božji Sin?**" so kričali. "Ste nas prišli mučit pred določenim časom?"*

(**Jezus** je izpadel iz Svetega pisma NIV, ohranili so samo Božjega Sina... *Jezus* je Božji Sin. Božji sin pomeni vsemogočni Bog, ki hodi v mesu.)

Evangelij po Mateju 9:13b

*"KJV Mt 9:13b Nisem namreč prišel klicat pravičnih, ampak grešnike **k spreobrnjenju**."*

"NIV Mt 9:13b Nisem namreč prišel klicat pravičnih, ampak grešnike."

(**Za kesanje** je zunaj. Kesanje je prvi korak; odvrnete se od greha in grešnega načina življenja, tako da se zavedate in priznate, da ste se motili.)

Evangelij po Mateju 9:18

*"KJV: Mt 9:18 Ko jim je to govoril, je prišel neki vladar **in se mu poklonil**, rekoč: "Moja hči je že mrtva, pojdi in položi nanjo roko, pa bo živela."*(častil Jezusa)

*"NIV Mt 9:18 Medtem ko je to govoril, je prišel vladar, **pokleknil pred njim** in rekel: "Moja hči je pravkar umrla. Pridi in položi svojo roko nanjo, pa bo oživela."*

Elizabeth Das

(Čaščenje **se spremeni v klečanje**. Čaščenje naredi Jezusa za Boga.)

Evangelij po Mateju 13:51

> *"KJV Mt 13:51 Jezus jim je rekel: "Ali ste vse to razumeli? Odgovorili so mu: "**Da, Gospod**."*

> *"NIV Mt 13:51 "Ali ste vse to razumeli?" Jezus je vprašal."*

(JEZUS JE GOSPOD. NIV je izvzel besedo **Ja, Gospod**; izpustil je gospodovanje Jezusa Kristusa).

Evangelij po Mateju 16:20

> *"KJV Mt 16:20 Nato je naročil svojim učencem, naj nikomur ne povedo, da je on **Jezus** Kristus."*

(Ime "JEZUS" je iz več verzov Biblije NIV odstranjeno.)

> *"NIV Mt 16:20 Nato je učence posvaril, naj nikomur ne povedo, da je on Kristus."*

(Kdo je "on"? Zakaj ne Jezus, Kristus? "Kristus" pomeni Mesija, Odrešenik tega sveta: Janez 4:42.)

Evangelij po Mateju 17:21

> *"KJV: Mt 17:21: Vendar ta vrsta ne gre ven drugače kot z molitvijo in postom."*

(Molitev in post bosta porušila hudičevo moč. Post ubija naše telo.)

NIV vzel iz Svetega pisma completly. Prav tako je izbrisano iz "Svetega pisma" Jehovovih prič. Sedanji post se je spremenil v Danielovo dieto. To je še ena laž. (Post je brez hrane in vode. Hrana ni post in post ni prehranjevanje ali pitje).

Nekaj primerov svetopisemskega posta v Svetem pismu

Estera 4:16 KJV:

*Pojdite, zberite vse Jude, ki so v Šušanu, in **se postite** zame ter **tri** dni **ne jejte ne pijte, ne** podnevi ne ponoči: Tudi jaz in moje dekle **se bomo postile**; tako bom vstopila h kralju, kar ni v skladu z zakonom; in če se pogubim, se pogubim*

*"Jona 3:5.7 KJV Ninivsko ljudstvo je verjelo Bogu, **razglasilo post in** se obleklo v vreče, od največjega do najmanjšega. In dal je razglasiti in objaviti po Ninivah z dekretom kralja in njegovih veleposestnikov: ,Niti človek niti žival, čreda niti čreda naj ničesar ne **okusi; naj se ne hranijo in naj ne pijejo vode**:"*

Evangelij po Mateju 18:11

*KJV Mt 18:11: **Kajti Sin človekov je prišel rešit, kar je bilo izgubljeno**.*

(Ta verz je črtan iz NIV in mnogih drugih različic Svetega pisma. Jezus ne sme biti edini Odrešenik. Mason uči, da se lahko rešimo sami in da Jezusa ne potrebujemo.)

Evangelij po Mateju 19:9

*"KJV: 19:9: Kdor odpusti svojo ženo, razen zaradi nečistovanja, in se poroči z drugo, prešuštvuje**; in kdor se poroči s tisto, ki je odpuščena, prešuštvuje."***

"NIV: Mt 19:9 Povem vam: Kdor se ločuje od svoje žene, razen zaradi zakonske nezvestobe, in se poroči z drugo žensko, prešuštvuje."

("kdor se tako poroči z odtujeno, prešuštvuje" je izpuščeno)

Evangelij po Mateju 19:16.17

"KJV Mt 19:16 In glej, nekdo je prišel in mu rekel: "__Dobri mojster__, kaj naj storim dobrega, da bom imel večno življenje?"

17 On pa mu je rekel: "Zakaj me imenuješ dobrega? Nihče ni dober, razen enega, to je Boga, če pa hočeš priti v življenje, se drži zapovedi.

"NIV Mt 19:16 K Jezusu je pristopil človek in ga vprašal: "Učitelj, kaj dobrega moram storiti, da dobim večno življenje?"

17 Zakaj me sprašuješ o tem, kar je dobro? Jezus je odgovoril. "Samo eden je dober. Če hočeš vstopiti v življenje, spoštuj zapovedi.

(Jezus je rekel: "Zakaj me imenujete dobrega?" Samo Bog je dober in če je Jezus dober, potem mora biti Bog. V NIV je dobri učitelj spremenjen v "učitelj" in pomen je izgubljen. Tudi nekatere religije podpirajo prepričanje o samospasljivosti).

Evangelij po Mateju 20:16

"KJV Mt 20:16: Tako bodo zadnji prvi in prvi zadnji zadnji; __kajti veliko je poklicanih, a malo izvoljenih__."

(Pomembno je, kaj izberemo. Če ne izberete pravilno, se lahko izgubite.)

NIV IN RSV

"NIV Mt 20:16: "Tako bodo zadnji prvi in prvi zadnji."
(ne želite izbrati)

Matej 20:20

"KJV Mt 20:20: Tedaj je prišla k njemu Zebedejeva mati s svojimi sinovi__, se mu poklonila__ in od njega nekaj želela."

*"NIV Mt 20:20: Mati Zebedejevih sinov je prišla k Jezusu s svojimi sinovi, **pokleknila** in ga prosila za uslugo."*

(**čaščenje ali klečanje**...? Judje častijo samo enega Boga).

Evangelij po Mateju 20:22.23

*"KJV Mt 20:22.23: Jezus pa je odgovoril in rekel: "Ne veste, kaj prosite. Ali morete piti kelih, ki ga bom pil jaz, in se **krstiti s krstom, s katerim sem jaz krščen**? Rekli so mu: "Kaj je to za vas?" On jim je odgovoril, da je to za vas, smo sposobni."*

*In rekel jim je: "Res boste pili moj kelih in se **krstili s krstom, s katerim sem jaz krščen**, toda sedeti na moji desnici in na moji levici ni moja naloga, ampak bo dano tistim, ki jim je to pripravil moj Oče.*

(Ali bi lahko preživeli trpljenje, ki sem ga preživela jaz?)

"NIV Mt 20:22.23: "Ne veste, kaj prosite," jim je rekel Jezus. "Ali lahko pijete kelih, ki ga bom jaz pil?" "Lahko," so odgovorili. Jezus jim je rekel: "Res boste pili iz moje čaše, toda da bi sedeli na moji desnici ali levici, vam ne morem dati. Ta mesta pripadajo tistim, za katere jih je pripravil moj Oče."

(Vsi poudarjeni in podčrtani stavki v KJV so v NIV odstranjeni)

Matej 21:44

*"KJV Mt 21:44: Kdor bi padel na ta kamen, bi se razbil, koga pa bi ta kamen zadel, bi **ga zdrobil v prah**.*

"NIV Mt 21:44: Kdor pade na ta kamen, se bo razbil, kdor pa pade nanj, se bo zdrobil."

(Odstranjeno je bilo mletje v prah)

Evangelij po Mateju 23:10

*"KJV Mt 23:10: Niti se ne imenujte **mojstri**, kajti eden je vaš **Mojster, Kristus**.*"

"NIV Mt 23:10: Tudi vi se ne smete imenovati učitelj, saj imate enega učitelja, Kristusa."

(Boga moraš spustiti na raven mistikov, da bi Jezus postal še en mistik. Resnica je, da Kristus zadovoljuje vse.)

Evangelij po Mateju 23:14

"KJV: Mt 23:14: Gorje vam, pismouki in farizeji, hinavci! Kajti požirate vdovske hiše in se pretvarjate, da dolgo molite; zato boste deležni večjega prekletstva."

(NIV, New L T, English Standard Version New American Standard Bible in New world translations imajo ta verz izbrisan. Preverite ga sami v svojem Svetem pismu.)

Matej 24:36

"KJV: Mt 24:36: O tistem dnevu in uri pa ne ve nihče, ne angeli v nebesih, ampak samo moj Oče."

*"NIV: NIVIV: Mt 24:36: "Nihče ne ve za tisti dan ali uro, niti angeli v nebesih **niti Sin,** ampak samo Oče."*

("niti sin" je dodano v Bibliji NIV. Janez 10: 30 **Jaz in moj Oče sta eno**. Jezus torej pozna svoj prihodnji čas. To pomeni, da Jezus ni v božanstvu. V tistih dneh, po tisti stiski, pa se bo sonce stemnilo in luna ne bo dajala svoje luči, Marko 13,24. Težko bo določiti čas.)

Evangelij po Mateju 25:13

*"KJV: Mt 25:13 Zato bedite, kajti ne veste ne dneva ne ure, kdaj **pride Sin človekov**."*

"NIV: Mt 25:13 "Zato bedite, ker ne veste ne dneva ne ure."

("**V njem pride Sin človekov.**" Kdo se bo vrnil? Kaj je to za uro?)

Evangelij po Mateju 25:31

*"KJV: Mt 25:31 Ko bo prišel Sin človekov v svoji slavi in z njim vsi **sveti angeli**, bo sedel na prestolu svoje slave"*

*NIV: Ko pride Sin človekov v svoji slavi in z njim vsi **angeli**, bo sedel na svojem prestolu v nebeški slavi.*

(KJV pravi vsi "sveti" angeli. NIV pravi samo "angeli". To pomeni, da bodo z Jezusom prišli tudi padli ali nesveti angeli. Ali ne? Naokoli kroži herezija, da ni pomembno, kaj narediš dobrega ali slabega, še vedno greš v nebesa. Duhovi naših umrlih ljubljenih, ki nikoli niso verjeli v Jezusa, naj bi se vrnili, da bi svojim ljubljenim povedali, da so v redu v nebesih in da ti ni treba storiti ničesar, da bi prišel v nebesa. To je nauk hudiča.)

Evangelij po Mateju 27:35

*"KJV MT 27:35: In križali so ga, razdelili njegova oblačila in vrgli žreb**, da bi se izpolnilo, kar je bilo rečeno po preroku: "Razdelili so moja oblačila med seboj in za moje oblačilo so vrgli žreb.**"*

"NIV MT 27:35: Ko so ga križali, so z žrebom razdelili njegova oblačila."

("da bi se izpolnilo, kar je govoril prerok, so razdelili moja oblačila med seboj in na moje oblačilo so metali žreb." Popolnoma povzeto po Bibliji NIV).

Marko 1:14

"*KJV MARK 1:14: Ko je bil Janez zaprt, je Jezus prišel v Galilejo in **oznanjal evangelij o Božjem kraljestvu.***"

"*NIV MARK 1:14: Ko so Janeza zaprli, je Jezus odšel v Galilejo in **oznanjal dobro novico o Bogu.***"

(Evangelij o Božjem kraljestvu je v NIV izpuščen)

Marko 2:17

"*KJV Marko 2:17: Ko je Jezus to slišal, jim je rekel: "Tisti, ki so zdravi, ne potrebujejo zdravnika, ampak tisti, ki so bolni. Nisem prišel klicat pravičnih, ampak grešnike k **spreobrnjenju**.*"

"*NIV Marko 2:17: Ko je Jezus to slišal, jim je rekel: "Zdravnika ne potrebujejo zdravi, ampak bolni. Nisem prišel klicat pravičnih, ampak grešnike."*"

(Dokler verjamete, da je to v redu, lahko počnete karkoli in je v redu. Z rahlo spremembo Svetega pisma Sin je dobrodošel.)

Marko 5:6

"*KJV Marko 5:6: Ko pa je od daleč zagledal Jezusa, je stekel in **se mu poklonil**,*"

(Spozna, da je Jezus Gospod Bog.)

"*NIV Marko 5:6: Ko je od daleč zagledal Jezusa, je stekel in **padel pred njim na kolena.***"

(Izkaže mu spoštovanje kot človeku, vendar ga ne prepozna kot Gospoda Boga.)

Marko 6:11

"KJV: Marko 6:11 "In kdor vas ne sprejme ali vas ne posluša, si ob odhodu od tod otresite prah izpod nog v pričevanje zoper njih. **<u>Resnično, povem vam, da bo Sodomi in Gomori na dan sodbe bolj prizaneseno kot temu mestu</u>**.

"NIV Marko 6:11 "In če te kje ne sprejmejo ali te ne poslušajo, si ob odhodu otresi prah z nog v pričevanje zoper njih."

(NIV je odstranil: "Resnično, povem vam: Sodomi in Gomori bo na dan sodbe bolj prizaneseno kot tistemu mestu." Sodba je odstranjena, ker vanjo ne verjamejo in ni pomembno, kakšno izbiro sprejmeš. Vse napačne reči in dejanja bodo popravljena v očistcu ali reinkarnaciji).

Marko 7:16

"KJV Marko 7:16: Če ima kdo ušesa za poslušanje, naj posluša"

(NIV, Sveto pismo Jehovovih prič in sodobni prevodi so to besedilo odstranili. WOW!)

Marko 9:24

"KJV Marko 9:24: Otrokov oče je takoj zaklical in s solzami rekel: **<u>"Gospod,</u>** *verujem, pomagaj moji neveri!"*

"NIV Marko 9:24: Dečkov *oče je takoj vzkliknil: "Verujem, pomagaj mi premagati mojo nevero!"*

(v NIV manjka Gospod. Gospodarstvo Jezusa Kristusa je izpuščeno)

Marko 9:29

*"KJV Marko 9:29: In rekel jim je: "Ta vrsta ne more nastati drugače kot z molitvijo in **postom**."*

"NIV Marko 9: 29: Odgovoril mu je: "Takšni lahko pridejo ven samo z molitvijo."

(**Post** je odstranjen. S postom rušimo močne satanove ujetosti. Iskanje Božjega obličja s svetopisemskim postom in molitvijo prinaša posebno maziljenje in moč.)

Marko 9:44

"KJV Marko 9:44: Kjer njihov črv ne umre in ogenj ne ugasne."

(Sveto pismo je odstranjeno iz Biblije NIV, sodobne tranzicije in Biblije Jehovove priče. Ti ne verjamejo v kazen v peklu.)

Marko 9:46

"KJV: Marko 9:46: Kjer njihov črv ne umre in ogenj ne ugasne."

(Sveto pismo je odstranjeno iz NIV, sodobnega prevoda in Svetega pisma Jehovovih prič. Tudi oni ne verjamejo v sodbo.)

Marko 10:21

*"KJV Marko 10:21: Ko ga je Jezus zagledal, ga je vzljubil in mu rekel: "Enega ti manjka: pojdi, prodaj, kar imaš, in daj ubogim, in imel boš zaklad v nebesih; in pojdi, **vzemi križ** in hodi za menoj."*

(Kristjan mora nositi križ. V tvojem življenju se je zgodila sprememba.)

To sem storil "Njegova pot"

> *"NIV Marko 10:21: Jezus ga je pogledal in ga vzljubil. "Nekaj ti manjka," je rekel. "Pojdi, prodaj vse, kar imaš, in daj ubogim, pa boš imel zaklad v nebesih. Potem pa pridi in mi sledi."*

(NIV je odstranil "vzemite križ" ‚ni potrebe, da bi trpeli za resnico. Živite tako, kot želite živeti. Križ je zelo pomemben za krščansko hojo.)

Marko 10 :24

> *"KJV Marko 10:24: Učenci so se začudili njegovim besedam. Toda Jezus jim spet odgovori in reče: "Otroci, kako težko pridejo v Božje kraljestvo __tisti, ki zaupajo v bogastvo__!"*

> *"NIV Marko 10:24: Učenci so se čudili njegovim besedam. Jezus pa je ponovil: "Otroci, kako težko je priti v Božje kraljestvo!"*

("**ki zaupajo v bogastvo**" je odstranjeno; v Svetem pismu NIV te besede niso potrebne, saj želijo miloščino. Tudi to daje občutek, da je težko vstopiti v Božje kraljestvo, in vas odvrača od tega).

Marko 11:10

> *"KJV Marko 11:10: Naj bo blagoslovljeno kraljestvo našega očeta Davida__, ki prihaja v Gospodovem imenu__: Hosana na višavah."*

> *"NIV Marko 11:10: "Blagoslovljeno __prihajajoče kraljestvo__ našega očeta Davida!" "Hosana na višavah!"*

(NIV: "ki prihaja v Gospodovem imenu" je odstranjeno)

Marko 11:26

> *"KJV: Marko 11:26 Če pa vi ne odpuščate, tudi vaš Oče, ki je v nebesih, ne bo odpustil vaših prestopkov."*

Elizabeth Das

(To besedilo je popolnoma odstranjeno iz NIV, Biblije Jehovovih prič (imenovane prevod novega sveta) in številnih drugih sodobnih prevodov. Odpuščanje je zelo pomembno, če želite, da vam je odpuščeno.)

Marko 13:14

KJV Marko 13:14: Ko boste videli gnusobo opustošenja, **<u>o kateri je govoril prerok Daniel, da</u>** stoji, kjer ne bi smela, (kdor bere, naj razume), naj tisti, ki so v Judeji, zbežijo na gore:

NIV Marko 13:14: "Ko boste videli 'gnusobo, ki povzroča opustošenje', stati tam, kamor ne sodi - naj bralec razume -, naj tisti, ki so v Judeji, zbežijo na gore.

(Informacije o Danielovi knjigi so odstranjene iz NIV. Končni čas preučujemo v knjigah Daniel in Razodetje. BLAGOSLOVLJENI SO TISTI, KI BEREJO BESEDE TE KNJIGE. Blagor tistemu, ki bere, in tistim, ki poslušajo besede te **prerokbe** in se držijo tistega, kar je v njej zapisano, kajti čas je blizu. (Razodetje 1,3) S tem, ko odstrani Danielovo ime, vas pusti zmedene.)

Marko 15:28

KJV: Marko 15:28: In izpolnilo se je Pismo, ki pravi, da je bil prištet k prestopnikom.

(Odstranjeno iz NIV, Biblije Jehovovih prič in sodobnih prevodov)

Luka 2:14

KJV: Luka 2:14 Slava Bogu na višavah in na zemlji mir, **<u>dobra volja do ljudi.</u>**

NIV Luka 2:14: Slava Bogu na višavah in na zemlji mir ljudem, na katerih počiva njegova milost."

(Subtilna sprememba. namesto "dobra volja do ljudi" ;Sveto pismo NIV pravi, da je mir samo za nekatere ljudi, ki jim je Bog naklonjen. To je tudi v nasprotju z Božjim načelom.)

Luka 2:33

>KJV Luka 2:33: **Jožef** in njegova mati

>NIV Luka 2:33: Otrokov *oče in mati*.

(**Joseph** je odstranjen)

Luka 4:4

>"KJV Luka 4:4 Jezus mu je odgovoril: "Pisano je, da človek ne bo živel samo od kruha, **ampak od vsake Božje besede**."

>"NIV Luka 4:4 Jezus je odgovoril: "Pisano je: Pisano je: 'Človek ne bo živel samo od kruha.'"

Satanov napad na **BOŽJO besedo** V 1 Mz 3: Satan je napadel BOŽJO besedo. Njegov napad je prefinjen" :**Toda z vsako Božjo besedo**" je odstranjeno iz NIV

NIV in sodobni prevod Svetega pisma za foramtor ne skrbi za Božjo besedo. Besedilo spreminjajo tako, da ustreza njihovemu nauku, po njihovi pristranskosti, kaj mislijo, da bi moralo pisati. Božja beseda je živa in prinaša prepričanje vase. Ko vas Bog prepriča o grehu, to prinese kesanje. Če je bila Božja beseda spremenjena, ne more prinesti resničnega obsojanja; zato ne bo iskanja kesanja. S tem NIV nakazuje, da so vse religije v redu, za kar vemo, da ni res.

Luka 4:8

"KJV Luka 4:8 Jezus mu je odgovoril: "**Pojdi za menoj, satan**, kajti zapisano je: 'Gospoda, svojega Boga, boš častil in njemu edinemu boš služil'."

(Jezus je grajal satana. Tudi ti in jaz lahko grajamo satana v Jezusovem imenu.)

"NIV Luka 4:8 Jezus je odgovoril: "Pisano je: Piše: 'Čuvaj Gospoda, svojega Boga, in služi samo njemu."

("**Pojdi za menoj, satan**" je povzeto po NIV.)

Luka 4:18

KJV Luka 4:18: Gospodov Duh je nad menoj, ker me je mazilil, da oznanjam evangelij ubogim; poslal me je, da **ozdravljam zlomljenega srca**, da oznanjam ujetnikom osvoboditev in slepim povrnitev vida, da osvobodim potolčene,

"NIV Luka 4:18 "Gospodov Duh je na meni, ker me je mazilil, da oznanjam dobro novico ubogim. Poslal me je, da oznanim svobodo zapornikom in povrnitev vida slepim, da izpustim zatirane."

("**ozdraviti zlomljenega srca**" je odstranjeno iz NIV: Ljudje, ki uporabljajo to pokvarjeno različico, so na splošno zaskrbljeni, čustveno nestabilni in depresivni. Spreminjanje Božje besede ji jemlje moč. Resnica vas bo osvobodila, zato so iz sodobnega Svetega pisma odstranili resnico.)

Luka 4:41

"KJV Luka 4:41: Iz mnogih so izstopili tudi hudiči, ki so vpili in govorili: "**Ti si Kristus, Božji Sin**! On pa jih je grajal, da niso govorili, ker so vedeli, da je on Kristus."

(Ali ljudje priznavajo" :Ti si Kristus, Božji Sin?" Ne, razen če jim to razodene njegov Duh.)

*"NIV Luka 4:41: Iz mnogih ljudi so izstopili demoni in kričali: "**Ti si Božji Sin**!" On pa jih je grajal in jim ni dovolil govoriti, ker so vedeli, da je on Kristus."*

(S tem, ko je odstranil "**Kristus**", demon ni priznal Kristusa kot Božjega Sina. Satan ne želi, da bi ljudje sprejeli Jezusa kot Jehovovega Odrešenika, zato s poglobljenim namenom spreminja Božjo besedo. Demon je vedel, da je Jezus Bog v telesu.)

Luka 8:48

*"KJV Luka 8:48: In rekel ji je: "Hči, **bodi v tolažbo**: tvoja vera te je ozdravila; pojdi v miru."*

"NIV Luka 8:48: Nato ji je rekel: "Hči, tvoja vera te je ozdravila. Pojdi v miru."

("Bodite v tolažbo "je v NIV izpuščeno. Torej tolažbe ni več ,ne morete se tolažiti z branjem Svetega pisma NIV).

Luka 9:55

*"KJV Luka 9:55: On pa se je obrnil, jih okaral in rekel: "**Ne veste, kakšnega duha ste**."*

"NIV Luka 9:55: Jezus se je obrnil in jih okaral."

(NIV je odstranil te besede: "**Ne veste, kakšnega duha ste**.")

Luka 9:56

"KJV: Luka 9:56: **Sin človekov** *namreč* **ni prišel, da bi** ljudem **uničil življenje, ampak da bi jih rešil***. In odšli so v drugo vas."*

"NIV Lk 9:56 in odšli so v drugo vas."

(NIV ODSTRANJENO: **Sin človekov ni prišel, da bi** ljudem **uničil življenje, ampak da bi jih rešil**. Razlog za Jezusov prihod je z odstranitvijo tega dela Svetega pisma uničen.)

Luka 11:2-4

"KJV Luka 11:2-4: **Ko molite, recite: Oče naš, ki si v nebesih**, *posvečeno bodi tvoje ime. Pridi tvoje kraljestvo.* **Zgodi se tvoja volja, kakor v nebesih, tako tudi na zemlji**. *Daj nam vsak dan naš vsakdanji kruh. In odpusti nam naše grehe, kajti tudi mi odpuščamo vsakemu, ki nam je dolžan. In ne vpelji nas v skušnjavo***, ampak nas odreši hudega**.*"*

"NIV Luka 11:2-4: Rekel jim je: "Ko molite, govorite: "Oče, posvečeno bodi tvoje ime, pridi tvoje kraljestvo. Daj nam vsak dan naš vsakdanji kruh. Odpusti nam naše grehe, saj tudi mi odpuščamo vsakomur, ki greši proti nam. In ne vpelji nas v skušnjavo."

(NIV ni specifična. Vse poudarjeno iz KJV je izpuščeno iz NIV in drugih sodobnih različic Svetega pisma)

Luka 17:36

"KJV Luka 17:36 Dva moža bosta na polju; enega bodo vzeli, drugega pa pustili."

(NIV, moderna različica in Sveto pismo Jehovovih prič so odstranili celotno besedilo)

Luka 23:17

"Luka 23:17: (ker jim je moral na praznik po nujnosti izpustiti enega.)"

(NIV, Sveto pismo Jehovovih prič in mnoge sodobne različice Svetega pisma so to besedilo popolnoma odstranile.)

Luka 23:38

*"KJV Luka 23:38: Nad njim je bil napis v **gr**š**kih, latinskih in hebrejskih** č**rkah**: To je judovski kralj."*

"NIV Luka 23:38: Nad njim je bilo napisano obvestilo, ki se je glasilo: TO JE JUDOVSKI KRALJ."

(NIV in drugi sodobni prevodi so odstranili:)NIV: "**v grških, latinskih in hebrejskih črkah**").

Luka 23:42

*"KJV Luka 23:42: Jezus mu je rekel: "**Gospod,** spomni se me, ko prideš v svoje kraljestvo! "*

(tat spoznal, da je Jezus Gospod)

"NIV Luka 23:42: Tedaj je rekel: "Jezus, spomni se me, ko prideš v svoje kraljestvo."

(Ne želijo priznati Jezusovega gospostva)

Luka 24:42

*""KJV Luka 24:42: In dali so mu kos pečene ribe in **medeno satje**.*

"NIV Luka 24:42: Dali so mu kos pečene ribe."

(Sodobne Biblije dajejo polovico teh informacij. V NIV in drugih različicah Svetega pisma manjka " besedasatovje")

Janez 5:3

*"KJV Janez 5:3: V njih je ležala velika množica nemočnega ljudstva, slepih, onemoglih, suhih, ki so **čakali na premikanje vode.**"*

"NIV Janez 5:3: Tu je ležalo veliko število invalidov: slepi, hromi, paralizirani."

(Odstranili so informacijo, da se je na tistem kraju zgodil čudež, ko"so čakali, da se voda premakne".)

Janez 5:4

"KJV: 5:4: Kdor je po tem, ko se je voda razburkala, prvi stopil vanjo, je bil ozdravljen katere koli bolezni, ki jo je imel."

(NIV in sodobni prevodi ter Sveto pismo Jehovovih prič so to besedilo popolnoma odstranili.)

Janez 6:47

*"KJV: Janez 6:47: Resnično, resnično, povem vam: Kdor **veruje vame**, ima večno življenje."*

"NIV: Janez 6:47: Resnično, povem vam: Kdor veruje, ima večno življenje."

(Besedilo **Believeth on me** je bilo spremenjeno v **Believes**. V koga verjamem? Beseda Veruješ ima na koncu "eth", kar pomeni, da je beseda stalna. Vsaka beseda, ki ima na koncu "eth", pomeni, da je stalna in ne le enkratna.)

Janez 8:9a

*"KJV Janez 8:9a: Tisti, ki so to slišali, **so po lastni vesti obsojeni** odšli."*

"NIV Janez 8:9a: tisti, ki so slišali, so začeli odhajati "

(NIV je črtal " besedo**po lastni vesti** ,"saj ne verjamejo, da imajo vest.)

Janez 9:4a

*„KJV Janez 9:4a: **Jaz** moram delati dela tistega, ki me je poslal."*

„NIV Janez 9:4a: Opravljati moramo delo tistega, ki me je poslal."

(Jezus je rekel "**JAZ**", NIV in nekaj drugih različic je spremenilo "**JAZ**" v "**MI**")

Janez 10:30

*"KJV: Janez 10:30: Jaz in **moj** Oče sta eno."*

"NIV: Janez 10:30: "Jaz in Oče sta eno."

(Jaz in moj oče sva **eno in** ne dve osebi. "Moj oče" naredi Jezusa za Božjega Sina. To pomeni Bog v mesu. NIV je odstranil "moj" in spremenil celoten pomen Svetega pisma.)

Janez 16:16

*"KJV: Janez 16:16: Še malo časa, in me ne boste videli, in spet malo časa, in me boste videli, **ker grem k Očetu**."*

„*NIV: Janez 16:16: "Čez nekaj časa me ne boste več videli, čez nekaj časa pa me boste videli."*

(NIV odstranjeno "ker grem k Očetu. Mnoge religije verjamejo, da je Jezus odšel na Himalajo ali drug kraj in ni umrl.)

Apostolska dela 2:30

*"KJV: Apostolska dela 2:30: Zato je bil prerok in je vedel, da mu je Bog prisegel, da **bo** iz sadu njegovih ledij po mesu **obudil Kristusa, ki bo sedel na njegov prestol.**"*

"NIV: Apostolska dela 2:30: Toda on je bil prerok in je vedel, da mu je Bog s prisego obljubil, da bo na njegov prestol postavil enega od njegovih potomcev. "

(**NIV je odstranil** "**in obudil bi Kristusa, da bi sedel na njegov prestol**", prerokba o Jezusovem prihodu v mesu je izbrisana.)

Apostolska dela 3:11

*"KJV: Ko **je ozdravljeni hromec** držal Petra in Janeza, je vse ljudstvo teklo k njima na dvorišče, ki se imenuje* Salomonovo*, in se zelo čudilo."*

NIV: Medtem ko se je berač držal Petra in Janeza, so se vsi ljudje začudili in stekli k njima na kraj, imenovan Salomonova *kolonada.*

("**hromega človeka, ki je bil ozdravljen**" je ključni del tega besedila, NIV je to odstranil)

Apostolska dela 4:24

*"KJV: Apostolska dela 4:24: Ko so to slišali, so soglasno povzdignili glas k Bogu in rekli: "Gospod, **ti si Bog,** ki si naredil nebo in zemljo, morje in vse, kar je v njih:"*

"NIV: Apostolska dela 4:24: Ko so to slišali, so skupaj povzdignili svoj glas v molitvi k Bogu. "Gospod," so govorili, "ti si ustvaril nebo in zemljo, morje in vse, kar je v njih."

(NIV in sodobni prevodi so odstranili "ti si Bog". Ne izpoveduje edinega pravega Boga, ki je naredil čudež.)

Apostolska dela 8:37

"KJV: Apostolska dela 8:37: Filip pa je rekel: "Če veruješ z vsem srcem, lahko. Odgovoril je: "Verujem, da je Jezus Kristus Božji Sin."

(NIV in sodobne različice Svetega pisma so v celoti odstranile to besedilo)

Beseda "učitelj" je bila v sodobnih različicah Svetega pisma odstranjena in spremenjena v "učitelj", kar Jezusa uvršča v isti razred kot vse druge učitelje različnih religij. Razlog za to spremembo je predvsem ekumensko gibanje, ki trdi, da Jezusa ne smete postaviti kot edino pot do odrešitve, saj s tem ponižujete vsa druga verstva, ki ne verjamejo, da je Jezus naš edini pravi Odrešenik. Takšni so na primer hindujci in večina drugih vzhodnih religij.

Apostolska dela 9:5

*"KJV Apostolska dela 9:5: Kdo si ti, Gospod? Gospod je rekel: "Jaz sem Jezus, ki ga ti preganjaš; **težko ti je brcati proti bodalom.**"*

"NIV: Apostolska dela 9:5: Kdo si ti, Gospod?" Savel je vprašal. "Jaz sem Jezus, ki ga ti preganjaš," je odgovoril."

(NIV in sodobni prevodi so črtali "**težko ti je brcati proti bodalom**". To pomeni, da z odstranitvijo vsega tega pisma ne bodo zmagali.)

Apostolska dela 15:34

KJV: Sila pa je želel tam ostati še naprej.

(Biblija NIV in drugi sodobni prevodi Svetega pisma so to besedilo odstranili.)

Apostolska dela 18:7

KJV Apostolska dela 18:7: od tam je odšel in vstopil v hišo nekega [človeka] po imenu Justus, ki je častil Boga in **čigar hiša se je trdno povezovala s sinagogo**.

NIV: Apostolska dela 18:7: Pavel je zapustil sinagogo in odšel v sosednjo hišo Titiusa Justa, Božjega častilca.

("**katerega hiša se je trdno pridružila sinagogi**" je

odstranjeno) **Apostolska dela 23:9b**

*KJV...**Ne bojujmo se proti Bogu***

(NIV, sodobno Sveto pismo in Sveto pismo Jehovovih prič so odstranili "**Ne bojujmo se proti Bogu**" Razlog je očiten, obstajajo ljudje, ki se upajo boriti proti Bogu.)

Apostolska dela 24 :7

"KJV: Apostolska dela 24:7: Toda poveljnik Lizias je prišel k nam in nam ga z veliko silo iztrgal iz rok,"

(NIV in sodobne različice Svetega pisma so to besedilo popolnoma odstranile.)

Apostolska dela 28:29

"KJV: Judje so odšli in se med seboj zelo prepirali: ACTS: 28:29: Ko je rekel te besede, so Judje odšli in se med seboj zelo prepirali."

(NIV in druge različice Svetega pisma so to besedilo v celoti odstranile. Vidite, da je prišlo do spora. Razmišljanje je bilo o tem, kdo je bil Jezus? Zato je treba to besedilo odstraniti.)

Rimljanom 1:16

*"KJV: Rimljanom1:16: **Kristusovega** evangelija se namreč ne sramujem, saj je Božja moč za odrešenje vsakomur, ki veruje, najprej Judu in tudi Grku."*

"NIV: Rimljanom1:16: Ne sramujem se evangelija, ker je Božja moč za odrešenje vsakega, ki veruje: najprej za Juda, potem za pogana."

(NIV je odstranil "Kristusov evangelij" in ohranil samo "evangelij". Večina napadov se nanaša na Jezusa kot Kristusa. Evangelij je smrt, pokop in vstajenje Jezusa Kristusa. To besedilo ni potrebno.)

Rimljanom 8:1

*"KJV: Rimljanom 8:1: Zato zdaj ni obsodbe za tiste, ki so v Kristusu Jezusu**, ki ne hodijo po mesu, ampak po Duhu**."*

"NIV: Rimljanom 8:1: Zato zdaj ni obsodbe za tiste, ki so v Kristusu Jezusu"

("**ki ne hodijo po mesu, ampak po Duhu**" je odstranjeno iz NIV, tako da lahko živite tako, kot želite.)

Rimljanom 11:6

"KJV: Rimljani 11:6 In če je po milosti, potem ni več iz del. **_Če pa je po delih, potem ni več milost, sicer delo ni več delo._**"

NIV: Če pa je po milosti, potem ni več po delih; če bi bila, milost ne bi bila več milost.

("Če pa je iz del, potem ni več milost, sicer pa delo ni več delo." Del besedila je odstranjen iz NIV in drugih verzij.)

Pismo Rimljanom13:9b

"KJV: Rimljanom13:9b: **_Ne daj lažne price_**"

(NIV je te besede odstranil iz Svetega pisma. Sveto pismo pravi: "Ne dodajaj, ne odvzemaj".)

Pismo Rimljanom 16:24

"KJV: Rimljanom 16:24: Milost našega Gospoda Jezusa Kristusa naj bo z vami. Amen."

"NIV: Rimljanom 16:24: (NIV in druge sodobne Biblije so to besedilo v celoti odstranile.)

1 Korinčanom 6:20

"KJV:1Korinčanom 6:20: Kupljeni ste namreč za drago ceno, zato poveličujte Boga v svojem telesu **_in v svojem duhu, ki sta_** Božja."

"NIV:1Korinčanom 6:20: kupljeni ste bili za drago ceno. Zato častite Boga s svojimi telesi."

(Sodobno Sveto pismo in NIV sta odstranila "in v vašem duhu, ki je Božji." Naše telo in duh pripadata Gospodu.)

1 Korinčanom 7:5

*"KJV:1 Korinčanom 7:5: Ne goljufajte drug drugega, razen če se strinjate za nekaj časa, da se boste posvetili **postu in molitvi**, in se spet zberete, da vas satan ne bi zapeljal v skušnjavo zaradi vaše neskladnosti."*

*"NIV:1 Korinčanom 7:5: Ne odvzemajte drug drugega, razen sporazumno in za določen čas, da bi se posvetili **molitvi**. Nato se spet združite, da vas satan ne bi zapeljeval zaradi pomanjkanja samokontrole."*

(NIV in sodobne različice Svetega pisma so črtale " besedopost" ,saj gre za rušenje satanovih trdnih rok. Post tudi ubija meso.)

2 Korinčanom 6:5

*"KJV:2 Korinčanom 6:5: v udarcih, v zaporih, v prepirih, v delu, v straženju, v **postu**;"*

*"NIV:2 Korinčanom 6:5: v pretepanju, zaporih in nemirih, v težkem delu, neprespanih nočeh in **lakoti**;"*

(**Post ni lakota, temveč** spreminjanje besede resnice. Hudič ne želi, da bi imeli tesnejši, močnejši in globlji odnos z Bogom. Spomnite se, da so se kraljica Ester in Judje postili in Bog je sovražniku vrnil satanov načrt)

2 Korinčanom 11:27

*"KJV: 2Korinčanom 11:27: V utrujenosti in bolečinah, v pogostem bedenju, v lakoti in žeji**, v pogostem postu**, v mrazu in goloti."*

"NIV:2Korinčanom 11:27: Trudil sem se in delal in pogosto sem ostal brez spanja; poznal sem lakoto in žejo in pogosto sem ostal brez hrane; bil sem mrzel in gol."

(Ponovno poudarjamo, da post ni v NIV in sodobnih različicah Svetega pisma.)

Efežanom 3:9

*"KJV Efežanom 3:9: da bi vsi videli, kakšna je skupnost skrivnosti, ki je bila od začetka sveta skrita v Bogu, ki je **vse** ustvaril **po Jezusu Kristusu**:"*

"NIV Efežanom 3:9:in da bi vsem razjasnili upravljanje te skrivnosti, ki je bila od nekdaj skrita v Bogu, ki je vse ustvaril."

(NIV in druge različice Svetega pisma so odstranile "**vse po Jezusu Kristusu**". Jezus je Bog in je Stvarnik vsega.)

Efežanom 3:14

*"KJV: Zato se sklanjam pred Očetom **našega Gospoda Jezusa Kristusa**,"*

"NIV:Efežanom 3:14: Zato klečim pred Očetom,"

("**našega Gospoda Jezusa Kristusa**" je v NIV in drugih različicah odstranjeno. To je dokaz, da je Jezus Božji Sin. "Božji sin" je mogočni Bog v mesu, ki je prišel preliti kri za vas in mene. Ne pozabite, da satan verjame, da obstaja en sam Bog, in se zatrese. Jakob 2:19)

Efežanom 5:30

*"KJV:Efežanom 5:30:Kajti mi smo člani njegovega telesa, njegovega mesa in **njegovih kosti**."*

"NIV:Efežanom 5:30:smo namreč člani njegovega telesa."

("**Iz mesa in njegovih kosti**." Del besedila je odstranjen iz NIV in mnogih drugih različic Svetega pisma.)

Kološanom 1:14

*"KJV:Pismo Kološanom 1:14: V njem imamo po **njegovi krvi** odkupitev, odpuščanje grehov:"*

"NIV:Pismo Kološanom 1:14: v njem imamo odkupitev, odpuščanje grehov."

("po **njegovi krvi**" „Jezus se imenuje Božje Jagnje, ki je prišlo, da bi odvzelo grehe tega sveta. Odkupitev je mogoča **samo** po krvi. Brez prelivanja krvi ni odpuščanja grehov Hebrejci 9,22. Zato krščujemo v Jezusovem imenu, da bi njegovo kri uporabili nad našimi grehi).

1 Timoteju 3:16b

*"KJV:1 Timoteju 3:16b: **Bog se je razodel** v mesu"*

" NIV:1 Timoteju 3:16b: Pojavil se je v telesu."

(Ali se ne pojavljamo vsi v telesu? NIV in večina sodobnih verzij pravi, da se je "on" pojavil v telesu. No, tudi jaz se pojavljam v telesu. "On" kdo? V zgornjem verzu spet spreminjajo besedilo, da bi se lahko izkazalo, da je "On" drug bog. V KJV pa lahko jasno vidimo" :In brez spora je velika skrivnost pobožnosti: "**Bog** se je razodel v mesu." Obstaja samo en Bog. Zato je Jezus dejal, da če ste videli mene, ste videli Očeta. Oče je duh in duha ne morete videti. Toda duha, ki se je oblekel v meso, ste lahko videli.)

*"Apostolska dela 20:28b pravi: da bi hranil **Božjo Cerkev**, ki jo je pridobil **s svojo krvjo**."*

Bog je duh in za prelivanje krvi potrebuje telo iz mesa in krvi. **En Bog, ki je oblekel meso.**

Preprost primer: Led, voda in para so ista stvar, vendar se različno kažejo.

„*KJV 1 Janez 5: 7:* "*Trije so namreč, ki pričujejo v nebesih: Oče, Beseda in Sveti Duh, in ti **trije so eno**.*"

Bog, Jezus (Beseda, ki je postala meso) in Sveti Duh so eno in ne trije. (1 Jn 5:7 je popolnoma odstranjeno iz NIV in drugih sodobnih prevodov.)

2 Timoteju 3:16

"*KJV: 2 Timoteju 3:16:* **Vse Sveto** *pismo je dano po Božjem navdihu in je koristno za nauk, za opomin, za popravo, za vzgojo v pravičnosti:*"

"*ASV: 2 Timoteju 3:16:* **Vsako** *od Boga navdihnjeno pismo je koristno tudi za poučevanje.*"

(Tu se bodo odločili, katera je in katera ni. Za herezijo bo zagrožena smrt.)

1 Tesaloničanom 1:1

"*KJV: 1 Tesaloničanom 1:1: Pavel, Silvan in Timotej Tesaloniški cerkvi, ki je v Bogu Očetu in v Gospodu Jezusu Kristusu: Milost vam in mir **od Boga, našega Očeta, in Gospoda Jezusa Kristusa**.*"

NIV:1 Tesaloničanom 1:1: Pavel, Sila in Timotej, Tesaloniški cerkvi v Bogu Očetu in Gospodu Jezusu Kristusu: Milost in mir vam.

("od Boga, našega Očeta, in Gospoda Jezusa Kristusa" je v sodobnih prevodih in NIV odstranjeno.)

Hebrejcem 7:21

KJV: (**Kajti tisti duhovniki so bili postavljeni brez prisege,** *ta pa s prisego po tistem, ki mu je rekel: "Gospod je prisegel in se ne bo pokesal: Ti si duhovnik na veke **po redu Melkizedekovem"**):*

To sem storil "Njegova pot"

> *"NIV: Gospod je prisegel in si ne bo premislil: ' Za vedno si duhovnik."*

(NIV je odstranil "Kajti ti duhovniki so postali brez prisege" in "po redu Melkizedekovem".)

Jakob 5:16

> *"KJV: Jakob 5:16: Priznavajte si medsebojno svoje **napake** in molite drug za drugega, da bi bili ozdravljeni. Učinkovita goreča molitev pravičnega veliko koristi."*

> *"NIV: Jakob 5:16: Zato si med seboj priznavajte svoje **grehe** in molite drug za drugega, da boste ozdraveli. Molitev pravičnega človeka je močna in učinkovita."*

(**Napake proti grehom**: Grehi, ki jih priznaš Bogu, saj lahko samo on odpusti. Sprememba besede "napake v grehe" pomaga podpreti katoliški pogled na izpovedovanje "grehov" duhovniku.)

1 Peter 1:22

> *"KJV: 1 Peter 1:22: Ko ste očistili svoje duše s poslušanjem resnice **po Duhu v** neomajno ljubezen do bratov, glejte, da se med seboj ljubite **s čistim srcem in goreče**:"*

> *"NIV: 1 Peter 1:22: Zdaj, ko ste se s poslušanjem resnice očistili, tako da imate iskreno ljubezen do svojih bratov, ljubite drug drugega globoko, iz srca."*

("**po Duhu do**" in "**čistega srca vneto**" sta odstranjena iz NIV in drugih sodobnih različic).

1 Peter 4:14

*"KJV:1 Peter 4:14: Če se vam očitajo zaradi Kristusovega imena, ste srečni, kajti na vas počiva duh slave in Boga.**Z njihove strani se o njem govori slabo, z vaše strani pa je poveličan.**"*

"NIV:1 Peter 4:14: Če vas žalijo zaradi Kristusovega imena, ste blagoslovljeni, kajti na vas počiva duh slave in Boga."

("**z njihove strani se o njem govori slabo, z vaše strani pa je poveličan**" je odstranjeno iz NIV in drugih sodobnih različic.)

1 Janez 4:3a

*"KJV:1 Janez 4:3a: In vsak duh, ki ne izpoveduje, da je Jezus **Kristus prišel v mesu**, ni iz Boga."*

"NIV:1 Janez 4:3a: Vsak duh, ki ne priznava Jezusa, ni od Boga."

("**Kristus je prišel v mesu**" Z odstranitvijo teh besed NIV in druge različice dokazujejo, da so antikrist.)

1 Janezovo pismo 5:7-8

KJV: Janez 5:7: **Trije so namreč tisti, ki se zapisujejo v nebesih: Oče, Beseda in Sveti Duh, in ti trije so eno.**

(Odstranjeno iz NIV)

"KJV: Janez 5:8: Duh, voda in kri so trije, ki pričujejo na zemlji, in ti trije se ujemajo v enem."

NIV: **Trije namreč pričujejo**: Duh, voda in kri; in trije so v soglasju: 8 Duh, voda in kri

(To je eden izmed NAJVEČJIH verzov, ki pričajo o božanstvu. En Bog, ne trije bogovi. **Trojica** ni biblična. Besede **Trojica** ni v Svetem pismu. Zato so jo NIV, sodobne različice Svetega pisma in Jehovove priče iz tega verza izpustili. Ne verjamejo v božanstvo in ne verjamejo, da v Jezusu telesno prebiva vsa polnost božanstva. V Svetem pismu ni nobene korenine ali dokaza za sprejemanje **Trojice**. Zakaj jo NIV izpušča ...? O rokopisnih dokazih, ki podpirajo vključitev tega verza v Sveto pismo, so bile napisane cele knjige. Ali verjamete v božanstvo? Če je tako, potem bi vas ta odstranitev morala užaliti. Jezus ni nikoli učil o Trojici in je ni nikoli omenjal. Satan je razdelil enega Boga, da bi lahko razdelil ljudi in vladal).

1 Janezovo pismo 5:13

"*KJV:1John 5:13: To sem napisal vam, ki verujete v ime Božjega Sina, da bi vedeli, da imate večno življenje, in* **da bi verovali v ime Božjega Sina**.*"*

"*NIV:1Jan 5:13: To pišem vam, ki verujete v ime Božjega Sina, da bi vedeli, da imate večno življenje."*

("**in da bi verovali v ime Božjega Sina**"). Odstranjeno iz NIV in drugih sodobnih prevodov).

Razodetje 1:8

"*KJV: 1:8: Jaz sem Alfa in Omega,* **začetek in konec**, *pravi Gospod, ki je, ki je bil in ki prihaja, Vsemogočni."*

"*NIV: Razodetje 1:8: "Jaz sem Alfa in Omega," pravi Gospod Bog, "ki je, ki je bil in ki prihaja, Vsemogočni."*

(NIV je odstranil **začetek in konec**)

Razodetje 1:11

"KJV:Razodetje 1:11:11: ***"Jaz sem Alfa in Omega, prvi in zadnji"*** *in* ***"Kar vidiš, zapiši v knjigo in jo pošlji sedmim cerkvam v Aziji****: Efezu, Smyrni in Pergamu, Tiatiri, Sardi, Filadelfiji in Laodikeji*

"NIV: Razodetje 1:11: ki pravi: "Napiši na svitek, kar vidiš, in ga pošlji sedmim cerkvam: Efezu, Smirni, Pergamu, Tiatiri, Sardi, Filadelfiji in Laodikeji."

(Alfa in Omega, začetek in konec, prvi in zadnji; ti nazivi so v Stari zavezi dani Bogu Jehovu, v Razodetju pa tudi Jezusu. Toda NIV in druge sodobne različice so to odstranile iz Razodetja, da bi dokazale, da Jezus ni Bog Jehova).

Razodetje 5:14

*"KJV:Razodetje 5:14: In **štiri živali** so rekle: "Amen. In **štiriindvajset** starešin je padlo in se poklonilo njemu**, ki živi na veke vekov**."*

NIV: Štiri živa bitja so rekla: "Amen!" in starešine so padli na tla in se jim poklonili.

(NIV in druge različice vsebujejo le polovico informacij. "**Štiri zveri**" je spremenjeno v štiri bitja, "**štiri in dvajset**"" ,ki živi na veke vekov" je odstranjeno.)

Razodetje 20:9b

*"KJV: Razodetje 20:9b: Ogenj je padel **od Boga** z neba."*

"NIV: Razodetje 20:9b: Ogenj je prišel z neba"

(NIV in druge različice so odstranile "**od Boga**".)

Razodetje 21:24a

*"KJV: 21:24a: In narodi, ki **so rešeni,** bodo hodili v njeni luči."*

"NIV: NIVIV: Razodetje 21:24a: Narodi bodo hodili v njeni luči."

("**od tistih, ki so rešeni**" je odstranjeno iz NIV in sodobnih različic Svetega pisma. Vsi ne gredo v nebesa, ampak samo tisti, ki so rešeni.)

2 Samuel 21:19

*"KJV: 2 Samuel 21:19: In spet je bila bitka v Gobu zFilistejcev, kjer je Elhanan, sin Jaareoregima, Betlehemca, ubil **brata Goljata**, Gettejca, čigar sulica kopja je bila podobna tkalskemu tramu."*

*"NIV:2 Samuelova 21:19: V drugi bitki s Filistejci pri Gobu je Betlehemec Elhanan, sin Jaare-Oregima, **ubil Goljata**, ki je imel kopje s pecljem, podobnim tkalski palici."*

(Tu je bil ubit Goljatov brat, ne pa Goljat. "David je ubil Goljata." NIV napačno podaja informacijo.)

Ozej 11:12

*"KJV: Ozej 11:12: Efraim me obdaja z lažjo in Izraelova hiša s prevaro**, Juda pa še vedno vlada pri Bogu in je zvest svetnikom."***

NIV: Ozej 11:12: Efraim me je obdal z lažmi, Izraelova hiša s prevaro. Juda se je **uprl** Bogu, celo zvestemu Svetemu."

(NIV to besedilo izkrivlja, saj izkrivlja pomen besede.) Beseda "Jehova" je v Svetem pismu omenjena štirikrat. NIV je vse te besede odstranil. Ob subtilnih SPREMEMBAH, ki so bile vnesene v Sveto pismo NIV, postane satanovo poslanstvo jasno. Iz zgornjih vrstic Svetega pisma lahko razberete, da gre za napad na Jezusa. Zaradi nazivov Bog, Mesija, Božji sin in Stvarnik je Jezus Bog. Z odstranitvijo teh naslovov zmeda povzroči, da izgubite zanimanje in ne zaupate Božji besedi. (Prvo pismo Korinčanom 14,33 Bog namreč ni povzročitelj zmede, ampak miru.)

Biblija Jehovovih prič (Prevod novega sveta) ima enake črtane dele kot NIV. Edina razlika med izbrisi v Bibliji NIV in Prevodu novega sveta je v tem, da Biblija Jehovovih prič ne vsebuje opomb pod črto! Te metode vas onesposabljajo za subtilne spremembe, ki se postopoma in nenehno vnašajo v Božjo besedo.

Današnja zaposlena in lena generacija je vplivala na mnoge kristjane, ki se izpovedujejo, da so sprejeli načine lenobnega duha. Vzeti si čas za študij in se prepričati, da so informacije, ki jih dobimo, resnične, je težko delo. Postali smo preveč zaposleni z vsakdanjim življenjem, ki je polno nepomembnih dogodkov in stvari. Naše prednostne naloge glede tega, kaj je zares pomembno za večno življenje, so se razvodenele in zmedle. Večino informacij, ki nam jih posredujejo, sprejemamo brez vprašanj; pa naj gre za vladne, medicinske, znanstvene informacije, informacije o vsebini naše hrane in še bi lahko naštevali.

Mnoge sodobne različice Svetega pisma so napisali ljudje, ki vam namesto tega, kar resnično piše v rokopisih, razlagajo svojo razlago in svoj nauk. Na primer, "vključenost spolov "ni bila v izvirnih rokopisih. To je sodobni feministični koncept, ki se je rodil iz VZPORA. Spodbujam vas, da si priskrbite Sveto pismo v različici kralja Jakoba. Če berete sodobno Sveto pismo, si vzemite čas za primerjavo Svetega pisma; želja, da bi se pravilno odločili. Za svoje odločitve bomo odgovarjali. Razlika med potjo v nebesa ali pekel je zadosten razlog, da se prepričate, da izbirate Njegovo besedo! Ne pozabite, da je v Novi mednarodni različici izbrisanih veliko besed, kot so npr: Božanstvo, obnovitev, odpuščanje, nespremenljiv, Jehova, Kalvarija, usmiljenje, Sveti Duh, Tolažnik, Mesija, oživljen, vsemogočen, nezmotljiv itd. Večina sodobnih Svetega pisma je tesno povezana z NIV; skupaj z Biblijo Prevoda novega sveta (Biblija Jehovovih prič).

To sem storil "Njegova pot"

To je delo antikrista.... (Naslednji zapisi iz Svetega pisma so vzeti iz KJV)

*"Otročiči, zadnji čas je, in kakor ste slišali, da bo prišel **antikrist**, je tudi zdaj veliko **antikristov**, zato vemo, da je zadnji čas.*
(1 Janez 2:18)

*"Kdo je lažnivec, če ne tisti, ki zanika, da je Jezus Kristus? **Antikrist** je tisti, ki zanika Očeta in Sina. "(1 Janez 2:22)*

*"In vsak duh, ki ne priznava, da je Jezus Kristus prišel v mesu, ni od Boga; in to je tisti duh **antikrista**, za katerega ste slišali, da bo prišel, in je že zdaj na svetu'. (1 Janez 4:3)*

*"Na svet je namreč prišlo veliko prevarantov, ki ne priznavajo, da je Jezus Kristus prišel v mesu. To je prevarant in **antikrist**. "*
(2 Jn 1:7)

To nas spominja na "priliko o semenu" ,ki je
"Božja beseda" v Svetem pismu

"Drugo priliko jim je predstavil: "Nebeško kraljestvo je podobno človeku, ki je na svoji njivi posejal dobro seme: Medtem ko so ljudje spali, je prišel njegov sovražnik, posejal plevel med pšenico in odšel. Ko pa je zrno vzklilo in obrodilo sad, se je pokazal tudi plevel. Prišli so torej gospodarjevi služabniki in mu rekli: "Gospod, mar nisi na svoji njivi posejal dobrega semena, od kod so potem solze? Rekel jim je: To je storil sovražnik. Služabniki so mu rekli: Ali hočeš, da gremo in jih poberemo? On pa je rekel: Ne, da ne bi, ko boste pobirali plevel, z njim izruvali tudi pšenico. Oboje naj raste skupaj do žetve; v času žetve pa bom rekel žanjcem: Najprej poberite plevel in ga povežite v snope, da ga sežgejo, pšenico pa poberite v moj hlev.
"Amen! (Matej 13:24-30)

AMEN!

www.ingramcontent.com/pod-product-compliance
Lightning Source LLC
Chambersburg PA
CBHW071657090426
42738CB00009B/1565